Kreditrisikotransfer

Bernd Rudolph · Bernd Hofmann
Albert Schaber · Klaus Schäfer

Kreditrisikotransfer

Moderne Instrumente und Methoden

Mit 23 Abbildungen und 18 Tabellen

Univ.-Prof. Dr. Bernd Rudolph
Institut für
Kapitalmarktforschung
und Finanzierung
Ludwig-Maximilians-Universität
München
Schackstr. 4
80539 München
rudolph@bwl.uni-muenchen.de

Dipl.-Kfm. Albert Schaber
Institut für
Kapitalmarktforschung
und Finanzierung
Ludwig-Maximilians-Universität
München
Schackstr. 4
80539 München
schaber@bwl.uni-muenchen.de

Dr. Bernd Hofmann
CREDIT SUISSE
Credit Risk Management
Bleicherweg 33
8070 Zürich
Schweiz
bernd.hofmann.2@credit-suisse.com

Univ.-Prof. Dr. Klaus Schäfer
Lehrstuhl für
Betriebswirtschaftslehre I:
Finanzwirtschaft und
Bankbetriebslehre
Universität Bayreuth
Universitätsstr. 30
95447 Bayreuth
klaus.schaefer@uni-bayreuth.de

ISBN 978-3-540-71044-8 Springer Berlin Heidelberg New York

Bibliografische Information der Deutschen Nationalbibliothek
Die Deutsche Nationalbibliothek verzeichnet diese Publikation in der Deutschen Nationalbibliografie;
detaillierte bibliografische Daten sind im Internet über http://dnb.d-nb.de abrufbar.

Dieses Werk ist urheberrechtlich geschützt. Die dadurch begründeten Rechte, insbesondere die der
Übersetzung, des Nachdrucks, des Vortrags, der Entnahme von Abbildungen und Tabellen, der Funksendung, der Mikroverfilmung oder der Vervielfältigung auf anderen Wegen und der Speicherung in
Datenverarbeitungsanlagen, bleiben, auch bei nur auszugsweiser Verwertung, vorbehalten. Eine Vervielfältigung dieses Werkes oder von Teilen dieses Werkes ist auch im Einzelfall nur in den Grenzen
der gesetzlichen Bestimmungen des Urheberrechtsgesetzes der Bundesrepublik Deutschland vom
9. September 1965 in der jeweils geltenden Fassung zulässig. Sie ist grundsätzlich vergütungspflichtig.
Zuwiderhandlungen unterliegen den Strafbestimmungen des Urheberrechtsgesetzes.

Springer ist ein Unternehmen von Springer Science+Business Media

springer.de

© Springer-Verlag Berlin Heidelberg 2007

Die Wiedergabe von Gebrauchsnamen, Handelsnamen, Warenbezeichnungen usw. in diesem Werk
berechtigt auch ohne besondere Kennzeichnung nicht zu der Annahme, dass solche Namen im Sinne
der Warenzeichen- und Markenschutz-Gesetzgebung als frei zu betrachten wären und daher von
jedermann benutzt werden dürften.

Herstellung: LE-TeX Jelonek, Schmidt & Vöckler GbR, Leipzig
Umschlaggestaltung: WMX Design GmbH, Heidelberg

SPIN 12024674   43/3180YL - 5 4 3 2 1 0   Gedruckt auf säurefreiem Papier

Vorwort

Der Veränderungsprozess an den nationalen und internationalen Finanzmärkten zeigt verschiedene Ausprägungen. Eine der interessantesten Entwicklungen betrifft das stürmische Wachstum der Märkte für den Transfer von Kreditrisiken. Markante Instrumente an diesem Markt sind spezifische Ausgestaltungsformen von Asset Backed Securities und Kreditderivate. Mit Hilfe dieser Produkte sowie davon abgeleiteter komplexer Finanztitel lassen sich die Kreditrisiken von Einzelpositionen sowie Portfoliorisiken auf verschiedene Marktteilnehmer übertragen. Unternehmen wie Kreditinstitute haben also die Gelegenheit, sich von Forderungs- und Kreditpositionen zu trennen oder zumindest die darin enthaltenen Risiken zu übertragen. Sie haben aber ebenso die Möglichkeit, zusätzliche Risiken zu übernehmen, die sie in ihrem Grundgeschäft gar nicht selbst originiert haben. Mit dem Ausbau der Märkte für den Transfer von Kreditrisiken sind vor diesem Hintergrund auch deutliche Auswirkungen auf das Risikomanagement und davon ausgehend auf die Grundgeschäfte zu beobachten.

Über Kreditrisikotransfergeschäfte gibt es eine Fülle wissenschaftlicher und praxisorientierter Studien aus verschiedenen Blickwinkeln und mit verschiedenen formalen oder inhaltlichen Vertiefungsgraden. Das vorliegende Werk ist als einführende Lehrbuchdarstellung gedacht, die das gesamte Themenfeld und seine Ausprägungen erschließt. Eine solche Aufgabe soll in diesem Buch geleistet werden.

Das Buch setzt im ersten Kapitel an den Grunderfordernissen eines Risikomanagements der Kreditinstitute an und begründet, warum die herkömmlichen Instrumente als noch nicht geeignet erscheinen, die Kreditinstitute in eine optimale Position zu bringen. Aus der Notwendigkeit zur Entwicklung eines effizienten Risikotransfers wird im zweiten Kapitel eine Systematisierung der neuen Instrumente gegeben, bevor dann in den nachfolgenden Kapiteln die Einzelheiten der verschiedenen Instrumente eingeführt werden. So behandelt das dritte Kapitel Asset Backed Securities und der vierte Abschnitt Kreditderivate. Das fünfte Kapitel gibt einen Überblick über synthetische und exotische Konstruktionen. Darauf aufbauend führt Kapitel 6 einige grundlegende Bewertungsmodelle ein, während Kapitel 7 der Bilanzierung sowie der Regulierung der Risikotransfergeschäfte gewidmet ist. Das Management der Kreditrisiken ist natürlich davon abhängig, wie die ökonomischen und regulativen Auswirkungen zu beurteilen sind. Diese sind Gegenstand des Kapitels 8, in dem untersucht wird, welche zusätzlichen Steuerungsmöglichkeiten durch die neuen Instrumente gegeben sind und welche Folgewirkungen erwartet werden können.

Das Buch richtet sich an Studierende, an Lehrende und an Praktiker. Der einführende Charakter wird durch zahlreiche Abbildungen und Tabellen sowie weitere Illustrationen und Referenzen unterstrichen. Das Material zu dieser Arbeit wurde zum einen in Lehrveranstaltungen an den Universitäten in Bayreuth und München zusammengetragen und konnte zum anderen von Informationen aus der Kreditwirtschaft profitieren. Darüber hinaus basiert es in einem großen Umfang auf einer Studie, die für die Wissenschaftsförderung der Sparkassenorganisation erstellt wurde. Der Wissenschaftsförderung gilt auch unser Dank für verschiedene interne Quellen und dafür, dass wir die Ausarbeitung als Grundlage für die hier vorliegende Publikation verwenden durften.

Für hilfreiche Anmerkungen sowie die kritische Durchsicht des Manuskripts bedanken wir uns bei Julia Scholz, Christian Annetzberger, Michael Dobler, Philipp Gann und Kay Meyer (alle Ludwig-Maximilians-Universität München), Kai Rudolph und Dominik Hammer (beide Credit Suisse Zürich) sowie Ricarda Hoh (Universität Bayreuth).

Dr. Martina Bihn, Programmplanung Wirtschaftswissenschaften des Springer-Verlags, danken wir für die sofortige Bereitschaft, das Buchprojekt umzusetzen.

Bayreuth, München und Zürich im April 2007

Bernd Rudolph, Bernd Hofmann, Albert Schaber und Klaus Schäfer

Inhaltsverzeichnis

1 Zur Notwendigkeit neuer Instrumente im Kreditrisikomanagement der Banken 1
   1.1 Wertschöpfung und Spezialisierung der Banken im Kreditgeschäft 1
      1.1.1 Spezialisierungsvorteile und -nachteile im Kreditgeschäft 1
      1.1.2 Probleme der Kreditexpansion in neue Märkte 7
   1.2 Instrumente und Aufgaben des Kreditrisikomanagements 9

2 Überblick über die Instrumente des Kreditrisikotransfers 13
   2.1 Traditionelle und neue Instrumente des Kreditrisikotransfers 13
   2.2 Traditionelle Instrumente des Kreditrisikotransfers 14
      2.2.1 Gestaltungsalternativen syndizierter Kredite 14
      2.2.2 Kreditverkäufe, Factoring und Kreditversicherungen 18
   2.3 Moderne Instrumente des Kreditrisikotransfers 22
      2.3.1 Ziele des Einsatzes der modernen Risikotransferinstrumente 22
      2.3.2 Fundierte und nicht fundierte Instrumente des Risikotransfers 23
      2.3.3 Ausgestaltungsmerkmale der Risikotransferinstrumente 25
   2.4 Ökonomische Gesichtspunkte der Gestaltung des Kreditrisikotransfers ... 27
      2.4.1 Probleme der asymmetrischen Informationsverteilung 27
      2.4.2 Mechanismen zur Lösung spezifischer Informationsprobleme 29

3 Kreditverbriefungen durch Asset Backed Securities 37
   3.1 Entwicklung des Marktes für Asset Backed Securities 37
   3.2 Organisation des Verbriefungsprozesses 40
   3.3 Eigenschaften der Zweckgesellschaft 44
   3.4 Sicherheitenverstärkung und Poolbildung 45
      3.4.1 Formen der Sicherheitenverstärkung 45
      3.4.2 Single-Seller- und Multi-Seller-Strukturen 47
   3.5 Konstruktion differenzierter Haftungsstrukturen 49
      3.5.1 Pass-Through und Pay-Through Wertpapiere 49
      3.5.2 Alternativen der Tranchenbildung 51
      3.5.3 Konstruktionselemente von Collateralized Loan Obligations 53
   3.6 Anforderungen an die Verbriefung von Mittelstandsportfolios 58

4 Kreditderivate als Instrumente des Kreditrisikotransfers 61
   4.1 Die Entwicklung des Marktes für Kreditderivate 61
   4.2 Konstruktionsbausteine für Kreditderivate 64

4.3 Gestaltungsvarianten der Kreditderivate 67
   4.3.1 Charakteristika 67
   4.3.2 Credit Default Swaps 68
   4.3.3 Total Return Swaps 69
   4.3.4 Credit Spread Options 70
4.4 Kreditderivate für Mittelstandsportfolios 71
   4.4.1 Probleme der asymmetrischen Informationsverteilung 71
   4.4.2 Lösungskonzepte und Lösungsalternativen 73

5 Einsatzfelder und Variationen von Kreditderivaten 77
5.1 Synthetische Verbriefung und Risikotransfer 77
   5.1.1 Konstruktionsmerkmale synthetischer Verbriefungen 77
   5.1.2 Credit Linked Notes 80
   5.1.3 Synthetische Collateralized Loan Obligations 81
   5.1.4 Typische Merkmalskombinationen 84
   5.1.5 Verbriefungen der KfW-Bankengruppe 87
5.2 Exotische Konstruktionen bei Kreditderivaten 89
   5.2.1 Begriffsabgrenzung und Elemente exotischer Kreditderivate 89
   5.2.2 Variationen von Credit Default Swaps 92
   5.2.3 Credit Options und exotische Varianten der Asset Swaps 94
   5.2.4 Weitere innovative Formen 95
5.3 Kreditindizes zur Abbildung von CDS Spreads 96

6 Bewertungsmodelle 101
6.1 Komponenten des Kreditrisikos 102
6.2 Modellunabhängige Bewertung von Kreditderivaten 103
   6.2.1 Bewertung eines Asset Swap Pakets 105
   6.2.2 Bewertung eines Total Return Swaps 107
   6.2.3 Bewertung eines Credit Default Swaps 109
   6.2.4 Würdigung der modellunabhängigen Bewertungsansätze 112
6.3 Firmenwertmodelle 113
   6.3.1 Das Grundmodell 113
   6.3.2 Erweiterungen des Grundmodells 117
   6.3.3 Ermittlung von Ausfallwahrscheinlichkeiten 118
6.4 Intensitätsmodelle 121
   6.4.1 Modellierung der Ausfallwahrscheinlichkeit 121
   6.4.2 Modellierung der Wiedergewinnungsquote 124
6.5 Modelle auf Portfolioebene – Korrelationsstrukturen und Bewertung
     von CDOs 126
6.6 Modellierung von Kreditrisiken in anwendungsorientierten Modellen ... 129
   6.6.1 Modellierung von Einzelkreditrisiken 129
   6.6.2 Modellierung von Portfoliokreditrisiken 132
6.7 Resümee und Verweis auf Anwendungsbeispiele 134

7 Regulatorische Aspekte und Bilanzierung 137
  7.1 Bankaufsichtliche Behandlung des Kreditrisikotransfers 137
    7.1.1 Die erste Säule von Basel II 137
    7.1.2 Die IRB-Ansätze 139
    7.1.3 Behandlung von derivativen Instrumenten des
          Kreditrisikotransfers 144
  7.2 Wesentliche Aspekte der Bilanzierung 150
    7.2.1 Bilanzierung der Instrumente des Kreditrisikotransfers 150
    7.2.2 Besonderheiten des Hedge Accounting 154
    7.2.3 Die Behandlung derivativer Instrumente nach HGB und IFRS 155

8 Risikosteuerung mit Hilfe der Kreditrisikotransferinstrumente 159
  8.1 Irrelevanz des Risikotransfers bei vollkommenem Kapitalmarkt 159
  8.2 Risikotransfer bei unvollkommenem Kapitalmarkt 160
    8.2.1 Gesamtwirtschaftliche Funktionen des Kreditrisikotransfers 160
    8.2.2 Unternehmerische Motive des Kreditrisikotransfers 162
    8.2.3 Bedeutung des Risikotransfers für die Bankensteuerung 165
  8.3 Risikomanagement der Banken und Risikotransfer 170
    8.3.1 Organisation des Risikomanagements im Kreditgeschäft 170
    8.3.2 Einzel- und Gesamtrisiken im Kreditrisikomanagement 171
    8.3.3 Verknüpfung des Risikomanagements mit dem Wertmanagement .. 173
    8.3.4 Wertgenerierung durch Kreditrisikotransfer 176
  8.4 Auswirkungen des Risikotransfers auf die Stabilität der Finanzmärkte .. 177
    8.4.1 Positive Effekte der Transferinstrumente für Kreditrisiken 177
    8.4.2 Auswirkungen auf die gesamtwirtschaftliche Risikoverteilung 179
    8.4.3 Mögliche Probleme und Risikopotentiale 182
  8.5 Zukunftsperspektiven des Transfers von Kreditrisiken 186

Literaturverzeichnis 189

Sachverzeichnis 201

1 Zur Notwendigkeit neuer Instrumente im Kreditrisikomanagement der Banken

1.1 Wertschöpfung und Spezialisierung der Banken im Kreditgeschäft

Das Kreditgeschäft vieler Banken ist auf bestimmte Märkte und spezifische Kreditnehmergruppen fokussiert. Die Ausrichtung orientiert sich an den typischen Branchen und Größenordnungen der Kreditnehmer in den vorgegebenen Einzugsgebieten oder an den für die Markterschließung gewählten Wirtschaftsräumen. Die Fokussierung auf relativ eng definierte Kreditnehmergruppen ermöglicht in der Marktbearbeitung und Risikoeinschätzung Vorteile bei der Auswahl (Screening), der Betreuung und bei der Überwachung der Kreditnehmer (Monitoring). Die sich durch die Marktbearbeitung ergebende Fokussierung beinhaltet jedoch zugleich den Nachteil einer Risikokonzentration, da die dem bearbeiteten Markt anhaftenden Risiken durch die eigene Kreditproduktion nicht effizient begrenzt und gesteuert werden können. Eine weitergehende Diversifikation des Kreditportfolios erfordert in der Regel eine Expansion der Bank in neue Märkte und zu neuen Kundengruppen. Eine solche Strategie ist daher mit hohen Kosten und zusätzlichen Risiken verbunden und mündet häufig sogar in eine Negativselektion von Kreditnehmern. Darüber hinaus bestehen für bestimmte Kreditinstitute wie beispielsweise die Sparkassen und Genossenschaftsbanken aufgrund des Regionalprinzips rechtliche Restriktionen, welche die Expansionsmöglichkeiten einschränken und die damit realisierbaren Diversifikationsmöglichkeiten prinzipiell eng begrenzen. Die Spezialisierung und Fokussierung der Kreditinstitute ist also auch mit Nachteilen verbunden.

In diesem ersten Kapitel des Buches werden die Vor- und Nachteile einer Spezialisierungsstrategie gegenübergestellt und daraus der Bedarf an neuen Instrumenten des Risikotransfers abgeleitet. Die Beschreibung und Analyse der neuen Instrumente ist dann Gegenstand der nachfolgenden Kapitel dieses Buches.

1.1.1 Spezialisierungsvorteile und -nachteile im Kreditgeschäft

1.1.1.1 Intermediationsfunktionen der Kreditinstitute

Die Vorteile der Spezialisierung eines Kreditinstituts auf bestimmte Kreditnehmergruppen, Regionen oder Branchen werden deutlich, wenn die *Funktionen der*

Banken als Finanzintermediäre betrachtet werden.[1] Eine wichtige ökonomische Funktion von Banken besteht in der Beschaffung und Verarbeitung von Informationen über Anlagemöglichkeiten der Wirtschaftssubjekte einerseits und Finanzierungsmöglichkeiten anderer Wirtschaftssubjekte andererseits. Kreditinstitute können die für das Zustandekommen und die fortlaufende Überwachung zahlreicher Engagements notwendigen Informationen effizienter bereitstellen als Einzelinvestoren, wodurch es zu erheblichen Einsparungen gegenüber einer Situation direkter Finanzierungsbeziehungen zwischen den Anlegern und Kapitalnehmern kommen kann. Darüber hinaus treten die Banken nicht nur als *Informationsintermediäre* auf, sondern schalten sich auch in die Beziehungen zwischen den Finanzinvestoren und den die Finanzmittel nachfragenden Realinvestoren aktiv ein. Sie nehmen die Einlagen der Anbieter und die Kredite der Nachfrager von Finanzierungsmitteln „auf ihre Bücher", passen die Verträge im Lauf der Zeit den sich wandelnden Bedingungen an und stellen für beide Seiten bei Bedarf Liquidität bereit.

Bei der Umsetzung ihrer Intermediationsfunktionen mussten die Kreditinstitute in den letzten Jahren auf tiefgreifende Veränderungen in ihrem Wettbewerbsumfeld reagieren. Dazu zählen

- der zunehmende *Kapitalmarktbezug des Kreditgeschäfts*, der beispielsweise in der wachsenden Bedeutung des Ratings oder der risikoorientierten Preisstellung von Krediten zum Ausdruck kommt, während früher die Gesamtleistungsabnahme bzw. das Cross Selling die wichtigsten Determinanten der Kreditkonditionen darstellten und die Risikoeinstufung von vergleichsweise sekundärer Bedeutung war,
- die zunehmende Bedeutung des *Risikomanagements der Banken*, die sich aus gesetzlichen und durch den Kapitalmarkt vermittelten Anforderungen ergibt und beispielsweise eine bessere Auslastung des ökonomischen und des regulatorischen Eigenkapitals der Banken erzwingt, so dass die Risikoprofile der Vermögensanlagen und Verbindlichkeiten besser aufeinander bzw. auf das verfügbare Eigenkapital abgestimmt werden müssen,
- die zunehmenden *Performance-Anforderungen*, die aus der Abhängigkeit der Banken von den Refinanzierungsbedingungen an den Kapitalmärkten, dem Margenverfall und den steigenden Handlungs- oder Verwaltungskosten folgen.

Die veränderten Anforderungen haben zu Anpassungen in der strategischen Ausrichtung der Institute geführt, wobei eines der hervorstechenden Merkmale der Trend zu einer immer weitergehenden *Spezialisierung* ist.

1.1.1.2 Spezialisierungsvorteile beim Screening und Monitoring

Banken können als *beauftragte Informationsproduzenten* und *Informationsverarbeiter* interpretiert werden, die ein effizientes Screening und Monitoring der Kre-

---

[1] Vgl. zu den Vorteilen der Spezialisierung insbesondere Gann u. Hofmann 2005 und zu den gesamtwirtschaftlichen Funktionen der Kreditinstitute Fischer u. Rudolph 2000, Franke 2000, Hellwig 2000 und Langer u. Weber 2000.

ditnehmer bewerkstelligen.² Dabei informieren sich die Banken quasi stellvertretend für ihre Einleger über die Qualität der Kreditnehmer und generieren dabei Spezialisierungsvorteile, wenn sie sich auf bestimmte Kreditnehmertypen, auf bestimmte Regionen oder typische Branchen und Größenordnungen der Kreditnehmer konzentrieren und dadurch Economies of Scale realisieren.³ Darüber hinaus lassen sich von spezialisierten Instituten aufgrund der Marktnähe und des engen Kontakts zu den Institutionen und Personen, welche für den betreffenden Markt Relevanz haben (Relationship Banking), die aus einer Kreditbeziehung resultierenden spezifischen Informationsasymmetrien leichter reduzieren.⁴

Aus der größeren *marktspezifischen Expertise spezialisierter Kreditinstitute* resultieren Wettbewerbsvorteile gegenüber weniger spezialisierten Instituten, mit deren Hilfe die in Kreditbeziehungen auftretenden Informationsprobleme reduziert werden können. Sowohl adverse Selektionsprobleme aus Informationsdefiziten über die Qualität der Kreditnehmer als auch Moral Hazard Probleme aus Informationsdefiziten über die zukünftige Risikopolitik der Kreditnehmer während der Kreditlaufzeit können von spezialisierten Instituten besser aufgefangen oder gelöst werden als von Instituten, die eine undifferenzierte Marktbearbeitung vornehmen.

Kreditmarktsegmente weisen bestimmte Charakteristika auf, die sie von anderen Segmenten des Kreditmarktes unterscheiden. Die Unterschiede, die auf politischen, rechtlichen, institutionellen, kulturellen und wirtschaftlichen Einflussfaktoren basieren, sind dafür verantwortlich, dass die verschiedenen Kreditmärkte nicht perfekt positiv korreliert sind und es für Banken unter Diversifikationsgesichtspunkten interessant ist, sich in verschiedenen Märkten oder Marktsegmenten zu engagieren. Die unterschiedlichen Einflussfaktoren sind aber zugleich auch der Grund dafür, dass eine neu in einen Markt eintretende Bank ihr Know-how, das sie im angestammten Markt gewonnen hat, nicht ohne weiteres auf den neuen Markt übertragen kann. Im angestammten Markt weisen Kreditinstitute dementsprechend Vorteile sowohl in der Bonitätsbeurteilung der Kreditnehmer als auch in der Werthaltigkeitseinschätzung der von marktspezifischen Faktoren abhängigen Kreditsicherheiten gegenüber ihren Mitbewerbern auf. Eine hohe marktspezifische Expertise bietet deutliche Vorteile bei der Auswahl geeigneter Kreditnehmer (Screening) und bei der Vertragsformulierung.

Auch nach Abschluss des Kreditvertrages kann bei der laufenden Überwachung der Kreditengagements, dem *Monitoring*, sowie bei der möglichen Restrukturierung oder Abwicklung von Krediten davon ausgegangen werden, dass Kreditinstitute in ihrem angestammten Markt gegenüber ihren Konkurrenten Vorteile aufweisen. Aufgrund ihrer hohen marktspezifischen Expertise können sie Entwicklungen, welche die Solvenz ihrer Kreditnehmer gefährden, frühzeitiger

---

[2] Vgl. Diamond 1984.
[3] Fischer 2000 findet dafür empirische Evidenz am Kreditmarkt in Deutschland. Banken produzieren und verarbeiten in regional segmentierten Märkten mehr Informationen als in kompetitiven Märkten.
[4] Die Diversifikationsmöglichkeiten der Banken führen dazu, dass die Bankeinleger über nahezu risikofreie Einlagemöglichkeiten verfügen und somit nicht im selben Maße die Bank überwachen müssen wie diese ihre Kreditnehmer überwacht.

erkennen und geeignete verlustbegrenzende bzw. risikoreduzierende Maßnahmen entsprechend früher ergreifen. Schließlich ist auf Spezialisierungsvorteile bei der Abwicklung problematischer Engagements hinzuweisen, wenn die Banken ihre Expertise im Workout ihrer Kredite sowie in der Verwertung der zur Verfügung stehenden Kreditsicherheiten vorteilhaft einsetzen können.[5] Solche Aktivitäten sind im ursprünglichen Kreditvertrag nicht endgültig geregelt und werden wie das gesamte typische „Relationship Lending" zu den Vorteilen bei der Wiederverhandlung von Kreditverträgen gerechnet.

Die Betrachtung der Spezialisierungsvorteile im Kreditgeschäft macht auch deutlich, dass Kreditrisiken nicht ausschließlich als exogen gegebene Größen gesehen werden dürfen, wovon ausgegangen werden müsste, wenn man die Prinzipien der Portfolio Selection-Theorie unmittelbar und unverändert auf das Kreditportfoliomanagement übertragen wollte. Kreditrisiken sind vielmehr aufgrund ihrer Beeinflussbarkeit durch die Qualität des vorvertraglichen Screening, des nachvertraglichen Monitoring und der verschiedenen Wiederverhandlungssituationen endogene, d.h. vom Know-how und vom Verhalten der Banken abhängige Größen.[6]

1.1.1.3 Exogene und endogene Faktoren des Kreditrisikos

Spezialisierte Kreditinstitute müssen für die angesprochenen Vorteile ihrer Geschäftsstrategie hohe Einzelrisiken sowie hohe Ausfallkorrelationen zwischen den einzelnen Kreditpositionen ihres Portfolios in Kauf nehmen. Vor allem die Kreditportfolios regional spezialisierter Kreditinstitute wie Sparkassen oder Genossenschaftsbanken weisen oftmals im Verhältnis zum Eigenkapital ausgesprochen hohe Einzelengagements sowie beachtliche Korrelationen in ihrer Debitorenstruktur auf. Die hohe Korrelation lässt sich dabei zumindest auf vier miteinander verbundene Ursachen zurückführen:

- Erstens hängen die wirtschaftliche Situation der Unternehmen einer Region und damit auch deren Ausfallwahrscheinlichkeit von bestimmten regionalen oder strukturellen Entwicklungen ab. Für die kreditvergebende Bank ergibt sich daraus ein *regionales Risiko*.
- Zweitens sind Regionen häufig durch bestimmte Branchen geprägt, so dass der Geschäftserfolg der Kreditnehmer von gleichen branchenspezifischen systematischen Risikofaktoren beeinflusst wird. Für Regionalinstitute entsteht durch diesen Sachverhalt zusätzlich ein *Branchenrisiko*.
- Drittens bestehen zwischen Unternehmen einer bestimmten Region oftmals sehr enge Verbindungen über *Geschäftspartnernetzwerke* in Form intensiver direkter und indirekter Lieferanten- und Abnehmerbeziehungen. Besonders die Existenz weniger, in einer Region dominierender Schlüsselunternehmen, welche die wirtschaftliche Wohlfahrt vieler kleiner und mittlerer (Zulieferer-) Be-

---

[5] Leasinggesellschaften gelten beispielsweise als Spezialisten bei der Wiederverwertung von Vermögensgegenständen nach Ablauf des Vertrages.
[6] Vgl. Acharya et al. 2002, Hartmann-Wendels et al. 2007 sowie Winton 1999.

triebe sowie zahlreicher Arbeitnehmer dieser Region beeinflussen, stellt für regional fokussierte Kreditinstitute ein großes Risiko dar. Ansteckungsprozesse können einen Großteil des Portfolios in Mitleidenschaft ziehen.

- Viertens schafft schließlich auch die Fokussierung auf Kredite an Unternehmen einer bestimmten Größe und damit einhergehend bevorzugten Rechtsformen einen *Risikogleichlauf*, weil auch dort beispielsweise über die Steuergesetzgebung oder regulative Bestimmungen vergleichbare unerwartete Belastungen und Risiken auftreten können.

Durch die regionale Beschränkung ihrer Geschäftstätigkeit ist es den Sparkassen und Genossenschaftsbanken nicht oder nur sehr beschränkt möglich, die bezeichneten Risiken sowie das Branchen- und Größenrisiko durch eigene Kreditproduktion wirkungsvoll zu diversifizieren. Aber selbst die Großbanken können nur Bruchteile der weltweit vorhandenen Diversifikationsmöglichkeiten realisieren, weil sie ihre Geschäftspolitik auf den nationalen und höchstens auf selektive internationale Märkte ausrichten.

Alle Kreditinstitute könnten folglich durch eine geeignete Diversifikation bei Beibehaltung ihrer Spezialisierungsvorteile die für eine wertorientierte Banksteuerung wichtige Risiko-Ertrags-Relation ihrer Kreditportfolios verbessern. Da das Kreditrisiko überproportional mit dem Wachstum der Konzentration im Portfolio wächst, ließe sich durch eine verbesserte Diversifikation auch das zur Risikodeckung notwendige ökonomische Eigenkapital reduzieren.[7] Das durch die verbesserte Risikosituation freigesetzte bzw. *eingesparte Kreditrisikokapital* könnte dann für andere Geschäfte verwendet werden, was zu einer Erhöhung der Ertragserwartungen bei konstantem Risikokapital führen würde. Eine weitergehende Diversifikation der Kreditportfolios würde darüber hinaus auch einen positiven Effekt auf die Refinanzierungsbedingungen der Banken haben, weil sich die Qualität ihrer Kreditportfolios und dadurch ihre Kreditwürdigkeit und ihr Rating verbessern würden.[8]

Konzentrationsbedingt hohe Eigenkapitalkosten der Banken führen dazu, dass Kreditgeschäfte nur dann abgeschlossen werden, wenn entsprechend hohe Kreditzinsen beim Kreditnehmer durchgesetzt werden können. Ein Kreditnehmer hervorragender Bonität wird jedoch nicht bereit sein, solche Kreditkonditionen hinzunehmen, welche nur auf das ineffiziente, durch Konzentrationsrisiken geprägte Portfolio des Kreditgebers, nicht aber auf das einzelgeschäftsbezogene Kreditrisiko zurückzuführen sind. Er wird sich stattdessen an eine Bank wenden, die über ein besser diversifiziertes Portfolio verfügt und aufgrund der geringen Korrelationsbeziehung zwischen diesem und dem neuen Engagement geringere Kapitalkosten kalkulieren und somit günstigere Zinskonditionen anbieten kann. Mit der Risikokonzentration kann also durchaus eine Negativauslese der Kreditnehmer verbunden sein.

---

[7] Vgl. Ong 1999, S. 59 sowie S. 247-258.
[8] Vgl. Heinrich 2001, S. 816.

1.1.1.4 Diversifikation und Portfoliorisiken des Kreditgeschäfts

Der *Diversifikationsgrad eines Kreditportfolios* wird durch alle jeweiligen Korrelationen der im Portfolio enthaltenen Kredittitel sowie die relative Höhe der Einzelkreditengagements (Granularität) bestimmt. Hohe Korrelationen führen dazu, dass eine relativ hohe Wahrscheinlichkeit extremer Verluste besteht, so dass die Verlustverteilung des Portfolios nach rechts nur langsam abfällt. Dies hat zur Folge, dass bei gleichem Sicherheitsniveau mehr Eigenkapital bereitgestellt werden muss.

Der Diversifikationsvorteil kann veranschaulicht werden, wenn man die hypothetischen (typisch rechtsschiefen) Kreditportfolioverlustverteilungen einer wenig diversifizierten und einer diversifizierten Bank gegenüberstellt. Die in Abbildung 1.1 skizzierten Verlustverteilungen der Kreditportfolios zweier Kreditinstitute sollen dabei eine identische Portfoliostruktur, aber unterschiedliche Diversifikationsgrade aufweisen.[9] Es zeigt sich, dass das Kreditportfolio der spezialisierten Bank (die dünne Kurve) einen erheblich höheren unerwarteten Verlust als das Kreditportfolio des diversifizierten Kreditinstituts (die dicke Kurve) aufweist. Das 99 % Quantil der Verteilung, das den Credit-at-Risk markiert, liegt für das spezialisierte Kreditinstitut erheblich weiter rechts und entspricht einem höheren potentiellen Verlust.

Amato u. Remolona 2003 machen darauf aufmerksam, dass Kredit- und Anleiheportfolios im Vergleich zu Aktienportfolios außerordentlich schwer zu diversifizieren sind, weil die Kreditrisiken zu einer ausgeprägten Schiefe der Verteilung der Ergebnisse aus den Einzelpositionen führen. Einzelrisiken aus Krediten oder Corporate Bonds zeichnen sich zwar durch geringe Wahrscheinlichkeiten hoher Verluste aus. Sofern aber im Einzelfall dennoch Verluste eintreten, können diese nur schwer durch Gewinne anderer Positionen wieder ausgeglichen werden, weil hier der mögliche Gewinn durch den vereinbarten Zinssatz nach oben fest begrenzt ist. „Um bei einer derartigen asymmetrischen Verteilung der Risiken vollständig diversifizieren zu können, bedürfte es eines außerordentlich großen Portfolios."[10] Die begrenzten Diversifikationsmöglichkeiten zwingen also die Banken bei der Ausschöpfung der Spezialisierungsvorteile zur Suche nach anderen Möglichkeiten zur Begrenzung ihrer Kreditrisiken.

---

[9] Dieser Umstand wird in Abb. 1.1 durch zwei Gammaverteilungen mit identischem erwarteten Verlust, aber unterschiedlicher Varianz dargestellt. EL ist der erwartete Verlust, CaR der Credit-at-Risk auf dem 99 % Sicherheitsniveau. Der CaR bezeichnet einen Verlustbetrag in Euro, welcher nur mit einer vorgegebenen Wahrscheinlichkeit, hier mit 1 % Wahrscheinlichkeit, noch überschritten wird,. Vgl. diese Darstellung bei Gann u. Hofmann 2005, S. 476.

[10] Amato u. Remolona 2003, S. 57.

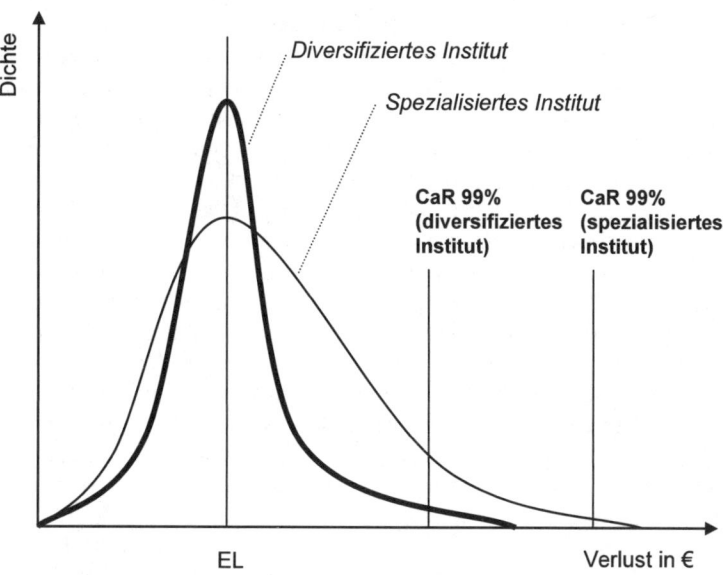

Abb. 1.1. Kreditportfolioverlustverteilungen

1.1.2 Probleme der Kreditexpansion in neue Märkte

Die positiven Auswirkungen einer Risikostreuung des Kreditportfolios motivieren die Banken dazu, zur möglichst weitgehenden Ausnutzung aller Diversifikationsmöglichkeiten ihre Kreditvergabe auf Märkte auszurichten, die über die etablierten Geschäftsgrenzen hinausreichen. Diese Empfehlung widerspricht jedoch den skizzierten Vorteilen der Bearbeitung des Heimatmarktes und bleibt auch in der Praxis eher theoretischer Natur, weil Marktunvollkommenheiten dazu führen, dass ein Kreditinstitut nicht beliebig expandieren kann, um global Kredite zu produzieren. Die Existenz von Transaktions- bzw. Markteintrittskosten sowie das Bestehen rechtlicher Restriktionen verhindern ein solches Vorgehen oder setzen ihm enge Grenzen. Hohe Markteintrittskosten entstehen aufgrund der Tatsache, dass ökonomische, rechtliche, institutionelle und informationsökonomische Markteintrittsbarrieren existieren, die in der Regel nur durch den Einsatz hoher finanzieller Anfangsinvestitionen überwunden werden können.[11]

Darüber hinaus ist davon auszugehen, dass für Kreditinstitute die Expansion in neue Märkte wegen des Winner's Curse-Effektes problematisch ist.[12] Da neu in einen bestimmten Marktbereich eintretende Banken einen Wettbewerbsnachteil gegenüber etablierten Kreditgebern haben, entsteht bei der Kreditvergabe die Gefahr, dass Kredite an jene Schuldner vergeben werden, die von den etablierten Banken abgelehnt wurden, weil sie ein unterdurchschnittliches Ertrags-Risiko-

---

[11] Vgl. Gann u. Hofmann 2005, S. 474-476.
[12] Vgl. Gehrig 1998 sowie Dell'Ariccia et al. 1999.

Profil aufweisen. Erst im Lauf der Zeit ist es neu eintretenden Banken möglich, das nötige Know-how zu erwerben, um attraktive Kreditnehmer zu gewinnen. Allenfalls durch eine Fokussierung auf innovative Produkte, in denen die hinzutretenden Institute über einen Know-how-Vorsprung gegenüber den heimischen Anbietern verfügen, kann eine Bank dieser Negativselektion kurzfristig entgehen und ein auskömmliches Ertrags-Risiko-Verhältnis erzielen.

Auch wenn der Marktzutritt zur einfacheren Überwindung dieser Markteintrittsbarrieren durch den Kauf eines im Zielmarkt etablierten Instituts erfolgen sollte, sind hohe Transaktionskosten in Rechnung zu stellen. Markteintrittskosten fallen bei der Suche nach einem geeigneten Übernahmekandidaten an, bei den Verhandlungen und der Finanzierung, bei eventuellen Ausgaben für die Abfindung der Altgesellschafter sowie Integrationskosten nach der Fusion oder Übernahme. Daneben bestehen für bestimmte Kreditinstitute rechtliche Restriktionen, die einen physischen Markteintritt verhindern können. Für die Sparkassen in Deutschland ist beispielsweise eine Expansion über die Gemeinde-, Städte-, Kreis- oder Ländergrenzen hinweg aufgrund der Sparkassengesetze nicht realisierbar.

Ist eine Portfoliodiversifikation nur durch eigene Kreditproduktion möglich, so sind die skizzierten Marktunvollkommenheiten und geschäftspolitischen Rahmenbedingungen als Ursache dafür anzusehen, dass die Empfehlung einer breiten Diversifikation über viele verschiedene Märkte und Kreditnehmer hinweg nicht sinnvoll umsetzbar bzw. bei Bestehen rechtlicher Beschränkungen nicht möglich ist.

Es ist eine nicht nur theoretisch interessante Frage, ob sich die Kreditinstitute im Lauf der Zeit die aufgezeigten Erkenntnisse nutzbar gemacht und in der Tendenz mehr einem globalen Portfoliomanagement zugewandt haben. Da sich die Dimension der Granularität aus externen Daten nur schwer bestimmen lässt, kann man zur Beantwortung dieser Frage versuchen herauszufinden, ob sich zumindest die sichtbaren Strukturen der Kreditportfolios der Banken verändert haben. In einer empirischen Untersuchung für die vergangenen Jahre ist bei den deutschen Kreditinstituten festgestellt worden, dass die nationalen Portfolios der betrachteten Banken sich zumindest in der Tendenz einem *Marktportfolio deutscher Kredite* (also der durchschnittlichen Struktur aller Kredite an deutsche Kreditnehmer) angenähert haben.[13] Offenbar ist also im Lauf der Zeit bei den Banken das Bewusstsein für die positiven Wirkungen der Diversifikation gestiegen. Darüber hinaus können interne Hemmnisse bei der Durchsetzung diversifizierter Portfolios abgebaut worden sein, ohne dass die Vorteile einer Spezialisierung aufgegeben worden wären. Ein aus Portfoliosicht wünschenswertes „Weltportfolio" der Kredite ist daraus aber nicht annähernd entstanden.

---

[13] Vgl. Pfingsten u. Rudolph 2002.

1.2 Instrumente und Aufgaben des Kreditrisikomanagements

Seit jeher haben Banken verschiedenartige Instrumente zur Begrenzung und Verminderung von Kreditrisiken eingesetzt. Die Begrenzung und Verminderung der Risiken aus Kreditpositionen wurde dabei nicht immer nur als Reaktion auf eingetretene oder mögliche Verluste oder auf mangelndes Vertrauen in die Kreditnehmer, sondern häufig richtigerweise auch als Grundlage langfristiger Kreditbeziehungen im Sinne des „Relationship Banking" verstanden. So haben beispielsweise Kreditsicherheiten vielfach die Grundlage für eine Politik gebildet, auch in der Krise eines Kreditnehmers die Kreditlinien nicht zu kürzen oder den Kreditzins anzuheben. Kreditrisikomanagement wurde auch in der Vergangenheit von den Banken nicht nur als notwendige oder von den Aufsichtsbehörden geforderte Pflicht, sondern durchweg als Basis für die Geschäftstätigkeit und eine langfristige Geschäftsperspektive mit den Kreditkunden verstanden.

Eine Übersicht über die breite Palette strategischer und operativer Instrumente zeigt, welche Änderungen bzw. welche Fortschritte das *Risikomanagement im Kreditgeschäft* im Lauf der Zeit erfahren hat. Sofern das Risikomanagement der Banken entscheidend verbessert wurde, sollte sich auch die Basis für die Wertschöpfungsfähigkeit der Banken verbessert haben. Die folgende *Einordnung und Bewertung der Instrumente des Risikomanagements im Kreditgeschäft* macht aber deutlich, dass sich diese Grundlagen noch nicht wesentlich verändert haben und erst dann entscheidend verbessern können, wenn sich die Handlungsalternativen der Kreditinstitute im Hinblick auf die Verbesserung der Risikotransfermöglichkeiten erweitern lassen:

- Erstens lassen sich die Risiken aus einzelnen Kreditforderungen durch eine geeignete *Kreditprüfung* transparent machen und durch ein entsprechendes Entscheidungsverhalten auf ein von der Bank vorgegebenes Niveau begrenzen. Hierzu stehen vielfältige Alternativen der Informationsbeschaffung (zum Beispiel Vorlage von Jahresabschlüssen, Anfragen bei Kreditauskunfteien, Besichtigungen vor Ort etc.) im Zuge der Kreditwürdigkeitsprüfung und bei der laufenden Kreditbetreuung zur Verfügung. Eine Bewertung dieser Möglichkeiten macht deutlich, dass sich die Informationsbeschaffungs- und Auswertungsmöglichkeiten in den vergangenen Jahren wesentlich verbessert haben und heute vielfach in ein systematisches Bonitätsbeurteilungsverfahren bzw. sogar einen durchstrukturierten fortlaufenden Rating-Prozess eingemündet sind. Wichtige Möglichkeiten der Begrenzung und Normierung der Kreditrisiken bestehen dabei insbesondere auch durch die Bestellung von Kreditsicherheiten im engeren und weiteren Sinne sowie in einem anderen Zweig des Kreditmanagements, der die verschiedenen Workout-Techniken problembehafteter Kredite und die strategischen Möglichkeiten des neuen Insolvenzrechts beinhaltet. Während sich die Rechte der Kreditinstitute in der Insolvenz ihrer Kunden mit der Insolvenzrechtsreform zumindest nicht verbessert haben, haben sich die organisatorischen Möglichkeiten der Behandlung von Problemkrediten verbessert.

- Zweitens lassen sich die mit der Kreditvergabe einhergehenden Risiken gegenüber früher heute „in house" besser versichern, indem dem Risikogehalt (erwartete und unerwartete Verluste) entsprechende Risikozuschläge in den mit dem Kreditnehmer vereinbarten Zins eingearbeitet, d.h. geeignete *Risikoprämien kalkuliert* werden. Die den Kreditinstituten zur Verfügung stehenden und angewendeten Techniken zur Kalkulation und Kompensation von Kreditrisiken zeigen, dass das Bewusstsein einer risikoadäquaten Preisstellung von Krediten im Zeitablauf gestiegen ist. Darüber hinaus wird ersichtlich, dass durch die Verfeinerung der Kalkulationsmethoden heute in der Tat mehr oder weniger verursachungsgerechte Risikoprämien in die Preisuntergrenzen für Kredite eingearbeitet werden können.[14] Sofern eine Kalkulation von Risikoprämien im Einzelfall nicht in entsprechende Preisforderungen umgesetzt wird, liegt das entweder an der tatsächlichen oder vermeintlichen Verhandlungsmacht der Kunden und nicht an der mangelnden Kalkulierbarkeit der Risiken oder daran, dass die Banken im Zuge ihrer langfristigen Geschäftsbeziehung (Hausbankprinzip) eine Preispolitik betreiben, die aus strategischen Gründen nur indirekt auf aktuelle Veränderungen der Kreditwürdigkeit bzw. des Ratings reagiert. Die Mittelanlage in einen Kredit, der seine Risikoprämie verdienen muss, ist jedenfalls heute besser kalkulierbar als ohne ein aussagefähiges System der Risikomessung.
- Drittens lässt sich auf der Ebene der Kreditportfolios der Banken das Risiko durch eine Streuung der Engagements auf verschiedene Kreditnehmer vermindern, indem der Diversifikationseffekt, der sich aus der Zusammenfassung von Krediten in ein Portfolio ergibt, ausgenutzt wird. Für durchschnittlich erwartete Verluste spielt die Streuung der Risiken keine Rolle, wohl aber für unerwartete Verluste, die dadurch entstehen, dass einzelne große oder gleichzeitig mehrere kleinere Kreditforderungen notleidend werden. Daher sind entsprechende Risiken nur über eine geeignete Risikostreuung zu begrenzen. Hier spielen die seit geraumer Zeit eingeführten alternativen Limitsysteme eine Rolle. *Limitsysteme* setzen einerseits geeignete Risikomessziffern voraus, müssen aber auch die wesentlichen Risikotreiber identifizieren und auf diese in geeigneter Weise reagieren, so dass beispielsweise die Größe eines Engagements bzw. die Branche oder die Region einer Vielzahl von Kreditnehmern als Anknüpfungspunkte für Diversifikationsstrategien herangezogen werden. Dies alles ist Bestandteil eines modernen Kreditrisikomanagements, das bei vielen Kreditinstituten in der Praxis allerdings erst noch in das Alltagsgeschäft umgesetzt werden muss.

Einer effizienten portfolioorientierten Steuerung des Kreditportfolios stehen trotz dieser in der Praxis entwickelten Instrumente und getroffenen Vorkehrungen noch erhebliche Begrenzungen und Widerstände entgegen, weil sich einmal vergebene Kredite prinzipiell als illiquide Anlagen darstellen und daher die Realisierung effizienter Risiko-Ertrags-Positionen im Zeitablauf ein kaum zu bewältigendes Unterfangen darstellt. Neuerdings lässt sich aber die Streuung der Risiken über verschiedene *Instrumente des modernen Kreditrisikotransfers* wie Asset Backed

---

[14] Vgl. Rudolph 1995, 2001.

Securities und Kreditderivate verbessern. Diese neuartigen Möglichkeiten des Kreditmanagements stehen im Mittelpunkt der folgenden Ausführungen.

Eine mögliche Lösung für das Problem der mangelnden Diversifikation spezialisierter Kreditinstitute kann also im Handel bzw. Transfer von Kreditrisiken gesehen werden. Durch einen liquiden *Markt für Risikotransferinstrumente*, der den Handel von Kreditrisiken ermöglicht, kann zunehmend auch eine nachgelagerte Diversifikation der Kreditportfolios der Banken realisierbar werden. Das ist der Ansatzpunkt für eine im Zeitablauf optimierte Risiko-Ertrags-Charakteristik des Kreditportfolios sowie für eine weitergehende Spezialisierung einzelner Marktteilnehmer auf die verschiedenen Abschnitte der Wertschöpfungskette im Kreditgeschäft.

So kann vermutet werden, dass die Möglichkeiten des Kreditrisikohandels die strategische Ausrichtung der Banken auf bestimmte Märkte, d.h. die Spezialisierung der Kreditinstitute auf bestimmte Kreditnehmertypen sogar unterstützt.[15] Mit einer Entwicklung der Märkte für den Kreditrisikotransfer und der dort gehandelten Instrumente können auch weitergehende Motive für Geschäftsmöglichkeiten an Bedeutung gewinnen, die die Effizienz der Märkte verbessern. Dazu gehören insbesondere alle Aktivitäten der Suche nach Arbitragemöglichkeiten, die in neuen Intermediationsangeboten und der Realisierung von Spezialisierungsvorteilen ihren Ausdruck finden würden.

Im folgenden Kapitel werden die traditionellen und die modernen Instrumente zum Transfer von Kreditrisiken in ihren wichtigen Charakteristika vorgestellt und hinsichtlich ihrer typischen Merkmale sowie Vor- und Nachteile verglichen.

---

[15] Wahrenburg 2002, S. 52, vermutet einen weitergehenden Trend zur Spezialisierung, der durch die Kreditrisikotransfermöglichkeiten verstärkt wird. Auch Franke 2005, S. 311, ist der Ansicht, dass es durch die Kreditrisikotransfermöglichkeiten zu einer „Renaissance von Spezialkreditinstituten" kommt und die Spezialisierung im Kreditgeschäft weiter begünstigt wird.

2 Überblick über die Instrumente des Kreditrisikotransfers

2.1 Traditionelle und neue Instrumente des Kreditrisikotransfers

Bereits vor Einführung der modernen Instrumente des Kreditrisikotransfers konnten Kreditrisiken von Marktteilnehmern an Dritte weitergegeben oder mit Dritten geteilt werden. Zu den traditionellen Instrumenten eines solchen Risikotransfers zählen insbesondere die Syndizierung und die Kreditversicherung.

Neben den traditionellen Instrumenten des Kreditrisikotransfers haben sich moderne kapitalmarktorientierte Instrumente des Kreditrisikotransfers herausgebildet. Hierzu zählen zum einen Verbriefungstransaktionen wie Asset Backed Securities, Mortgage Backed Securities und Collateralized Debt Obligations. Zum anderen haben sich verschiedene Ausprägungsformen von Kreditderivaten im engeren Sinne (i.e.S.) entwickelt, zu denen die Credit Default Swaps, Total Return Swaps und Credit Spread Options zählen. Hybride Produkte wie Credit Linked Notes und synthetische Verbriefungstransaktionen beinhalten Charakteristika sowohl von Kreditderivaten i.e.S. als auch von Verbriefungstransaktionen. Gemeinsam mit den Kreditderivaten i.e.S. und Asset Swaps bilden sie die Gruppe der Kreditderivate im weiteren Sinne (i.w.S.). Abbildung 2.1 zeigt eine Systematisierung der Instrumente des Kreditrisikotransfers.

Die Einsatzmöglichkeiten und Grenzen der Kreditsyndizierung und der Kreditversicherung als Risikotransferinstrumente werden in diesem Kapitel besprochen. Hinsichtlich der modernen Instrumente des Kreditrisikotransfers werden in diesem Kapitel darüber hinaus Systematisierungskriterien aufgezeigt. Die ausführlichen Erläuterungen zu den einzelnen modernen Instrumenten des Kreditrisikotransfers finden sich dann in den folgenden Kapiteln: Verbriefungstransaktionen werden in Kapitel 3, Kreditderivate im engeren Sinne in Kapitel 4 dargestellt. Hybride Instrumente und verschiedene exotische Konstruktionsvarianten sind Inhalt des Kapitels 5. In diesem Kapitel werden also die verschiedenen Instrumente zunächst nur grob vorgestellt, da die Erarbeitung eines Überblicks im Mittelpunkt steht.

14 2 Überblick über die Instrumente des Kreditrisikotransfers

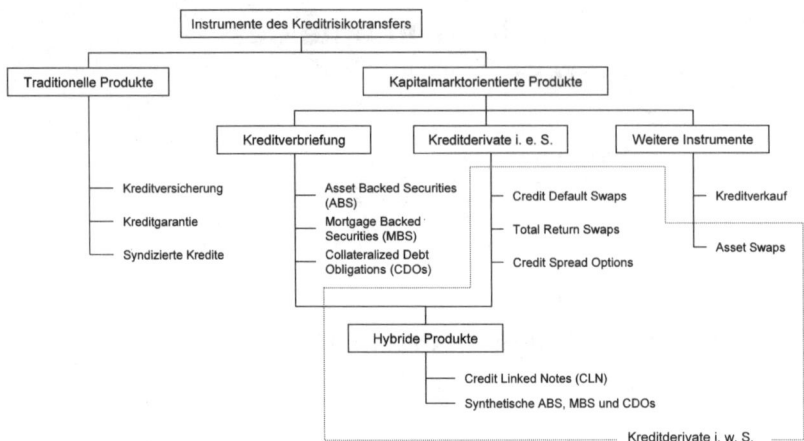

Abb. 2.1. Überblick über die Instrumente des Kreditrisikotransfers[1]

2.2 Traditionelle Instrumente des Kreditrisikotransfers

2.2.1 Gestaltungsalternativen syndizierter Kredite

2.2.1.1 Syndizierungen im Konsortialkreditgeschäft der Banken

Die Syndizierung von Krediten gehört zu den traditionellen Instrumenten der Banken, um Engpasssituationen und unerwünschte Risikokonzentrationen zu vermeiden.[2] Die Syndizierung ermöglicht die Vergabe von Krediten, die in Bezug auf die Größe bzw. das verfügbare Eigenkapital der kreditvergebenden Bank ökonomisch überdimensioniert oder beispielsweise wegen der Verletzung der Großkreditvorschriften des Kreditwesengesetzes (§ 13 KWG) ausgeschlossen sind. Zugleich lassen sich mit Hilfe einer Syndizierung die ökonomischen und aufsichtlichen Anforderungen einer besseren Risikozerfällung und Risikostreuung des Kreditportfolios erreichen. Das *Grundprinzip der Syndizierung* besteht dabei in der Aufteilung eines Kredits an einen Kreditnehmer auf mehrere Kreditgeber. Dabei wird in der Regel der Kreditbetrag einschließlich des Risikos oder seltener allein das mit dem Kredit verbundene Risiko auf die Mitglieder des Syndikats aufgeteilt. Der Markt für syndizierte Kredite hat sich insbesondere seit Einführung des Euro zu einem zusammenwachsenden Marktsegment entwickelt, an dem sich Banken auch über die Ländergrenzen hinweg engagieren und an dem auch immer häufiger mittelständische Kreditnehmer partizipieren.

Häufig wird eine Syndizierung erst einige Zeit nach der Kreditvergabe in die Wege geleitet, weil sich die ursprünglich beabsichtigte Übernahme des Kreditrisikos oder eines bestimmten Anteils daran zu einem späteren Zeitpunkt als nicht

---

[1] Vgl. diese Darstellung bei Burghof u. Henke 2005b, S. 106.
[2] Vgl. zur folgenden Darstellung Burghof u. Henke 2005b.

mehr optimal erweist. Eine Verringerung des Kreditexposures zu einem späteren Zeitpunkt kann insbesondere dann erwünscht sein, wenn sich der Risikogehalt des Krediтes oder die Portfoliostruktur des Kreditgebers verändert haben.

Umgesetzt wird die Technik der Syndizierung im Konsortialkreditgeschäft der Banken. Als rechtliche Gestaltungsform bietet sich das Außenkonsortium an, bei dem der Kreditvertrag die Beziehungen zwischen dem Kreditnehmer und jedem einzelnen Konsorten regelt und der Konsortialführer (Lead Manager) nur im Namen und auf Rechnung des Konsortiums handelt. Als Gestaltungsalternative wird häufig aber auch ein Innenkonsortium (stilles Konsortium) gewählt, bei dem der Konsortialführer im eigenen Namen handelt und die anderen Konsorten gegenüber dem Kreditnehmer nicht in Erscheinung treten.[3] Im Einzelfall kann eine Teilnahme am Konsortium auch ohne die Übernahme eines Finanzierungsanteils der hinzutretenden Bank erfolgen, wenn sich das Engagement auf den anteiligen Transfer des Kreditrisikos beschränkt und als Finanzgarantie bzw. Aval darstellt.

Andere rechtliche Gestaltungsalternativen neben der Bildung eines Konsortiums sind die Schaffung von Unterbeteiligungen an einem Kreditengagement sowie Meta- und Parallelkredite.[4] Vor allem die Institute des Sparkassen- und Genossenschaftssektors stoßen wegen ihrer geringen Betriebsgrößen bei der Kreditvergabe an größere Unternehmen schnell an die Grenzen der Großkreditregelung des § 13 KWG, wonach vom Eigenkapital abhängige Höchstgrenzen für Einzelkredite (Großkrediteinzelobergrenze) und für die Gesamtheit der Großkredite (Großkreditgesamtobergrenze) zu beachten sind. Zur Überwindung dieser Beschränkungen beteiligen sich die Spitzeninstitute des Verbundes, d.h. die Landesbanken oder die genossenschaftlichen Zentralbanken, an den für die Größenverhältnisse bzw. das frei verfügbare Eigenkapital der lokalen Institute überdimensionierten Krediten.[5] In der Kreditstrategie vieler Sparkassen ist daher beispielsweise festgelegt, dass die Sparkasse bei Krediten mit einem Volumen, das über einen bestimmten Eurobetrag hinausgeht, die zuständige Landesbank oder einen anderen Partner regelmäßig zu 50 Prozent beteiligt. Die Konsortialführung liegt bei der Sparkasse und die Konsortialbanken partizipieren gleichmäßig an den Kreditsicherheiten.[6] Setzen beide Parteien ein einheitliches Ratingverfahren ein (z.B. das DSGV Firmenkundenrating), dann werden größere Abweichungen in der Bonitätsbeurteilung vermieden.

---

[3] Vgl. Hartmann-Wendels et al. 2004, S. 600-601.
[4] Vgl. zur rechtlichen Charakterisierung der folgenden Instrumente Eichwald u. Pehle 2000, S. 776-777. In der angelsächsischen Literatur wird bereits bei einer Unterbeteiligung von einem Loan Sale gesprochen, der rechtlich als Participation ausgestaltet ist. Vgl. James 1988. Der Übergang vom Innenkonsortium zur Unterbeteiligung ist fließend.
[5] Nach Eichwald u. Pehle 2000, S. 776 ist die Form einer Metaverbindung üblich. In den Jahresberichten der Institute finden sich dafür unterschiedliche Bezeichnungen wie Konsortialkredite, syndizierte Kredite, Gemeinschaftskredite, Beteiligungskredite oder Ergänzungskredite.
[6] Vgl. zu Einzelheiten Kobiela 2004.

2.2.1.2 Der syndizierte Kredit als hybride Finanzierungsform

Das Charakteristikum einer Syndizierung besteht in der Risikoteilung und der dadurch möglichen besseren Risikostreuung. Als positive Nebeneffekte werden die mögliche Nutzung des Know-how Vorsprungs einzelner Konsorten und die Hoffnung auf Gegengeschäfte im Rahmen der Konsortialbeziehung genannt. Die Informationsbeteiligung ist davon abhängig, ob der Konsortialführer die zentrale Verantwortung für die Informationsbeschaffung, Organisation und Abwicklung der Kreditbeziehung übernimmt und sich die anderen Institute mehr oder weniger ausschließlich an der Risikoübernahme und der Refinanzierung des Kredits beteiligen oder ob, wie im Außenkonsortium üblich, alle Konsorten in eine Kreditbeziehung mit dem Kreditnehmer eintreten. Bleibt der Kreditprozess in einer Hand, während das Kreditergebnis geteilt wird, dann gibt es nur einen einzigen gut informierten Gläubiger. Metakredite der Sparkassen und Landesbanken weisen diese Struktur auf.

Bei asymmetrischer Informationsverteilung und einem damit einhergehenden Informationsvorsprung des Konsortialführers liegt die Befürchtung nahe, dass Syndizierungen jenseits des Zwangs zur Einhaltung aufsichtsrechtlicher Beschränkungen insbesondere dann angestrebt werden, wenn die Kredite eine unterdurchschnittliche Qualität aufweisen und somit überdurchschnittlich riskant sind. Diese Befürchtung vermindert sich aber mit der Erhöhung der Quote (Selbstbehalt) für den Originator des Kredits.

Innerhalb der Verbundorganisationen wird im Metakreditgeschäft nicht über das Problem eines Informationsvorsprungs der lokalen Banken geklagt. Die Frage, ob sich aus diesem Umstand schließen lässt, dass die adversen Anreize anderweitig kompensiert werden, lässt sich aus der Sicht des externen Beobachters letztlich nicht beantworten. Neben den Vorzügen der Risikoteilung dürfte aber die Regelmäßigkeit und Dauerhaftigkeit der Metageschäfte innerhalb des Verbundes positive Auswirkungen haben.

Obwohl keine vergleichbare Verbundverbindung besteht, ist das syndizierte Kreditgeschäft auch für die Privatbanken von großer Bedeutung. Damit eine Syndizierung von Krediten möglich ist, muss die Informationsasymmetrie zwischen dem Konsortialführer und den beteiligten Instituten möglichst gering ausfallen, so dass der Spielraum für eine mögliche „Ausbeutung" der beteiligten Institute eng begrenzt bleibt. Das kann beispielsweise dadurch erreicht werden, dass ein klar abgegrenztes Projekt finanziert wird, über das sich alle Partner relativ gleichmäßig informieren können. Als Beispiele können Projektfinanzierungen[7] oder auch die Finanzierung von Unternehmenskäufen (Mergers & Acquisitions) genannt werden.[8] Im normalen Kreditgeschäft stellt der Aufbau reziproker Geschäftsbeteiligungen (Syndizierungsnetzwerke) ein wirksames Instrument zur Lösung adverser Anreize dar, weil dadurch erreicht wird, dass eine Bank bei Einbringung einer Ne-

---

[7] Vgl. etwa Schulte-Althoff 1992, S. 83-88 und S. 242-254, sowie Schepp 2000.
[8] Der internationale Markt für syndizierte Kredite wurde in den achtziger Jahren vor allem durch die Finanzierung von Unternehmensübernahmen und Fusionen, aber auch zur Finanzierung von Staaten getrieben. Vgl. Samengo-Turner 1993.

gativauslese in die Geschäftsbeziehung in Zukunft als Vertragspartner gemieden würde.[9]

Staaten, über deren Kreditwürdigkeit sehr viele Informationen und ein Rating öffentlich verfügbar sind, greifen regelmäßig auf Kredite von Bankenkonsortien zurück.[10] Länderkredite sind für syndizierte Finanzierungsformen auch deshalb prädestiniert, weil Staaten als Kreditnehmer in aller Regel sehr hohe Beträge benötigen, die einzelne Institute wiederum aus regulatorischen oder ökonomischen Gründen nicht aufbringen können oder wollen.[11] Syndizierte Kredite, die auf der Grundlage einer hohen Transparenz der finanzierten Unternehmen vergeben werden, stellen ein direktes Substitut zu Anleihen dar. Im Unterschied zur Anleihe ist es bei Syndizierungen aber möglich, den Informationsstand potentieller Financiers gezielt zu erhöhen, ohne die zusätzlichen Informationen der breiten Öffentlichkeit zur Verfügung stellen zu müssen. Dies geschieht etwa in einem *Information Memorandum*, in dem der Kreditnehmer und der Konsortialführer möglichst ohne eigene Wertungen wesentliche Zahlen und Fakten zur geplanten Finanzierung aus externen und unternehmensinternen Quellen zusammenstellen.[12] Die zusätzlichen Informationen werden potentiellen Kapitalgebern mit dem Anspruch auf Vertraulichkeit übermittelt, so dass sie also nicht öffentlich verfügbar werden. Der Nachteil dieser Vorgehensweise besteht allerdings darin, dass die übernommene Tranche illiquide ist.

2.2.1.3 Neuere Entwicklungen in der Kreditsyndizierung

Trotz der partiellen Öffentlichkeit, die für die Syndizierung hergestellt wird und die dem syndizierten Kredit zu einer hybriden Stellung zwischen Markt und bilateraler Finanzierungsbeziehung verhilft, lassen sich die Vorteile einer exklusiven Finanzierungsbeziehung im Konsortialkreditgeschäft bis zu einem gewissen Grade aufrecht erhalten. Für den Kreditnehmer ist insbesondere vorteilhaft, dass seine Hausbank der Ansprechpartner bleibt. Durch die zusätzlichen Gläubiger steht aber ein höheres Finanzierungsvolumen zur Verfügung. Aus Sicht der Kreditgeber spricht für diese Kreditform, dass schon bei der Vergabe eines syndizierten Darlehens die Transparenz dank Informationsbündelung höher als beim traditionellen Kredit ist. Die Vertragsverhandlung ist wegen der notwendigen Abstimmungen zwar mit höheren Transaktionskosten verbunden, im Ergebnis erscheint aber die

---

[9] Empirische Studien haben darüber hinaus festgestellt, dass Syndizierungen häufiger anzutreffen sind, wenn über den Kreditnehmer viele Informationen am Markt vorhanden sind und wenn der Konsortialführer eine hohe Reputation genießt. Nicht nur die Häufigkeit einer Syndizierung ist größer, sondern die Konsortien sind in der Tendenz auch größer. Vgl. Dennis u. Mullineaux 2000.

[10] Diese Vorgehensweise hat in Europa eine historisch lange Tradition. Vgl. Houtman-De Smedt u. Van der Wee 1993, S. 114.

[11] Sonderformen der syndizierten Kredite, die auch für größere Mittelständler schon attraktiv sind, stellen die als Club Deal bezeichneten Geschäfte dar. Vgl. Müller 2004, S. 157.

[12] Vgl. Rhodes 1993, S. 126-132.

Gestaltung der Konditionen marktgerechter.[13] Die Unternehmen bleiben in ihrer Investitionsplanung von der momentanen Liquiditätslage der Kapitalmärkte unabhängig, wenn der Kredit im Rahmen einer langfristigen Hausbankbeziehung gegeben wird. Eine flexible Handhabung und sachgerechte Wiederverhandlung ist eher denkbar als bei breit gestreuten Kapitalmarktpapieren.[14] Damit verfügen syndizierte Kredite im Gegensatz zu normalen Krediten und auch öffentlichen Anleihen über ein spezifisches Profil. Ein Handel syndizierter Kredittranchen findet aber im Allgemeinen nicht statt. Für ein effizientes Management des bereits bestehenden Kreditportfolios sind also syndizierte Kredite nicht geeignet.

Weiterentwicklungen des internationalen Geschäfts der Kreditsyndizierung versuchen, das bestehende Defizit möglichst weitgehend auszugleichen. Armstrong 2003 stellt dem herkömmlichen, eher gelegentlichen Kreditkonsortialgeschäft mit weitgehend illiquiden und intransparenten Positionen, das er als Kreditclubsyndizierung bezeichnet,[15] den New Syndicated Loan Market als speziellen regelmäßigen Kredittransaktionsprozess gegenüber. Dieser Prozess beinhaltet einen aktiven Sekundärmarkt, mit dem Portfolioanpassungen auch nach der Syndizierung des Kredits vorgenommen werden können. Die Portfolioanpassungen erfolgen auf der Basis eines Verkaufs von Konsortialanteilen (Assignment) oder durch die Beteiligung einer dritten Partei an der Konsortialquote eines Mitglieds des Konsortiums (Participation). Während im ersten Fall eine neue Kreditbeziehung zwischen dem Kreditnehmer und dem neuen Kreditgeber entsteht, ändert sich im zweiten Fall der ursprüngliche Kreditvertrag nicht. Dennoch wird die gewünschte Portfolioanpassung erreicht.

Während herkömmliche Syndizierungen die verbesserte Informationsbasis auf das Konsortium beschränken, arbeiten die neuen Märkte mit öffentlich verfügbaren Informationen, Ratingeinstufungen und einem unabhängigen Research. Das ermöglicht die Einbeziehung zahlreicher Kreditgeber und den Austausch einzelner Kreditgeber während der Kreditlaufzeit. Der „neue Syndizierungsmarkt" stellt sich in dieser Form bereits als Vorstufe bzw. sogar als Teilmarkt des im Abschnitt 2.3 dargestellten Marktes für die modernen Instrumente des Kreditrisikotransfers dar.

2.2.2 Kreditverkäufe, Factoring und Kreditversicherungen

Neben der Syndizierung ist der vollständige oder anteilige Verkauf von Krediten bzw. eines Kreditportfolios ein wirksamer Weg der Portfolioanpassung. Gegenstand von Kreditverkäufen (Loan Sales) sind in der Regel große Einzelengagements, die ganz oder teilweise veräußert werden, sowie sog. nicht strategische Teile des Kreditportfolios, d.h. Kredite an Kreditnehmer, die nicht der Kernzielgruppe der veräußernden Banken angehören. Häufig handelt es sich um Portfolios

---

[13] Vgl. Müller 2004, S. 157.
[14] Vgl. dazu die Argumente bei Brewis 1999, warum Unternehmen auch bei steigenden Spreads syndizierte Kredite aufnehmen und nicht auf den Bond-Markt ausweichen.
[15] Vgl. Armstrong 2003, S. 1, und Gaab 2004.

von Problemkrediten, d.h. Non-Performing Loans oder Darlehen, bei denen der Tilgungsplan nicht eingehalten worden ist (notleidende Kredite, Distressed Loans, Defaulted Loans). In der Praxis werden verschiedene Segmente des Marktes für Loan Sales unterschieden, nämlich

- die durch Immobilien besicherten Wohnungsbaukredite aus dem Mengengeschäft (Residential Retail-Kredite),
- die durch Immobilien besicherten Kredite für Bauträger und Büroimmobilien und
- Unternehmenskredite (Corporate Loans), die zum Teil ohne eine Besicherung durch Immobilien vergeben wurden und ein vergleichsweise inhomogenes Segment bilden.[16]

Die Problemkredite werden in der Form von Einzeltransaktionen, als Verkauf von Segmenten (z.B. alle problembehafteten Konsumentenkredite), gegebenenfalls aber auch in gepoolter Form mehrerer Institute an dritte Marktteilnehmer oder eine spezialisierte „Bad Bank" für „Distressed Loans" veräußert.[17] Die Vorbereitung der Transaktion liegt bei den Workout-Einheiten, die aber die weitere Bearbeitung der Kredite häufig an die Käufer abgeben, die gegenüber den Kreditnehmern eine rigorosere Abwicklungsstrategie verfolgen. Käufer sind institutionelle Anleger wie Pensionskassen und Altersvorsorgeeinrichtungen, die ihre Mittel in Fonds anlegen, die von spezialisierten Investmentbanken und Fondsgesellschaften (z.B. Loan Star, Fortress, Cerberus) aufgelegt werden.[18] Zur Erzielung eines möglichst hohen Verkaufserlöses erfolgt der Verkauf häufig über eine spezialisierte Transaktionsplattform. So können beispielsweise kleine Kreditpools in München über die Plattform „Debt X" eines amerikanischen Unternehmens in der Form von Auktionen weiterveräußert werden. Größere Transaktionen werden von Bankenkonsortien durchgeführt.

Die bei einer syndizierten Kreditvergabe auftretenden informationellen Probleme ergeben sich bei einem Loan Sale in gleicher Weise. Möglicherweise treten sie sogar in verstärkter Form auf, wenn der Käufer nun auch von dem besseren Informationsstand des Verkäufers in der aktuellen Kreditbeziehung ausgehen muss. Der potentielle Käufer wird daher regelmäßig die Anfrage wegen des Verkaufs eines Kredites als Signal für eine schlechte Kreditqualität auffassen. Dieses muss zumindest durch eine Due Diligence, die Beschränkung auf den Verkauf mit einem Rating versehener Kredite und die Bindung des Verkäufers durch einen ausreichenden Selbstbehalt abgemildert werden.[19] Eine regelmäßige Teilnahme an dem Markt für Loan Sales kann ebenfalls helfen, Informationsprobleme durch den Aufbau von Reputation zu lösen.

Auch eine andere Technik kann als Maßnahme gedeutet werden, die Probleme der Informationsasymmetrie zwischen dem Käufer und Verkäufer eines Kredits zu entschärfen. So werden typische Loan Sales häufig bereits kurz nach der Kredit-

---

[16] Vgl. Hamberger u. Diehm 2004, S. 183.
[17] Vgl. Klöckner u. Wolters 2004.
[18] Ein Beispiel wäre die Institutional Restructuring Unit (IRU) der Dresdner Bank.
[19] Vgl. Gorton u. Pennacchi 1995.

vergabe durchgeführt, wobei der Verkauf bereits bei der Kreditvergabe fest eingeplant oder sogar verabredet wurde. Der Kreditverkauf erfolgt dann bereits vor dem Zeitpunkt, in dem der Verkäufer einen wesentlichen Informationsvorsprung aufbauen und dementsprechend für ihn geeignete Kredite selektieren konnte.[20] Der Übergang von einer Syndizierung von Krediten als Bestandteil einer Primärmarktaktivität zum Verkauf auf einem Sekundärmarkt gestaltet sich also fließend.[21]

Besondere Formen des Verkaufs von Forderungen aus Lieferungen und Leistungen stellen das *Factoring* und die *Forfaitierung* von Forderungen dar. Das insbesondere bei Warenlieferungen und Dienstleistungen genutzte Factoring als laufender Ankauf von Forderungen durch entsprechende Factoringgesellschaften führt dazu, dass der Verkäufer der Forderungen unmittelbar Liquidität erhält und in der Regel auch die Inkassoaktivitäten, die Debitorenbuchhaltung und das Mahnwesen abgibt. Beim echten Factoring übernimmt das Factoringinstitut als Käufer darüber hinaus das Adressenausfallrisiko, beim unechten Factoring verbleibt das Ausfallrisiko beim Verkäufer. Daher wird die Factoringgesellschaft beim echten Factoring immer darauf achten, dass der an sie veräußerte Teil des Forderungsbestandes keine negativen Selektionsmerkmale gegenüber dem Gesamtbestand aufweist.

Beim offenen Factoring wird der Drittschuldner über den Verkauf der gegen ihn bestehenden Forderung unterrichtet, so dass eine Zahlung mit schuldbefreiender Wirkung nur an den Factor möglich ist. In diesem Fall kann das ursprüngliche Kreditverhältnis schwer belastet werden, so dass sich für Banken die Abtretung von Kreditforderungen an eine Factoringgesellschaft üblicherweise verbietet. Viele Kreditnehmer schließen sogar den Verkauf ihrer Verbindlichkeiten an Dritte aus. Beim stillen Factoring erlangt der Schuldner allerdings keine Kenntnis von dem Forderungsverkauf und leistet daher auch bei Fälligkeit seine Zahlungen an den ursprünglichen Kreditgeber. Daher kommt nur das stille Factoring als Mittel der Kreditportfoliosteuerung der Banken in Frage. Es ist aber kaum üblich, weil die Refinanzierung der Bankkreditforderungen durch eine Factoringgesellschaft über den reinen Risikotransfer keinen Mehrwert schafft.

Während das Factoring den laufenden Ankauf von Forderungen aus Lieferungen und Leistungen eines ganzen Forderungsbestandes auf der Grundlage einer Rahmenvereinbarung zum Gegenstand hat, richten sich *Forfaitierungen* auf einzelne Forderungen, insbesondere Exportforderungen, die an einen Forfaiteur ohne Regress (in Bausch und Bogen, à forfait) weitergegeben werden. Forfaitierungen spielten in den siebziger und achtziger Jahren insbesondere bei großen Exportgeschäften und Projektfinanzierungen eine erhebliche Rolle und waren dann regel-

---

[20] Vgl. Burghof u. Henke 2005b, S. 111-112. Gorton u. Pennacchi 1995 geben als durchschnittliche Laufzeit der Kredite 28 Tage und für den Loan Sale 27 bis 28 Tage an, so dass die Kredite also in der Regel am Tag der Kreditvergabe bereits weiterverkauft wurden. Vgl. Gorton u. Pennacchi 1995, S. 403.

[21] Vgl. Rhodes 1993 für einen Überblick über Methoden eines Sekundärmarkthandels nach dem im internationalen Geschäft oft angewandten englischen Recht. Rhodes bezeichnet alle Aktivitäten als Sekundärmarktaktivitäten, die einen Transfer des Kreditrisikos nach einer abgeschlossenen Syndizierung beinhalten.

mäßiger Bestandteil von Exportkreditgeschäften. Im Lauf der Zeit sind Forfaitierungen in vielen Fällen durch andere Konstruktionen, insbesondere durch die modernen Instrumente des Risikotransfers abgelöst worden.[22]

Schließlich kann noch auf eine andere Technik zur Weitergabe von Kreditrisiken hingewiesen werden, die Kreditversicherung. Durch eine *Kreditversicherung* können Kreditkonzentrationen aus der Branchen- oder Regionalstruktur korrigiert werden, ohne dass die Kreditnehmer aufgrund der bestehenden Restriktionen abgewiesen werden müssen. In der Praxis werden sowohl Einzelkredite als auch ganze Kreditpools versichert.[23] Die Versicherung von Einzelkrediten spielt insbesondere im Exportkreditgeschäft eine Rolle, wenn beispielsweise die Euler Hermes Kreditversicherungs-AG Bürgschaften und Garantien für die Forderungen aus Warenlieferungen und Dienstleistungen deutscher Exporteure gegenüber ausländischen Bestellern übernimmt.[24] Die Versicherung ganzer Pools spielt bei homogenen Portfolios von Ratenkrediten eine Rolle, wenn davon ausgegangen werden kann, dass sich die zukünftige Entwicklung der Poolqualität statistisch gut aus Vergangenheitsdaten abschätzen lässt. Wie im Fall des Factoring erfolgt auch die Versicherung von Kreditpools auf der Basis von Rahmen- oder Mantelverträgen. Eine flexible Steuerung des Kreditportfolios ist auf der Basis von Kreditversicherungen ebenso wenig möglich wie über Kreditverkäufe oder die Abtretung von Krediten.

Zusammenfassend ist festzustellen, dass die traditionellen Instrumente der Kreditportfoliosteuerung von einer „Buy and Hold"-Politik ausgehen, wobei Kreditrisiken je nach Geschäftsfeld und Eigenkapital selektiv übernommen und in der Regel bis zur Rückzahlung oder einer Abschreibungsnotwendigkeit des Kredits gehalten werden. Die im Einzelfall mögliche Weitergabe oder Abtretung von Kreditrisiken kann die Banken nicht oder nur in sehr begrenztem Umfang in die Lage versetzen, das angestrebte Ziel einer nach Risiko- und Ertragsgesichtspunkten optimalen Struktur der Kreditrisiken zu erreichen. Insbesondere stehen keine Handelsmöglichkeiten für eine Anpassung der Risikostruktur an neue Informationen über Ertragschancen und Risikoeinschätzungen zur Verfügung. „Die von der Betreuung der Einzelengagements losgelöste aktive Steuerung des Portfoliorisikos erfolgt derzeit über eine Kontingentierung im Neugeschäft und im Einzelfall über Konsortiallösungen. Um in Zukunft effizienter und kundenorientierter ausgerichtet agieren zu können, steht eine aktive Steuerung vor der Herausforderung, auch bislang illiquide Buchkredite im Firmenkundenbereich hinsichtlich des Kreditrisikos handelbar zu machen und somit individuelle, durch die Geschäftsstruktur bedingte Klumpenrisiken auf mehrere Institute zu verteilen."[25]

---

[22] Vgl. Paul 1994, S. 225-226.
[23] Vgl. Pfingsten 2000, S. 712.
[24] Die Euler Hermes Kreditversicherungs-AG wurde 1917 als Hermes Kreditversicherungsbank in Berlin gegründet und übernahm ab 1949 das Mandatsgeschäft zur Verwaltung von Sicherheits- und Gewährleistungen für die deutsche Ausfuhr. Im Jahr 2002 wurden die Aktivitäten der Kreditversicherer Euler in Paris und Hermes in Hamburg in der zur Allianz-Gruppe gehörenden Euler & Hermes S.A., Paris, zusammengefasst.
[25] Schumacher u. Eberhard 2001, S. 487-488.

2.3 Moderne Instrumente des Kreditrisikotransfers

2.3.1 Ziele des Einsatzes der modernen Risikotransferinstrumente

Kreditportfolioanpassungen erfolgen häufig mit dem Ziel, das Risiko aus dem Kreditgeschäft isoliert oder in Kombination mit der Liquiditätsbindung an einen Markt weiter zu reichen. Mit Hilfe der modernen Produkte des Kreditrisikotransfers sollen sich insbesondere Einzelrisiken abbauen sowie Risikokonzentrationen hinsichtlich

- wichtiger Schuldner,
- bestimmter Branchen oder Regionen oder auch
- der gesamtwirtschaftlichen Sektoren (Industrie, private Haushalte, Ausland)

reduzieren oder ganz abbauen lassen.[26] Im Gegenzug können dann neue und für das angestrebte Risikoprofil der Bank geeignetere Kreditrisiken erworben und das Kreditportfolio weitergehender als bisher diversifiziert werden. Durch den gezielten Kauf und Verkauf von Kreditrisiken lassen sich die Risiko-Ertrags-Verhältnisse der Kreditportfolios in jedem Zeitpunkt der aktuellen Marktlage anpassen und im Hinblick auf die Zielsetzung der Teilnehmer des Kreditrisikohandels optimieren.

Die neuen Produkte zum Transfer von Kreditrisiken sollen als Instrumente zur *Optimierung der Risikostruktur* der Kreditportfolios der beteiligten Institute genutzt werden können. Im Vergleich zum Einsatz der neuen Instrumente stellen die herkömmlichen Portfoliostrukturen unter Ertrags-Risiko-Gesichtspunkten ineffiziente Anlagealternativen dar.[27] Die folgende Abbildung 2.2 zeigt, warum herkömmliche Kreditportfolios ineffiziente Ertrags-Risiko-Kombinationen aufweisen.

---

[26] Als Kreditrisiko wird vom Fachgremium ABS bei der Bundesanstalt für Finanzdienstleistungsaufsicht das Risiko bezeichnet, „dass sich die Fähigkeit, eine unbedingte Zahlungsverpflichtung zu erfüllen, verschlechtert (umfasst Ausfall- und Migrationsrisiken)." Wenn auch die öffentliche Hand als risikofreier Sektor geführt wird, kann es sich empfehlen, auch in diesem Bereich eine zu starke Konzentration zu vermeiden. Vergleichbare moderne Risikotransferinstrumente sind auch von der Versicherungswirtschaft zur Verbriefung von Versicherungsrisiken entwickelt worden. Vgl. Albrecht u. Schradin 1998.

[27] Die Portfolioanpassungen können verschiedene Motive haben, so beispielsweise die Bilanzsteuerung zur Verbesserung des Ratings oder die Entlastung bzw. Ausnutzung des regulatorischen Eigenkapitals. Über die Portfoliosteuerung hinaus werden auch Nebenziele verfolgt wie beispielsweise die Verbreiterung der Refinanzierungsbasis, der indirekte Zugang zum Kapitalmarkt oder die Realisierung des mit einer Veröffentlichung der Transaktionen verbundenen Werbeeffektes.

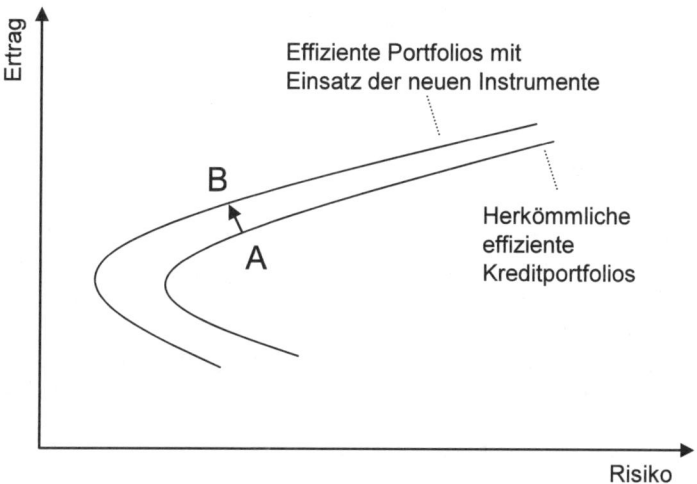

Abb. 2.2. Effiziente Kreditportfolios

Über die Risikodiversifikation hinaus können mit dem Einsatz der Risikotransferinstrumente weitere Ziele verfolgt werden. So kann beispielsweise eine Bank trotz ihrer Fokussierung auf das Geschäft mit mittelständischen Unternehmen eine ausgesprochen hohe Risikoscheu aufweisen. Da Mittelstandsportfolios im Durchschnitt ein Rating im BBB bis BB Bereich aufweisen, wird es durch den Einsatz der Risikotransferinstrumente möglich, das Risiko auf einen angemessenen Wert zu reduzieren und ggf. zugleich den erwarteten Ertrag zu steigern (vgl. den Übergang von Portfolio A zu Portfolio B in Abbildung 2.2). Die besondere Risikoaversion kann durch einen Mangel an ökonomischem oder regulatorischem Eigenkapital begründet sein, aber auch durch eine originäre Risikoabneigung der Geschäftsleitung. Die neuen Risikotransferinstrumente verfolgen also auch das Ziel der Entlastung des ökonomischen oder regulatorischen Eigenkapitals. Andere Ziele betreffen die Refinanzierung und damit den Liquiditätszugang, der mit der Transaktion angestrebt wird. Hier kann man fundierte von nicht fundierten Instrumenten unterscheiden.

2.3.2 Fundierte und nicht fundierte Instrumente des Risikotransfers

Eine Erweiterung des Handlungsspielraumes und der Flexibilität der Banken bei der Kreditvergabe und im Kreditportfoliomanagement erscheint nur dann möglich, wenn entweder ganze Kreditpositionen an einem Sekundärmarkt vollständig verkauft oder abgetreten oder wenn Kreditrisiken und Liquiditätsbindung nach der Kreditvergabe separiert und die Risiken isoliert an einem Sekundärmarkt weitergegeben werden können, während die Kreditposition beim Originator verbleibt. In diesem Fall können geeignete Portfolioanpassungen zur Realisierung einer optimalen Kreditrisikostruktur vorgenommen werden. Die modernen Produkte des Transfers bzw. Handels von Kreditrisiken ermöglichen genau dies. Sie zielen

- entweder auf die vollständige Weitergabe des Kredits und somit die Möglichkeit der *Trennung der Kreditvergabe von der Portfolioverwaltung*
- oder auf die *Trennung des Kreditrisikos von der zugrunde liegenden Kreditposition* und somit die isolierte Weitergabe des Kreditrisikos an den Markt.[28]

Ein Transfer der Kreditposition oder des Kreditrisikos auf andere Marktteilnehmer kann dabei in einer Form erfolgen, so dass die ursprünglich eingegangene und bestehende Bank-Kunde-Beziehung nicht belastet wird. Der Kreditnehmer wird nämlich im Gegensatz zu anderen Vertragskonstruktionen (wie z.B. dem offenen Factoring) im Allgemeinen keine Informationen über die Transaktion erhalten. Und auch die neuen Gläubiger erhalten u.a. aus Gründen des Datenschutzes und des Bankgeheimnisses nur Informationen über die abstrakten Merkmale der Kreditpositionen und Kreditnehmer, so dass aus dieser Sicht die ursprüngliche Kreditbeziehung nicht berührt wird:

- Weitergegeben werden kann allein das Kreditrisiko (wie bei einer Kreditversicherung), wenn der Kreditbestand im Portfolio des Kreditgebers verbleibt. Man spricht von einer *„Unfunded"-Struktur*, weil mit dem Kreditrisikotransfer kein Finanzierungseffekt verbunden ist, so dass also auch keine Bilanzverkürzung erfolgt. Bei den traditionellen Instrumenten des Kreditrisikotransfers wandert das Risiko dabei in die Bücher des Kreditversicherers, der eine entsprechende Prämie für die gesamte Laufzeit des Kredits kalkuliert und dafür während der Laufzeit des Kreditversicherungsvertrages alle oder bestimmte Teile des Kreditrisikos trägt. Bei den modernen Formen des Kreditrisikotransfers wird dagegen auch der Käufer des Kreditrisikos in die Lage versetzt, sich von seinem Engagement auf Wunsch jederzeit wieder zu trennen. Dieser Teilmarkt ist der Markt für Kreditderivate, der seine Funktion insbesondere dann erfüllt, wenn er sich als liquider Markt darstellt.
- Weitergegeben werden kann aber auch das Kreditrisiko gemeinsam mit der Kreditposition einschließlich der Liquiditätsbindung. Man spricht von einer *„Funded"-Struktur*, weil der Finanzierungseffekt der Transaktion im Vordergrund steht und mit dem Verkauf der Forderungen eine Bilanzverkürzung einhergeht. Dies erfolgt im Zuge eines Kreditverkaufs, wobei der Käufer bei den modernen Formen des Kreditrisikotransfers in der Lage sein sollte, die erworbene Position ebenfalls jederzeit weiter zu transferieren. Diese Stellung haben beispielsweise die Käufer von *Asset Backed Securities*. Diese übernehmen im Übrigen nicht notwendigerweise das gesamte Kreditrisiko vom Originator der Forderungen. Wie weiter unten in Abschnitt 3.5 bei der Vorstellung der verschiedenen Instrumente noch ausführlich beschrieben wird, ist es sogar üblich, dass der Verkäufer der Kreditpositionen bei bestimmten ABS-Formen große Teile des Kreditrisikos zurückbehält bzw. zurückkauft, so dass in diesen Fällen der Finanzierungseffekt und nicht der Risikotransfer als Motiv überwiegt.

---

[28] Vgl. Deutsche Bundesbank 1997.

Die ausschließliche Weitergabe von Risiken ohne den Transfer der risikobehafteten Position wird für eine Fülle von Finanztiteln wie Aktien und Renten insbesondere durch den Einsatz derivativer Finanzinstrumente bewerkstelligt, der gegenüber dem unmittelbaren Transfer des Basisobjekts mit einer Einsparung von Transaktionskosten, der geringen Liquiditätswirkung und der Erweiterung des Handlungsspielraums verbunden ist.[29] *Kreditderivate* sind Instrumente, die die Übertragung der Vorteile derivativer Finanztitel auf das Kreditgeschäft möglich machen. Wenn nicht nur die Weitergabe der Risiken, sondern auch der Liquiditätsbindung angestrebt wird, dann bieten sich True Sale-Verbriefungen an, so dass die bereitgestellten Kredite aus den Büchern der Banken ganz entfernt und auf andere Marktteilnehmer verlagert werden, die ihrerseits die Möglichkeit haben, sich am Bondmarkt kurzfristig von ihren Beständen wieder zu trennen.[30]

Durch die Etablierung solcher Sekundärmärkte verlieren Kredite zunehmend ihren traditionellen illiquiden Charakter. Sie werden indirekt über geeignete Konstruktionen handelbar, so dass die Kreditgeber nicht mehr für die gesamte Vertragslaufzeit an die einmal eingegangene Position gebunden sind.[31] Die Handelbarkeit der neuen Instrumente für den Risikotransfer ist ein zentrales Merkmal, das auch dafür sorgt, dass der Markt für den Kreditrisikotransfer einen globalen Charakter erhält.[32]

2.3.3 Ausgestaltungsmerkmale der Risikotransferinstrumente

Risikotransferinstrumente lassen sich hinsichtlich ihrer besonderen Merkmale gliedern, die für den Einsatz in der Praxis und die Verfolgung der speziellen Ziele des Risikotransfers von großer Relevanz sind:

- Ein wichtiges Charakteristikum der modernen Instrumente des Kreditrisikotransfers betrifft die Anzahl der Kreditbeziehungen, auf die sich das Instrument bezieht. *Einzelkreditbezogene Instrumente* sind so konstruiert, dass ihr Zahlungsstrom an der Kreditposition eines einzelnen Kreditnehmers anknüpft wie beispielsweise bei Credit Default Swaps und Total Return Swaps. Von den einzelkreditbezogenen Instrumenten kann man *Portfolioinstrumente* unterscheiden, die das Kreditrisiko mehrerer Kreditnehmer handelbar machen wie beispielsweise First-to-Default-Swaps, Derivate auf Kreditindizes und Asset Backed Securities.
- Eine weitere Einteilungsmöglichkeit der modernen Kreditrisikotransferinstrumente unterscheidet *direkte und indirekte Transferinstrumente*. Bei den direkten Instrumenten wird das Risiko unmittelbar vom Verkäufer auf den Käufer

---

[29] Vgl. Rudolph u. Schäfer 2005, S. 29-30.
[30] Im Gegensatz zu den True Sale-Verbriefungen bezeichnet man als synthetische Verbriefungen alle Strukturen, bei denen das Kreditrisiko über ein Kreditderivat transferiert wird. Bei synthetischen Strukturen steht üblicherweise der Liquiditätszufluss nicht im Vordergrund der Transaktion.
[31] Vgl. Burghof 2004, S. 81.
[32] Vgl. Kiff et al. 2003, S. 106.

übertragen wie bei Credit Default Swaps oder Basket Default Swaps. Bei den indirekten Instrumenten wird das Risiko dagegen zunächst auf eine Zweckgesellschaft (Special Purpose Vehicle) übertragen und von dort erst auf den Sicherungsgeber wie beispielsweise bei Asset Backed Securities.[33]
- Ein wichtiger Unterschied der modernen handelbaren Instrumente des Kreditrisikotransfers besteht im Hinblick auf die Auszahlung der Sicherung. Bei Credit Default Swaps und anderen Kreditderivaten erfolgen Sicherungszahlungen mehr oder weniger unmittelbar nach Eintritt eines Kreditereignisses. Im Gegensatz dazu werden beispielsweise bei Kreditversicherungen Zahlungen erst dann geleistet, wenn die entstandenen Verluste und die Eintrittsursache geprüft worden sind.[34]
- Schließlich kann man im Hinblick auf den Forderungspool *statische und dynamische Strukturen* unterscheiden. Werden die emittierten Asset Backed Securities aus einem vordefinierten übertragenen Forderungsbestand gedeckt, dann spricht man von einer statischen Struktur. Bei einer dynamischen Struktur unterliegt dagegen der Forderungspool Veränderungen, weil beispielsweise fällig gewordene Forderungen durch neue Forderungen ersetzt werden. Der letzte Fall stellt natürlich für den Investor zusätzliche Anforderungen an die Transparenz, damit die Qualität der Asset Backed Securities im Zeitablauf gesichert erscheinen kann.[35]

Die kurze Übersicht über die Ausgestaltungsmerkmale von Risikotransferinstrumenten macht deutlich, dass die vielfältigen Formen des Kreditrisikotransfers als Antworten auf spezielle Problemstellungen verstanden werden können.

Norden 2005 hat in einer Umfrage bei deutschen Banken ermittelt, dass diese der Generierung von Handels- und Zusatzerträgen einen hohen Stellenwert zuweisen und dass als weitere Motive der Transfer einzelner Kreditrisiken, die Steuerung der Kreditportfolios und die Freisetzung von regulatorischem und ökonomischem Eigenkapital von Bedeutung sind. Die Gründe, die dazu führen können, dass derzeit den Motiven Spekulation, Arbitrage und Eigenhandel ein größerer Stellenwert zukommt als den Motiven Hedging und Diversifikation, sind vielfältig. Einerseits sind offenbar die betriebswirtschaftlichen Instrumente zum Management der Kreditportfolios noch nicht ganz ausgebaut. Andererseits konzentriert sich die Umfrage von Norden auf einen kleinen Kreis bedeutender Marktteilnehmer, so dass vermutet werden kann, dass sich die Rangfolge der Motive bei kleineren Marktteilnehmern dreht.

---

[33] Der Trennung zwischen indirekten und direkten Transferinstrumenten ist jedoch nicht starr. Oftmals werden beide Formen des Risikotransfers in entsprechenden Konstruktionen verbunden, so beispielsweise in synthetischen Verbriefungen, vgl. Abschnitt 5.1.1.
[34] Vgl. European Central Bank 2004, S. 14.
[35] Zu den verschiedenen Problemen, die in statischen und dynamischen Strukturen zu lösen sind, vgl. Franke 2004.

2.4 Ökonomische Gesichtspunkte der Gestaltung des Kreditrisikotransfers

2.4.1 Probleme der asymmetrischen Informationsverteilung

Der Transfer von Kreditrisiken bietet sich nicht für alle Kreditpositionen in gleicher Weise an. Die mit einer Position verbundenen Kreditrisiken können nämlich immer nur dann relativ einfach an Dritte weitergereicht werden,

- wenn entweder eine Marktbewertung der relevanten Position bzw. eines geeigneten Referenztitels vorliegt oder
- wenn über das Rating einer anerkannten Ratingagentur eine hohe Transparenz des zu transferierenden Kreditrisikos sichergestellt ist.

Die öffentliche Bewertung des Kreditrisikos über Märkte oder Ratingagenturen führt zu einem weitgehend gleichen Informationsstand für den Kreditrisikokäufer und -verkäufer. Bestehen dagegen Informationsasymmetrien zwischen dem Verkäufer des Kreditrisikos und den potentiellen Kreditrisikokäufern, dann ist der Transfer des Kreditrisikos nur dann möglich, wenn es über die Konstruktion des entsprechenden Kreditrisikotransferproduktes gelingt, die mit den Informationsasymmetrien verbundenen Bewertungs- und Anreizprobleme zu lösen.[36] Das wichtigste risikopolitische Mittel zum Management von Kreditrisiken ist die Risikostreuung. Die Instrumente zum Umgang mit Informationsasymmetrien werden im nachfolgenden Abschnitt 2.4.2 behandelt.

Bei *Großkrediten* können die Diversifikationsmöglichkeiten für die einzelnen Institute nicht ausreichend sein. Da bei Großkrediten allerdings von einer vergleichsweise hohen Transparenz hinsichtlich des Basiswertes ausgegangen wird, können im Einzelfall durchaus Risikotransferinstrumente eingesetzt werden, die das gesamte Kreditrisiko weitergeben oder zumindest reduzieren. Für große Kredite an Großunternehmen und Staaten haben sich daher bereits liquide Märkte für den Kreditrisikotransfer herausgebildet.

Kredite an kleine und mittlere Unternehmen weisen im Gegensatz zu den Krediten an Großunternehmen und Staaten in aller Regel eine geringe Transparenz auf, weil ein Rating oder eine Bewertung der Schuldtitel durch den Kapitalmarkt fehlen. Ein Risikotransfer auf Einzeltitelebene mit dem Transfer des gesamten Risikos kommt daher vielfach (nicht nur aus Kostengründen) nicht in Betracht. Es gibt allerdings eine andere Möglichkeit, die sich anbietet, wenn man eine Unterscheidung der Kreditrisiken in einen systematischen, d.h. von der allgemeinen Marktentwicklung abhängigen, und in einen unsystematischen oder idiosynkratischen Teil vornehmen kann, wie dies für die Märkte für risikobehaftete Eigenkapi-

---

[36] Vgl. Burghof u. Henke 2000. Zur anreizkompatiblen Gestaltung der Kontrakte zum Transfer von Kreditrisiken vgl. Henke et al. 1998. Einen umfassenden Überblick über Anreizprobleme bei den verschiedenen involvierten Parteien findet man bei Bigus 2000.

taltitel üblich ist.[37] Der unsystematische Teil des Kreditrisikos resultiert dabei aus den spezifischen Geschäftsbedingungen und Entscheidungen des einzelnen Kreditnehmers und ist isoliert von den Risiken zu sehen, die andere Kreditnehmer bzw. andere Kredite betreffen können. Man wird davon ausgehen können, dass wesentliche Informationsasymmetrien zwischen den Banken als Kreditgebern und dritten Marktteilnehmern nur die unsystematischen Kreditrisiken betreffen, weil die Marktteilnehmer über die allgemeine Marktentwicklung denselben Informationsstand haben wie die Banken. Die Banken werden allerdings hinsichtlich der individuellen Gegebenheiten der einzelnen Kreditnehmer über einen Informationsvorsprung verfügen und gegebenenfalls auch über Einflussmöglichkeiten, so dass sich die Informationsasymmetrie genau auf diese unsystematische Komponente des Risikos bezieht. Da die unsystematischen Risiken die einzelnen Kredite bzw. Kreditnehmer betreffen, sind sie weitgehend voneinander unabhängig und lassen sich dann durch Diversifikation in einem Portfolio vernichten, sofern das Kreditportfolio eine hinreichende Granularität aufweist. Das systematische Risiko lässt sich dagegen auch bei optimaler Diversifikation nicht ausschalten und muss daher vom Markt mit einer Prämie „entlohnt" werden.

Bei einer ex post Betrachtung lässt sich die tatsächlich erreichte Rendite bzw. Risikoprämie in Relation zum eingegangenen systematischen Risiko eines Geschäftes setzen, um beurteilen zu können, ob dieses Geschäft unter Risikoaspekten rentabel war oder nicht. Aus Anreizgründen kann es dabei sinnvoll sein, dass das idiosynkratische (unsystematische) Risiko der Kredite bei den Banken als den Originatoren der Kredite verbleibt. Das systematische Risiko kann dagegen an den Markt abgegeben werden. Kreditgeschäfte sind insoweit vorteilhaft, wenn ihre erwartete Rendite über jener liegt, die für das eingegangene systematische Risiko am Markt für Kreditrisikotransferprodukte bezahlt wird.

Über eine *Separierung der unsystematischen und systematischen Kreditrisiken* kann also eine Lösung der Probleme einer asymmetrischen Informationsverteilung erreicht werden, sofern die unsystematischen Risiken aus einer Vielzahl kleiner und mittlerer Kredite an unabhängige Unternehmen resultieren und auf Portfolioebene durch Diversifikation reduziert oder sogar fast vollständig eliminiert werden können. Wichtig für die Kreditinstitute ist deshalb vor allem ein *aktives Management* der systematischen Risikokomponenten der Kredite an kleine und mittelständische Unternehmen.[38] Ein Handel des systematischen Kreditrisikos besitzt hierbei den Vorteil geringer Informationsasymmetrien. Geeignet konstruierte Kreditderivate, die sich auf ein Portfolio von Referenzaktiva (Pools oder Baskets) oder einen Index beziehen, können eine derartige Absicherung des systematischen

---

[37] Vgl. Rudolph 2003, S. 12 ff. Auch die regulative Marktrisikobegrenzung macht von der Unterscheidung in systematische und unsystematische Risiken Gebrauch.

[38] Ein aktives Kreditrisikomanagement mit der doppelten Zielsetzung der optimalen Allokation des ökonomischen und des regulatorischen Kapitals ist für die Banken von erheblicher Bedeutung. Der Zwang zum effizienten Einsatz der knappen Ressource Kapital resultiert aus dem sich intensivierenden Wettbewerb der Banken sowie aus der Forderung der Eigenkapitalgeber nach einer angemessenen risikobezogenen Eigenkapitalrendite.

Kreditrisikos isoliert vom unsystematischen Risiko des Kreditportfolios ermöglichen.[39]

2.4.2 Mechanismen zur Lösung spezifischer Informationsprobleme

Bei der Diskussion der Probleme ungleich verteilter Informationen lassen sich verschiedene Problembereiche isolieren, die aus der asymmetrischen Informationsverteilung resultieren können. Es erscheint nützlich, diese Problembereiche nach dem in der Finanzierungstheorie gängigen Muster zu gliedern und jeweils im Hinblick auf ihre Lösbarkeit durch geeignete Instrumente des Kreditrisikotransfers zu bewerten.[40] Tabelle 2.1 gibt einen Überblick über die typischen Informationsprobleme.

Tabelle 2.1. Typische Informationsprobleme des Kreditrisikotransfers

	Hidden Information	Hidden Intention	Hidden Action	Hidden Result
Problembereich	Adverse Selektion	Hold up Problem	Moral Hazard	Zustandsverifikation
	Qualitätsunsicherheit	Verhaltensunsicherheit	Verhaltensunsicherheit	Verhaltensunsicherheit
Zeitraum der Unsicherheit	Vor dem Vertrag	Während des Vertrages	Während des Vertrages	Nach dem Vertrag
Beispiel	Schlechte Bonität des Agenten	Abhängigkeit	Fehlverhalten des Agenten	Informationsdefizit des Prinzipals

2.4.2.1 Kreditrisikotransferinstrumente und Adverse Selektion

Bei Qualitätsunsicherheit müssen sowohl der Käufer einer qualitativ schlechten Ware als auch der Verkäufer einer Ware mit hoher Qualität Verluste hinnehmen, wenn am Markt nur die Durchschnittsqualität der Ware bezahlt wird, weil die Qualitätsdifferenzen nicht bekannt sind oder nur schlecht bzw. gar nicht erkannt werden können. Von der Preisbildung auf der Basis der Durchschnittsqualität werden zunächst die schlechten Qualitäten profitieren, während sich die guten Qualitäten vom Markt zurückziehen. In der Folge verschlechtert sich dann aber die Durchschnittsqualität und der Preis sinkt, so dass auch für die zunächst unterdurchschnittlichen Qualitäten keine angemessenen Preise mehr bezahlt werden und es sogar zu einem Marktversagen kommen kann. Dieses Ablaufschema der adversen Selektion lässt sich auf den Kreditmarkt in Deutschland übertragen, wo über Jahrzehnte lang eine Durchschnittspreisstellung für Kreditrisiken dafür gesorgt hat, dass sich die stark risikobehafteten Kredite in den Portfolios der Banken angesammelt haben, während die niedrigen Risiken an die Anleihemärkte abgewandert sind oder die Unternehmen in niedrigen Risikokategorien die Bank-

---

[39] Vgl. Burghof et al. 1998, 2005.
[40] Zur Übersicht über die Informationsprobleme vgl. auch Jost 2001, S. 25 sowie Hartmann-Wendels 2001, S. 117 ff.

finanzierung ganz gemieden haben. In der Zwischenzeit sind vielfältige Anstrengungen durch die Kreditnehmer und Kreditgeber unternommen worden, die Qualität der Kredite durch interne oder externe Ratings zu identifizieren, so dass sich die Preisbildung nicht mehr an der Durchschnittsqualität, sondern an dem individuellen Risiko einer Kreditposition bzw. eines Kreditnehmers orientiert.

Darüber hinaus sind Selbstselektionsmechanismen entwickelt worden, mit deren Hilfe es gelingen kann, eine Selbsteinordnung der Kreditnehmer und damit für die Banken eine angemessene Risiko-Ertrags-Relation bei jedem Kreditgeschäft zu erreichen.[41]

Auch die Organisation der Emission und des Handels von Asset Backed Securities kann als Vehikel zur Lösung adverser Selektionsprobleme verstanden werden. Der öffentliche Handel unterstützt die Informationssuche und Informationsweitergabe und die Poolbildung und das Rating vermindern aufgrund der Expertise der Ratingagenturen die Qualitätsunsicherheit. Das Tranchieren, durch das man aus einem Risikopool Wertpapiere mit unterschiedlichen Ertrags-Risiko-Eigenschaften konstruieren kann, sorgt im Zusammenhang mit dem Einbehalt der Equity Tranche durch den Originator dafür, dass es sich für den Risikoverkäufer nicht lohnt, eine Negativauswahl der Kredite an den Markt zu geben.[42] Ob der Einbehalt der Equity Tranche auch dahingehend verstanden werden kann, dass der Originator nur die systematischen Risiken an den Markt weitergibt, während er die idiosynkratischen Risiken weiter selbst trägt, muss sich empirisch erst erweisen.

2.4.2.2 Kreditrisikotransferinstrumente und Hold up

Hold up beschreibt die Gefahr einer Verhaltensänderung des Agenten während der Vertragslaufzeit zu Lasten des Prinzipals. Der Prinzipal hat in diesem Fall spezifische Investitionen getätigt, die vom Agenten ausgebeutet werden können. So kann der Kreditnehmer (als Agent) im Falle seiner drohenden Insolvenz die Bank (als Prinzipal) zu einer Stundung oder einem Teilerlass ihrer Forderung „zwingen", wenn ohne diese Anpassung der Schaden der Bank noch größer wäre. Die Bank kommt in eine Situation, wo es für sie vorteilhaft werden kann, „dem schlechten Geld ihr gutes hinterher zu werfen."[43]

Zur Lösung von Hold up-Problemen im Kreditbereich können verstärkte Informationsanforderungen und Mitwirkungsrechte der Banken beitragen, die beispielsweise über eine Aufsichtsrats- oder Beiratstätigkeit der Bank bei ihrem Kreditnehmer umgesetzt werden können. Kreditsicherheiten können die Spezifität der Kreditbeziehung vermindern, so dass die Risikoposition der Bank von möglichen

---

[41] Vgl. zu den Grundaussagen der Prinzipal-Agenten-Theorie Jost 2001 und zur Anwendung der Theorie auf das Kreditgeschäft Hartmann-Wendels et al. 2007.

[42] Die Konstruktion von Verbriefungstransaktionen wird in Abschnitt 3.4 ausführlich dargestellt.

[43] Umgekehrt kann auch der Kreditnehmer in die Rolle des Prinzipals kommen, wenn beispielsweise das Wissen über seine Kreditwürdigkeit nur bei seiner Hausbank vorhanden ist, so dass es ihm überaus schwer fallen dürfte, die Bankverbindung zu fairen Konditionen zu wechseln.

Änderungen im Verhalten des Kreditnehmers weniger abhängig wird. Mögliche Hold up-Probleme von Kreditverträgen werden durch auffallend ausführliche Verträge zu lösen versucht, weil damit die Vollständigkeit der Verträge verbessert werden kann.

Da Kreditrisikotransferinstrumente auf geeigneten Transaktionsplattformen gehandelt werden und gegebenenfalls sogar einmal Gegenstand eines Börsenhandels werden, spielen Hold up-Probleme keine wesentliche Rolle. Solche Probleme wären eher bei den traditionellen Kreditrisikotransferinstrumenten wie dem Factoring zu erwarten, weil dort technische und informationelle Abhängigkeiten zu den Kunden aufgebaut werden können.

2.4.2.3 Kreditrisikotransferinstrumente und Moral Hazard

Probleme des Moral Hazard unterscheiden sich von Hold up-Situationen insbesondere dadurch, dass hier ein Vertragspartner die Verhaltensänderung des anderen nicht erkennen kann, der beispielsweise nach Vertragsabschluss eine risikoreichere Strategie wählt als vor Abschluss des Kreditvertrags vermittelt oder vereinbart wurde. Die Lösungsmechanismen für die Moral Hazard-Problematik sind mit jenen vergleichbar, die auch zur Lösung von Hold up-Problemen eingesetzt werden. Die Banken können ihre eigene Informationslage im Kreditgeschäft verbessern, indem sie ihren Kontrolleinfluss auf das Unternehmen verstärken. Sie können sich auch vor Reichtumsverschiebungen schützen, indem sie sich Kreditsicherheiten übertragen lassen, deren Wertentwicklung von der Umsetzung der Unternehmensstrategie weitgehend unabhängig ist. Ein herausgehobenes Lösungsdesign für verhaltensbasierte Informationsasymmetrien stellt schließlich der Aufbau von Reputation dar. Im Verhältnis zwischen der Bank als Kreditgeber und dem Kreditnehmer kann insbesondere im Rahmen einer Hausbankbeziehung ein Informationsvorsprung aufgebaut werden, dem eine „besondere Verantwortung" der Bank in Krisensituationen des Kreditnehmers gegenübersteht.[44]

Moral Hazard spielt nicht nur zwischen der Bank als Prinzipal der Kreditverbindung und dem Kreditnehmer als Agent eine Rolle, weil der Kreditnehmer während der Kreditlaufzeit Handlungen vornehmen kann, die die Risikosituation für den Prinzipal verschlechtern, sondern auch zwischen dem Käufer eines Risikotransferinstruments als Prinzipal und dem Originator (und Servicer) des Kredits als Agent. In letzterem Fall geht es darum, dass der Originator sein Verhalten gegenüber dem Kreditnehmer verändern und insbesondere seine Monitoring-Aufgabe vernachlässigen könnte, wenn er wegen des Transfers des Kreditrisikos auf andere Marktteilnehmer nicht mehr das volle Risiko seines Engagements trägt und daher keinen besonderen Anreiz hat, das für ihn mit Kosten verbundene Monitoring in der gleichen Qualität wie vorher durchzuführen.[45]

---

[44] Vgl. Elsas 2001, S. 2.
[45] Vgl. Henke 2002, S. 173 ff. Arping 2004 vertieft die These, dass möglicherweise die Monitoring-Funktion geschwächt wird, dass aber gleichzeitig die Einflussmöglichkeiten auf das Verhalten der Kreditnehmer gestärkt werden, weil die Bank glaubwürdiger drohen kann, dass sie das Kreditrisiko weiterreicht.

Zur Lösung dieses Anreizproblems bieten sich verschiedene Maßnahmen an. Die wirksamste Maßnahme besteht in der Festlegung eines deutlichen Selbstbehalts, der beispielsweise bewirkt, dass der Originator jeweils nur die Hälfte der Risiken weiterreichen kann und dementsprechend 50 Prozent möglicher Verluste stets selbst zugerechnet bekommt. Dieser Ansatz bietet sich auch zur Lösung des adversen Selektionsproblems bei der Auswahl der abzusichernden Kreditpositionen an, setzt aber in der Praxis voraus, dass die Bankenaufsicht eine solche Halbierung des Risikos auch aufsichtsrechtlich anerkennt und nach Durchführung der Transaktion nur noch die Hälfte des Risikos der verkaufenden bzw. absichernden Bank zurechnet.

Bei den Kreditpooling-Transaktionen im Sparkassenbereich können Kreditrisiken sozusagen im Ringtausch (Originatoren-Swap) zur Diversifikation der Portfolios der beteiligten Sparkassen genutzt werden. Dazu treten die Sparkassen einerseits im Rahmen ihrer Originatorenfunktion als Risikoverkäufer auf, andererseits aber auch nach der Bildung des Kreditpools als Risikokäufer und damit als Investoren.[46] Durch diese Konstruktion ist jede Sparkasse als Basket-Investor zugleich anteilig an dem Kreditrisiko beteiligt, das sie in den Pool eingebracht hat, so dass sie bei einer Weitergabe von 50 Prozent des Kreditrisikos mit einem Prozentsatz von über 50 Prozent nach erfolgter Transaktion engagiert bleibt.

Über den Selbstbehalt hinaus kann dem Moral Hazard-Problem dadurch begegnet werden, dass der Originator bzw. Servicer verpflichtet wird, über Qualitätsänderungen im Kreditpool jeweils zeitnah zu berichten. Da die Investoren grundsätzlich keinen Einblick in die Einzelengagements bekommen dürfen, besteht nun eine sinnvolle Möglichkeit zum Reporting darin, in anonymisierter Form über wichtige Ereignisse einzelner Engagements zu berichten und beispielsweise mitzuteilen, ob und in wie viel Fällen im Kreditpool ein Kreditereignis eingetreten ist.

Eine solche Maßnahme, wie sie beispielsweise im Rahmen der sog. Ad-hoc-Mitteilungen der regionalen Kreditpooling-Transaktionen vorgesehen ist, kann aber aus folgenden Gründen nur der erste Schritt zu einer sinnvollen Lösung des Informationsproblems sein, das in allen Transaktionen eine Rolle spielt.

1. Jede Ad-hoc-Mitteilung an den Administrator und von diesem weitergereicht an den Investor greift auf einen Kennziffernkatalog zurück, der von dem ursprünglichen Ratingschema abweicht und neue Sachverhalte enthält, so dass sich die Informationen nur schwer direkt zur Revision des Qualitätsurteils über das Kreditportfolio interpretieren lassen. Anzustreben wären Informationen an den Administrator und den Investor, die als Signale gedeutet werden können, die Qualität des Teilpools bzw. der Anlage in die Asset Backed Securities neu zu bewerten.

---

[46] Die von der Landesbank Hessen-Thüringen und der BayernLB konzipierten Transaktionen sollen zunächst dahingehend ausgestaltet sein, dass jede Sparkasse genau in dem Umfang Asset Backed Securities (ABS) übernimmt wie sie Kredite in einem Pool zusammenfasst und als Unterlegungsmasse in die Emission der ABS einbringt. Sie „swapt" somit ihr individuelles Portfoliorisiko in ein gepooltes Portfolio der an der Emission beteiligten Sparkassen. Es ist angedacht, die starre Koppelung der Volumina der Tauschtransaktionen in der Zukunft zu lockern.

2. Obwohl die im Katalog enthaltenen Kreditereignisse, bei denen eine Ad-hoc-Mitteilung erfolgen soll, in sich schlüssig sind, lassen sich die zugehörigen Einzelinformationen nicht zu einem Gesamtbild des Risikos für den Investor aggregieren, so dass zunächst kaum entscheidungsrelevante Informationen gewonnen werden. Es lassen sich allenfalls Aussagen über die Durchschnittsqualität des Kreditpools bzw. deren Veränderung ableiten. Der Administrator bzw. die Investoren können allerdings längerfristig reagieren, wenn sie bei den Teilpools bzw. ihren Poolinvestments im Zeitablauf häufig größere als die erwarteten Verluste realisieren müssen.
3. Aus der laufenden Mitteilung der Kreditereignisse wird nicht deutlich, ob die Ereignisse unerwartet sind oder ob sich die Ereignisse im Rahmen der ex ante erwarteten Qualitätsänderung bewegen. Das relevante Risiko für die Investoren betrifft das unerwartete Risiko, so dass die Investoren Anhaltspunkte benötigen, die ihnen darüber Auskunft geben, ob sich die Qualität des Kreditpools gegenüber der ursprünglichen Planung unvorhergesehen geändert hat oder nicht.
4. Statt eines Systems von Ad-hoc-Mitteilungen könnte ein Backtesting-Verfahren für das Rating der in den Pool eingebrachten Forderungen durchgeführt und dann mitgeteilt werden, ob die Poolqualität immer noch den bei der Emission angegeben Qualitätsanforderungen entspricht. Die Bundesbank schlägt zur klaren Kennzeichnung eine ganze Reihe von Kennziffern vor, die beispielsweise vom Administrator für jedes in den Pool eingestellte Teilportfolio regelmäßig ermittelt werden müssten. Signifikante Abweichungen oder Veränderungen der Qualität im Zeitablauf könnten einerseits den Investoren in geeigneter Form mitgeteilt und andererseits dazu genutzt werden, gegenüber den einliefernden Kreditinstituten ad hoc oder für zukünftige Transaktionen geeignete Maßnahmen vorzuschlagen.

Bei der Emission von Risikotransferinstrumenten kann man davon ausgehen, dass die Banken in der Zukunft regelmäßig und nicht nur einmalig an den Markt herantreten und so selbst *Reputation* an den Märkten für Kreditderivate und Asset Backed Securities erwerben. Das wird die angesprochenen Probleme der adversen Selektion und des Moral Hazard insgesamt vermindern. Darüber hinaus wird im Falle der Refinanzierung über Asset Backed Securities der Reputationsaufbau durch ein externes Rating sowie externe Auditors verstärkt, die beispielsweise die angemeldeten Kreditereignisse überprüfen. Die Ratingagenturen konzentrieren sich dann auf die quantitative Analyse der Pooldaten. Unabhängig davon können aber durchaus Anreizprobleme im Einzelfall entstehen, wenn Forderungen umgeschuldet bzw. umstrukturiert werden müssen. „Je nachdem, auf welcher Marktseite eine Bank steht (Sicherungsnehmer oder Sicherungsgeber) und wie lange die Restlaufzeit des bestehenden Kontraktes ist, existieren Anreize, die Umschuldung zu erleichtern beziehungsweise zu forcieren oder aber hinauszuzögern. Die Modalitäten des Kontraktes bestimmen dabei die Anreizwirkung. Sie umfassen zum einen, inwieweit die Dokumentation Umschuldung als Kreditereignis einstuft, und beinhalten zum anderen Regeln der Abwicklung. Letztere können einen Anreiz auslösen, die Umschuldung so zu strukturieren, dass sie einen Keil treibt zwischen die Wertentwicklung des Aktivums einerseits, das die Ausgleichszahlung determiniert, und diejenige der ursprünglichen Forderung andererseits (Referenzaktivum), die den effektiven Schaden des Sicherungsnehmers bestimmt."[47] Letztlich resultieren die möglichen Moral Hazard-Probleme in diesem Fall aus dem Problem der Unvollständigkeit der Verträge. Dies wird insbesondere in Krisensituationen des Kreditnehmers deutlich, weil die ex post (im Vorfeld eines Kreditereignisses) für die verschiedenen Vertragsparteien optimalen Strategien ex ante kaum sinnvoll endgültig festgelegt werden können bzw. sollten.

2.4.2.4 Zustandsverifikation und Verteilungspräferenzen

Für den Bereich des Kreditgeschäfts ist gezeigt worden, dass eine mögliche Lösung des Problems der ex post Unsicherheit im Abschluss sog. *Standardkreditverträge* bestehen kann.[48] Danach soll der Kreditgeber das Ergebnis des Kreditnehmers immer dann genau kontrollieren können, wenn dieser seinen vertraglichen Verpflichtungen nicht nachgekommen ist, während ihm bei Vertragserfüllung keine speziellen Informationsrechte zustehen (State Contingent Control Right). Das gerichtliche Insolvenzverfahren ermöglicht dem Kreditgeber einen solchen (mit Kosten verbundenen) Einblick in die tatsächliche Lage des Unternehmens mit der Folge, dass die ex post Unsicherheit über die Situation des Unternehmens weitgehend aufgehoben ist. Die Kreditnehmer haben daher bei Abschluss eines Standardkreditvertrages den Anreiz, den Kredit immer dann zurückzuzahlen, wenn sie dazu in der Lage sind. Ansonsten müssen sie die Kosten des Insolvenzverfahrens tragen. Das Ziel der Vermeidung von Insolvenzkosten bildet zugleich den Anreiz, den Kreditvertrag vollständig und pünktlich zu erfüllen.[49]

Verifikationsmechanismen zur Lösung von Problemen der ex post Unsicherheit lassen sich auch bei der Konstruktion von Risikotransferkontrakten beobachten. So kann der *Selbstbehalt des Originators* (Equity Tranche) bei der Tranchierung von Poolansprüchen die Angaben über den Zustand des Kreditpools glaubwürdiger machen. Die Übernahme der Erstverlustposition durch den Originator bewirkt darüber hinaus eine Zerlegung der im Pool zusammengefassten Cashflows in informationssensitive, stark risikobehaftete, und nicht informationssensitive, weniger risikobehaftete Teile, die sich für einen Verkauf an uninformierte Investoren anbieten.[50] Die informationssensitiven Teile wie das First Loss Piece werden dagegen vom Originator selbst oder in neuerer Zeit vermehrt von professionellen institutionellen Anlegern wie Hedgefonds übernommen.

Ein anderer wichtiger Erklärungsansatz für den Erfolg des Tranchierens von Zahlungsströmen knüpft nicht unmittelbar an der asymmetrischen Informations-

---

[47] Deutsche Bundesbank 2004a, S. 42.
[48] Vgl. Burghof 2004, S. 12-13, und Hartmann-Wendels 2001, S. 129. Der Standardkreditvertrag ergibt sich als Lösung des Problems der „costly state verfification", wonach ein Verzicht auf die Überprüfung eines gemeldeten Ergebnisses dann anreizkompatibel ist, wenn die Zahlung erfolgsunabhängig ist und zugleich den maximalen Betrag darstellt, den die Kapitalgeber erhalten.
[49] Vgl. Gale u. Hellwig 1985.
[50] Vgl. Boot u. Thakor 1993.

2.4 Ökonomische Gesichtspunkte der Gestaltung des Kreditrisikotransfers

verteilung zwischen den Vertragsparteien eines Kreditgeschäfts oder Risikotransfergeschäfts an, sondern an der Messung und Bewertung des Risikos, das mit den besonders risikoarmen Tranchen verbunden ist. Für Marktrisiken hat sich in den vergangenen Jahren der Value-at-Risk (VaR) als wichtiges Risikomaß herausgebildet. Hinsichtlich der Risikomessung ist allerdings kritisch angemerkt worden, dass mit dem VaR höhere Momente der Verlustverteilung wie beispielsweise die Verlusthöhe nicht erfasst werden.[51] Bei der Risikomessung mit Hilfe des VaR kann bei den Entscheidungsträgern somit eine Neigung entstehen, Ergebnisverteilungen zu präferieren, die nur mit einer außerordentlich geringen Wahrscheinlichkeit zu einem Verlust führen, der mit einer geringeren als im Value-at-Risk vorgegebenen Wahrscheinlichkeit eintritt. Im Falle des Verlusteintritts kann dann ein sehr hoher Verlust eintreten, der aber wegen des Überschreitens der vorgegebenen Sicherheitswahrscheinlichkeit jenseits der Messbarkeitsschwelle liegt. Als Beispiel konstruiert Johanning 2000 auf der Basis empirischer Daten von DAX-Titeln sog. *VaR-Optionen* in der Form von Short Puts mit einem Value-at-Risk von Null, die aber keineswegs sicher sind, sondern nur eine sehr kleine Verlustwahrscheinlichkeit aufweisen (die kleiner ist als die für den VaR vorgegebene) und im Falle eines Verlustes zu einem sehr hohen Verlustbetrag führen. Auch Risikotransferinstrumente können so strukturiert werden, dass hoch geratete Tranchen mit einer außerordentlich geringen Wahrscheinlichkeit dennoch zu einem sehr hohen Verlustbetrag führen können.[52]

---

[51] Vgl. Johanning 2000, S. 258.
[52] Man kann eine Vermutung von Jobst 2003, S. 13, als in diese Richtung zielend interpretieren. Er weist auf die Befürchtung von Zentralbanken und Aufsichtsbehörden hin, dass fehlgeleitete Kreditrisikotransfers ganzer Risikopools von Emittenten zu Versicherungsunternehmen. z.B. durch den Kauf sog. Super Senior Tranchen durch Versicherungsunternehmen, zur Risikoanhäufung an einer Stelle des Finanzsystems führen können, ohne dass dabei aufgrund der fehlenden Kenntnis des Einzelrisikos entsprechende Maßnahmen der Risikovorsorge ökonomischer oder regulatorischer Art getroffen würden.

3 Kreditverbriefungen durch Asset Backed Securities

Die modernen Produkte des Kreditrisikotransfers lassen sich einteilen in die True Sale-Verbriefungen, die als Asset Backed Securities (ABS) in diesem Kapitel 3 behandelt werden, und in die Kreditderivate, die den Gegenstand des Kapitels 4 bilden. Besondere Bedeutung gewonnen haben in neuerer Zeit hybride Instrumente, bei denen Kreditderivate mit traditionellen Schuldverschreibungen zu strukturierten Produkten wie den synthetischen Collateralized Loan Obligations verbunden werden. Diese Instrumente werden in Kapitel 5 vorgestellt.

3.1 Entwicklung des Marktes für Asset Backed Securities

Unter dem Trend zur *Verbriefung* (*Securitization*) versteht man einerseits den Prozess der Ablösung klassischer Bankkredite durch die Emission von Wertpapieren (Corporate Bonds, Commercial Papers) zur Finanzierung größerer Unternehmen und andererseits die Initiativen zur Emission verschiedener Instrumente, mit deren Hilfe auf der Grundlage bereits bestehender Kreditpositionen liquide, marktgängige Wertpapiere geschaffen werden. In diesem Buch steht nur die zweite Form der nachträglichen Verbriefung von Kreditforderungen als moderne Form des Risikotransfers zur Diskussion.

Die spezielle Technik einer Verbriefung, bei der auf der Basis bereits bestehender Buchforderungen neue Wertpapiere als *Asset Backed Securities* emittiert werden, war zunächst in den siebziger Jahren in den USA auf der Basis hypothekarisch gesicherter Kredite entwickelt worden und führte damals zur Emission von *Mortgage Backed Securities* (MBS). Ein wesentlicher Treiber der Entwicklung des Marktes für Mortgage Backed Securities war die Krise der Savings & Loan Associations (S&L) in den USA, die bis in die sechziger Jahre wegen der noch bestehenden strengen Zinsreglementierung eine Fristentransformation ohne Gleichen vorgenommen hatten, indem sie 30-jährige Festsatzhypotheken mit kurzfristigen Einlagen und vergleichbaren Mitteln refinanzierten. Mit dem Wegfall der Regulierung und dem steigenden Zinsniveau Ende der 1960er Jahre mussten die Institute entweder massive Einlagenabzüge an die neu entstandenen, nicht regulierten Geldmarktfonds oder einen erheblichen Anstieg ihrer Refinanzierungskosten hinnehmen. Beide Alternativen führten zu einem Institutssterben auf breiter Front. Allein von 1981 bis 1985 mussten 230 S&L Associations ihre Zahlungen einstellen. Zur Lösung des Problems der im Vergleich zu den Refinanzierungskonditionen viel zu niedrig verzinsten Hypothekenforderungen wurde die Möglichkeit der Abtretung der Hypothekenforderungen geschaffen, indem diese gebündelt auf Zweckgesellschaften (Special Purpose Vehicles) übertragen wurden, die ihrerseits die Mortgage Backed Securities emittierten. Die den Zweckgesellschaften im Zuge der Emission der neuen Wertpapiere zufließenden Cashflows wurden anschließend an die die Hypothekenforderungen abtretenden Institute weitergereicht.[1]

Ausschlaggebend für die erfolgreiche Entstehung des Marktes für Mortgage Backed Securities war die Unterstützung durch mehrere Subventionsagenturen der Regierung, die unter den Namen *Fannie Mae* (Federal National Mortgage Association, gegründet 1938), *Freddie Mac* (Federal Home Loan Mortgage Corporation, gegründet 1970) und *Ginni Mae* (Government National Mortgage Association, 1968 als Teil der Federal National Mortgage Association verselbstständigt)[2] bekannt wurden. Die Agenturen hatten die Aufgabe, das Risiko der neu emittierten Wertpapiere durch die Bereitstellung zusätzlicher Sicherheiten für die Hypothekenpools zu verringern (Credit Enhancement). Zusätzliche Sicherheiten bzw. Garantien waren notwendig, da die Käufer der Mortgage Backed Securities die Qualität der abgetretenen Hypothekenforderungen in keiner Weise beurteilen konnten. Mit der zur Verfügung gestellten Garantie entfiel für die Käufer das Kreditrisiko, so dass sie nur wie bei anderen Anlagen in langfristige Anleihen das Zinsänderungsrisiko und das in den USA typische Vorauszahlungsrisiko (Prepayment Risk) zu tragen hatten. Das Vorauszahlungsrisiko besteht darin, dass die Hypothekenschuldner bei einem Zinsrückgang versuchen, ihre Verbindlichkeiten zugunsten des neuen niedrigeren Zinsniveaus umzuschulden. Wegen der damit verbundenen Transaktionskosten wird vom Recht der Umschuldung in einem diversifizierten Portfolio mit zahlreichen kleinen Abschnitten weniger Gebrauch gemacht als in einem konzentrierten Portfolio mit wenigen Großkrediten.

Ein ähnliches Prinzip der durch qualitativ hochrangige Kreditpositionen gesicherten Wertpapierausgabe wie bei den Mortgage Backed Securities findet sich auch im Geschäft deutscher Banken. Die privaten und öffentlichen Hypothekenbanken haben schon seit mehr als zweihundert Jahren Pools hypothekarisch gesicherter Kredite zur Sicherung ihrer Pfandbriefe eingesetzt. Den emittierten Pfandbriefen haftet im Gegensatz zu den Asset Backed Securities aber in erster Linie die Emissionsbank mit ihrem gesamten Vermögen und nicht nur die Deckungsmasse der besicherten Kredite. Diese Deckungsmasse wird erst bei einer Insolvenz des emittierenden Instituts relevant, weil sie in diesem Fall vorrangig den Inhabern der Pfandbriefe zur Verfügung steht. Wegen der Garantien bzw. besonderen Besicherung erhalten auch Pfandbriefemissionen durchweg ein erstklassiges Rating, so dass die Investoren sowohl bei Mortgage Backed Securities als auch bei Pfandbriefen kein nennenswertes Kreditrisiko tragen. Die Anleger können deshalb den Informationsvorsprung des Emittenten bezüglich der Kreditwürdigkeit der im Pool enthaltenen Darlehen ohne Probleme in Kauf nehmen.

Heute unterscheidet man den Markt für Commercial Mortgage Backed Securities (CMBS) von dem größeren Markt für Residential Mortgage Backed Securities

---

[1] Vgl. Rudolph 1987.
[2] Die ersten Mortgage Backed Securities wurden 1970 von Ginnie Mae emittiert.

(RMBS).[3] Seit Mitte der achtziger Jahre wurden in den USA neben Hypothekenforderungen zunehmend auch andere Vermögenspositionen und Ansprüche (Assets) in Wertpapierform verbrieft und handelbar gemacht. Es bildete sich die neue Wertpapierkategorie der *Asset Backed Securities* heraus, die neben den Mortgage Backed Securities alle denkbaren Verbriefungen von Assetpools umfasst, so etwa Pools bestehend aus Konsumentenkrediten und Kreditkartenforderungen, Automobilfinanzierungen oder Leasingforderungen.

In Deutschland spielen Kreditkartenverbriefungen derzeit keine Rolle. Forderungen aus Automobilverkäufen und Leasingverträgen (Auto-ABS) werden beispielsweise von Daimler Chrysler, Volkswagen und Ford verbrieft. Die Märkte für eine Verbriefung von Handels- und Leasingforderungen sind im Aufbau begriffen. Ein wichtiges Teilsegment ist der Markt für Asset Backed Commercial Paper (ABCP), an dem kurzlaufende, nicht börsennotierte Schuldverschreibungen emittiert werden.[4] Asset Backed Securities werden in der Zukunft verstärkt auch andere Assets wie beispielsweise Non-Performing Loans, Mezzanine-Ansprüche oder öffentliche Forderungen refinanzieren. Schließlich können Einnahmen aus Lizenzen und Patenten, aus Stadioneinnahmen[5] oder Erlöse aus dem Betrieb von Gaststätten oder Bestattungsunternehmen verbrieft werden.[6]

Nach den Kategorien verbriefter Assets wurde auch das Laufzeitenspektrum erweitert. Schließlich sind im Lauf der Zeit eine ganze Reihe von Varianten der ABS wie beispielsweise Future-Flow- oder Revenue-Based-Finanzierungen sowie ABS auf der Basis einer „Whole Business Securitization" (WBS) als „exotische" ABS am Markt platziert worden.[7]

Abbildung 3.1 gibt eine in der Praxis geläufige Strukturierung der Typen von Asset Backed Securities an.[8] Die Collateralized Debt Obligations, die in der Form der Collateralized Loan Obligations insbesondere im deutschen Markt eine große Bedeutung haben, sind Gegenstand des Abschnitts 3.5.

---

[3] Gemäß den Angaben der KfW Bankengruppe stellen CMBS, d.h. verbriefte gewerbliche Immobilienkredite, in Deutschland im Jahr 2006 mit 36 % Marktanteil das bedeutendste ABS Segment dar, während die in den Vorjahren wichtigeren verbrieften Wohnungsbaukredite, die RMBS, im Jahr 2006 nur 17 % des Marktvolumens auf sich vereinten. Das zweitgrößte Marktsegment in Deutschland stellten 2006 mit einem Anteil von 33 % die ABS auf Pensionsansprüche, Leasingforderungen und Forderungen aus Automobilkrediten dar.

[4] ABCP weisen eine Mindestlaufzeit von 7 Tagen auf, während die üblichen Termin-Transaktionen in der Regel länger als ein Jahr laufen.

[5] Vgl. Kern 2003.

[6] Solche Forderungen werden zumeist in Whole Business Securitizations verbrieft, bei denen die gesamten Zahlungsströme aus einem Unternehmen an die Zweckgesellschaft abgetreten werden. Vgl. Österreichische Nationalbank u. Finanzmarktaufsicht 2004, S. 17.

[7] Vgl. O'Kane et al. 2003. WBS sind eine in Großbritannien eingeführte ABS-Variante, die häufig für „Commercial Property", aber auch für andere Aktiva genutzt wird.

[8] Vgl. Böhringer et al. 2001, S. 7.

```
                    ┌─────────────────────────┐
                    │ Asset Backed Securities │
                    └─────────────────────────┘
                     /          |           \
        ┌──────────────┐ ┌──────────────┐ ┌──────────────┐
        │     ABS      │ │Mortgage Backed│ │ Collateralized│
        │im engeren Sinn│ │  Securities  │ │Debt Obligations│
        └──────────────┘ └──────────────┘ └──────────────┘
```

- ABCP
- Automobile Loan-BS
- Credit Card-BS
- Lease-BS

- RMBS (Residential)
- CMBS (Commercial)

- Collateralized Loan Obligations
- Collateralized Bond Obligations

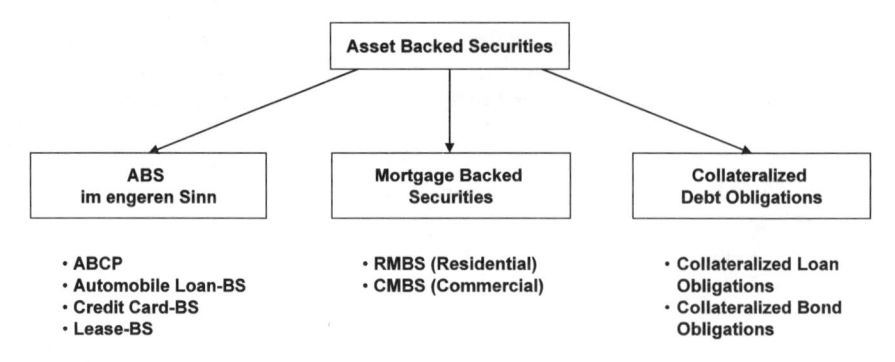

Abb. 3.1. Struktur des ABS-Marktes

In Europa wurden die ersten Emissionen von Asset Backed Securities geraume Zeit später als in den USA aufgelegt, hatten danach aber beachtliche Zuwachsraten zu verzeichnen, wobei die Marktvolumina auch heute noch immer deutlich unter denen des amerikanischen Marktes liegen. Der deutsche Markt, der 1990 mit einer Emission der KKB-Bank eröffnet wurde, ist auch im europäischen Vergleich zurückgeblieben, weist aber derzeit ein starkes Wachstum auf. Als Besonderheiten treten insbesondere Multi-Seller-Transaktionen und Collateralized Loan Obligations hervor.

Das Volumen der Kreditverbriefungen in Deutschland hat sich von 14,3 Mrd. € in 2001 auf über 30 Mrd. € in 2002 mehr als verdoppelt.[9] Nach einer Abschwächung in den Jahren 2003 und 2004 gewann der Verbriefungsmarkt in Deutschland wieder an Dynamik und wies mit einem Volumen von 35 Mrd. € in 2005 und knapp 67 Mrd. € in 2006 ein Rekordwachstum auf, wobei der erneute Anstieg insbesondere auf eine Anzahl besonders großer Transaktionen (Jumbotransaktionen) entfiel.

3.2 Organisation des Verbriefungsprozesses

Asset Backed Securities sind festverzinsliche Wertpapiere oder Schuldscheindarlehen, die Zahlungsansprüche gegen eine ausschließlich zum Zweck der Transaktion gegründete Zweckgesellschaft zum Gegenstand haben. Die Zahlungsansprüche aus den Wertpapieren (Securities) werden durch einen Bestand von Forderungen (Assets) gedeckt (Backed), die auf die Zweckgesellschaft übertragen worden sind und den Inhabern der ABS als Haftungsgrundlage zur Verfügung stehen (Collateral Pool). Der Pool besteht üblicherweise aus einer großen Anzahl von Hypothekendarlehen, Konsumentenkrediten oder Kreditkartenforderungen, die von einer Bank als Originator generiert wurden. Gegebenenfalls handelt es sich

---

[9] Der Anteil des deutschen Marktes am europäischen Markt betrug 2006 gut 11 %. Der größte Marktanteil liegt mit 34 % bei Großbritannien, gefolgt von den Niederlanden mit ca. 20 %. Spanien liegt etwa gleichauf mit Deutschland bei 11 %.

aber auch um Forderungen aus Lieferungen und Leistungen bzw. Leasingforderungen, die bei einem Industrieunternehmen als Originator entstanden sind.

Die in den Pool aufgenommenen Forderungen bzw. Kredite stehen von Beginn an fest oder werden im Zeitablauf revolvierend in den Pool eingebracht. In letzterem Fall basiert die Auswahl der in den Pool aufgenommenen Forderungen auf vorab definierten Kriterien (Eligibility Criteria).[10] Die Investoren erhalten lediglich anonymisierte Informationen über die im Pool enthaltenen Kreditpositionen und keine Informationen über einzelne im Pool enthaltene Forderungen oder über die Kreditnehmer.

Da kein vollständiger Informationstransfer vom Originator an die Investoren der ABS möglich oder erlaubt ist, werden üblicherweise Pools mit relativ homogenen Forderungen gebildet, so dass die Qualität der im Pool enthaltenen Forderungen nicht weit streut. In neuerer Zeit gewinnen aber auch Pools aus relativ inhomogenen Unternehmenskrediten oder Hypothekenforderungen auf der Basis von Gewerbeimmobilien an Bedeutung. In diesen Fällen steigen natürlich die Informationsanforderungen an die Transaktion. Um eine externe Analyse des Kreditrisikos und die Ableitung eines aggregierten Zahlungsstromes des resultierenden Pools zu ermöglichen, ist in diesen Fällen das Pooling typischerweise mit einem Strukturierungsprozess verbunden, wie er unten in Abschnitt 3.5 vorgestellt wird.

Der Prozess der Verbriefung verläuft bei allen ABS-Transaktionen nach dem gleichen Grundprinzip.[11] In einem ersten Schritt stellt der Originator, der in seinem Grundgeschäft die Forderungen generiert, ausgewählte Forderungen zu einem Pool zusammen. In einem zweiten Schritt veräußert der Originator die Forderungen an eine „insolvenzferne" *Zweckgesellschaft* (*Special Purpose Vehicle SPV*), die allein zum Zweck des Ankaufs der Forderungen gegründet worden ist und die dem Originator im Gegenzug den Kaufpreis vergütet.[12] Die Zweckgesellschaft emittiert dann im dritten Schritt die ABS über ein Bankenkonsortium im Zuge einer privaten oder öffentlichen Platzierung am Kapitalmarkt. Die Transaktion wird von einem Arrangeur durchgeführt, der mit dem Originator einen Mandatsvertrag abgeschlossen hat. Je nach Programm werden Treuhänder und externe Sicherungsgeber eingeschaltet.[13] Als Investoren treten institutionelle und private Anleger auf. Viele Spezialfonds haben ABS in ihre Anlagepalette mit aufgenommen oder bilden gesonderte ABS-Fonds.

---

[10] Diese Kriterien verbieten beispielsweise das Überschreiten bestimmter Obergrenzen für einzelne Schuldner, einzelne Branchen oder bestimmte Regionen.

[11] Für eine detaillierte Beschreibung des gesamten Prozesses der Securitization vgl. Bank for International Settlements 1992 und Bär 1997.

[12] Gegebenenfalls werden zwei Zweckgesellschaften hintereinander geschaltet, so dass die sich am Markt refinanzierende Zweckgesellschaft Forderungen gegen die vorgelagerte Zweckgesellschaft refinanziert und deren Forderungen intransparent bleiben.

[13] Der Originator bzw. dessen Bank schaltet darüber hinaus Anwälte als Berater der Zweckgesellschaft ein, die die Vertragsdokumentation entwerfen. Eine wichtige Rolle spielt auch der Abschlussprüfer des Originators, der den „True Sale" im Sinne des Aktivtauschs in der Bilanz des Originators bestätigen muss.

Voraussetzung für eine öffentliche Emission sind hinreichende Informationen über die Qualität des Forderungspools. Dazu werden regelmäßige *Investoren-Reports* erstellt, die Informationen über die Zusammensetzung des den Wertpapieren zu Grunde liegenden Forderungspools beinhalten. Dabei werden die Namen der Schuldner und andere Details der Forderungen zumeist nicht bekannt gegeben. Lediglich die Forderungsart, Laufzeit, Anzahl und die durchschnittliche Höhe der Forderungen sind Gegenstand der Information. Eine weitgehende Information über die Qualität des Forderungspools ist auch Voraussetzung für ein Rating der ABS durch eine Ratingagentur.[14] Ein Großteil der am Markt platzierten ABS erhält dabei (unabhängig vom Rating des Originators) die höchste Bonitätsstufe. Auch Industrieunternehmen, Banken und Staaten mit einem nicht erstklassigen Rating ist damit die Möglichkeit gegeben, Wertpapiere zu emittieren, die mit einem Zinssatz für erstklassig geratete Wertpapiere ausgestattet sind.[15] Jedenfalls ist das Rating vieler Asset Backed Securities besser und stabiler als das der Emittenten.

Das Rating von Asset Backed Securities folgt einem Schema, das man sich aus vier aufeinander folgenden Phasen bestehend vorstellen kann:[16]

- In der Vorphase beantragt der Originator oder der den Originator bei der Durchführung der Transaktion unterstützende Arrangeur bei einer oder bei mehreren Ratingagenturen die Erstellung eines Ratings.
- Im ersten Abschnitt der Prüfungsphase stellen die Ratingagenturen auf der Basis ihrer spezifischen Modellierungsansätze quantitative Analysen an, indem sie die Wahrscheinlichkeitsverteilung der Cashflows des Assetpools ermitteln.
- Im Rahmen des zweiten qualitativen Abschnitts der Prüfungsphase werden die geschätzten Risikoverteilungen um die Gesichtspunkte möglicher Rechtsrisiken, Dokumentationsrisiken, Prozessrisiken oder anderweitiger operativer Risiken ergänzt.
- Schließlich entscheidet ein in der Agentur zuständiges Ratingkomitee in der vierten Phase über die Festlegung der Ratings der ABS.

Unabhängig von der Emissionsform gilt, dass die Zinszahlungen und Tilgungen der ABS direkt oder indirekt vom Zahlungsstrom der zugrundeliegenden Assets abhängig sind. Ein sogenannter Servicer bzw. Service Agent übernimmt die Debitorenbuchhaltung, das Mahnwesen und die termingerechte Weiterleitung der Zahlungseingänge an den Treuhänder, sowie in der Regel auch die Identifikation und

---

[14] Zum Rating verbriefter Forderungen vgl. Bund 2002. Die Ratingagentur prüft insbesondere den rechtlichen Bestand und die Qualität der einzelnen Forderungen sowie die Diversifikation und Struktur des Forderungspools im Zeitablauf.
[15] Als Sovereign Ceiling eines Staates bezeichnet man die durch das Länderrisiko bedingte Obergrenze für ein Rating von Unternehmen eines Landes. Mit Hilfe von ABS kann diese Sovereign Ceiling durchbrochen werden.
[16] Vgl. Österreichische Nationalbank u. Finanzmarktaufsicht 2004, S. 44 ff.

3.2 Organisation des Verbriefungsprozesses

Meldung der Kreditereignisse.[17] Prinzipiell könnte die Zweckgesellschaft das Management der ihr übertragenen Forderungen selbst durchführen.[18] In der Regel wird aber der Originator diese Funktion übernehmen, so dass beim Originator auch die Kreditakten verbleiben, obwohl das Eigentum an die Zweckgesellschaft übergegangen ist. Die Einhaltung der Verträge und die richtige Verteilung der Cashflows überwacht üblicherweise eine Wirtschaftsprüfungsgesellschaft oder Rechtsanwaltskanzlei als unabhängiger Treuhänder (Trustee). Zur Strukturierung der Emission benötigt der Originator noch eine Investmentbank als Arrangeur (Arranger, Underwriter), der die Emission vorbereitet und begleitet und an der Einrichtung der Refinanzierungsgesellschaft des Sponsors beteiligt ist. Schließlich wird ein Datentreuhänder eingeschaltet, der dafür sorgt, dass beim Verkauf der Forderungen keine persönlichen Daten der Schuldner weitergegeben werden. An ABS-Transaktionen sind also sehr verschiedenartige spezialisierte Vertragspartner beteiligt. Dies wird in Abbildung 3.2 nochmals verdeutlicht.

Die Komplexität der Organisation des Verbriefungsprozesses spricht dafür, Verbriefungen nicht als einmalige Transaktionen zu organisieren, sondern eine gewisse Regelmäßigkeit der Emission von Asset Backed Securities anzustreben (ABS-Programme). Dabei bietet es sich aus Marktsicht sowie hinsichtlich der Kostenstruktur an, die regelmäßigen Transaktionen an gewissen Benchmarktransaktionen auszurichten. Auf diese Weise lassen sich erstens Transaktionskosten sparen und zweitens negative Signale vermeiden, die entstehen könnten, wenn aus der Ankündigung der Transaktion auf einen dringenden Refinanzierungs- oder Konsolidierungsbedarf des Originators geschlossen werden könnte.

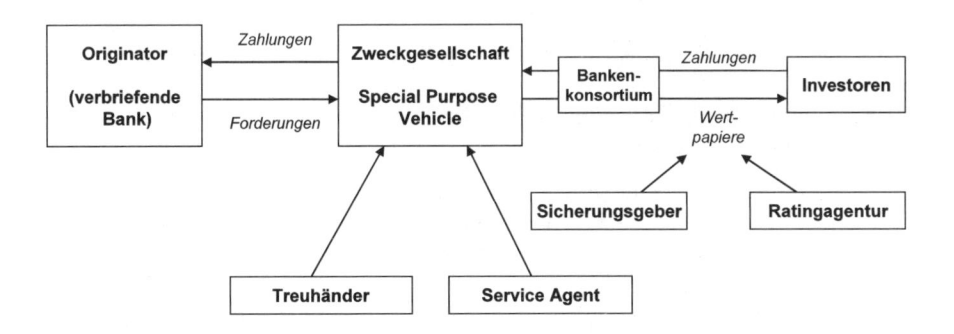

Abb. 3.2. Beteiligte Parteien an einer Forderungsverbriefung

---

[17] Vgl. zur Funktion des Service Agents, des Treuhänders und des Arrangeurs Maska 2004, S. 21. Es wird häufig angestrebt, dass der Originator die Servicing-Funktion übernimmt, damit sein Anreiz am Monitoring der Kreditnehmer erhalten bleibt.

[18] Vgl. Paul 2001, S. 128, oder Waschbusch 1998, S. 411.

3.3 Eigenschaften der Zweckgesellschaft

Die *Zweckgesellschaft* wird allein mit dem Ziel gegründet bzw. genutzt, den vom Originator geschaffenen Pool von Assets regresslos anzukaufen und durch die Emission der Asset Backed Securities zu refinanzieren. Die Zweckgesellschaft muss dabei so konstruiert sein, dass eine insolvenzfeste Isolierung und Übertragung der Assets erfolgen kann. Dazu muss ein vollständiger Eigentumsübergang vom Originator auf die Zweckgesellschaft erfolgen und ein Haftungsverbund des Originators als Verkäufer der Forderungen mit der Zweckgesellschaft in jedem Fall vermieden werden, damit die Forderungen nicht bei einer möglichen Insolvenz des Originators dessen Insolvenzmasse zugerechnet werden. Der Transfer der Assets erfolgt also „True Sale", damit keine Gefahr besteht, dass im Falle der Insolvenz des Originators die Forderungen den Inhabern der Asset Backed Securities nicht mehr als Deckungsmasse zur Verfügung stehen.

Die Tatsache, dass die Zweckgesellschaft allein die Refinanzierung des übernommenen Assetpools zum Geschäftsgegenstand hat, schließt eine Insolvenz der Zweckgesellschaft selbst mehr oder weniger aus. Das erfordert aber, dass bei einer möglichen Insolvenz des Originators sichergestellt ist, dass die Zweckgesellschaft die ihr übertragenen Forderungen und Sicherheiten ohne wesentlichen zusätzlichen administrativen Aufwand oder zeitliche Verzögerungen selbst einziehen oder einziehen lassen kann. Eine Wertminderung der Assets wäre auch dann zu verzeichnen, wenn die Zweckgesellschaft einer Unternehmensbesteuerung unterliegen würde. Daher wird der Status eines steuerbefreiten Sondervermögens für die Zweckgesellschaft genutzt, wobei sich beispielsweise eine bereits bestehende Stiftung (Charity Trust) oder eine neu gegründete Stiftung als Plattform für die Zweckgesellschaft anbieten. Der Vorzug einer solchen Konstruktion besteht auch darin, dass eine Stiftung als Zweckgesellschaft nicht selbst der Bankenaufsicht unterliegt.[19]

Hinsichtlich der Rechtsstellung der Zweckgesellschaft bieten sich zwei alternative Konstruktionsmöglichkeiten an:

1. Die Käufer der ABS erwerben unmittelbar Miteigentumsanteile an den verbrieften Forderungen, so dass die Zweckgesellschaft nur als Durchleitstelle für die sich aus den Krediten ergebenden Zahlungsströme fungiert (*Fondszertifikatskonzept*). Die im Forderungspool der Zweckgesellschaft eingehenden Zins- und Tilgungszahlungen werden unmittelbar an die Inhaber der ABS weitergereicht (*Pass-Through-Verfahren*).
2. Die Zweckgesellschaft wird als Gesellschaft mit einer in der Satzung beschränkten Geschäftstätigkeit (Limited Purpose Finance Corporation) geführt. In diesem Fall erwerben die Käufer der ABS kein Miteigentum an den abgetretenen Forderungen, sondern Ansprüche an die Zweckgesellschaft (*Anleihekon-*

---

[19] Vgl. Stone u. Zissu 2000, S. 138 ff. Die von der KfW angestoßene True Sale Initiative wird von mehreren gemeinnützigen Stiftungen getragen. Dabei wird innerhalb der Stiftungsstruktur für jede Verbriefungstransaktion eine eigene insolvenzferne Zweckgesellschaft gegründet.

zept). Dieses Verfahren erlaubt auch statt der direkten Durchleitung ein Management der Zahlungsströme (*Pay-Through-Verfahren*). Die eingehenden Zahlungsströme können beispielsweise hinsichtlich ihres Risikogehaltes oder ihrer Terminierung strukturiert werden. Im folgenden Abschnitt wird das Wasserfall- oder Subordinationsprinzip als typisches Strukturierungskonzept vorgestellt.

Da die Zweckgesellschaft mit dem Verkäufer der Forderungen keine gemeinsame Haftungsbasis bildet, kann sie in beiden Fällen Wertpapiere emittieren, deren zukünftige Cashflows sich ausschließlich aus den zugrunde liegenden Assets speisen und daher nicht von der Bonität des Originators abhängen.[20] In beiden Konstruktionen haben die Käufer der ABS nur Ansprüche in der Höhe, in der Zahlungen aus dem Forderungspool geleistet werden. Ihre Ansprüche richten sich gegen die Emittentin der ABS. Die Käufer haben auch keinen Zugriff auf den Forderungspool oder einzelne Kreditforderungen.

3.4 Sicherheitenverstärkung und Poolbildung

3.4.1 Formen der Sicherheitenverstärkung

Das vorhandene Kreditrisiko des Assetpools wird in vielen Fällen durch eine Sicherheitenverstärkung (*Credit Enhancement*) auf ein für die Anleger akzeptables bzw. attraktives Niveau vermindert. Als Credit Enhancement können dabei alle Instrumente und Maßnahmen angesehen werden, die ein Sicherheitspolster für die Inhaber der emittierten ABS schaffen. Die Notwendigkeit bzw. Vorteilhaftigkeit von Credit Enhancements resultiert aus der asymmetrischen Informationsverteilung zwischen den Anlegern und den Banken als Originatoren der Kredite sowie der Illiquidität der verbrieften Poolkredite. Pools ohne Credit Enhancement werden aus verschiedenen Gründen häufig als nicht marktfähig angesehen. Mit der Verstärkung der Sicherheiten bleibt der Originator in die Transaktion wirklich eingebunden und hat ein Interesse an möglichst geringen Ausfällen, so dass erst durch die Verstärkung der Position mit Sicherheiten im Allgemeinen ein Rating der höchsten Klasse erreichbar wird.

Es werden drei Arten von Besicherungsformen unterschieden: die Besicherung durch den Originator, die Besicherung aus der Emissionsstruktur (beide Internal Credit Enhancement) sowie die Besicherung durch externe Dritte (External Credit Enhancement).[21] Häufig werden verschiedene Formen der Credit Enhancements

---

[20] Hier erkennt man den typischen Unterschied der Asset Backed Securities zum Pfandbrief, dessen Cashflows in aller Regel (also im Falle der Solvenz der Hypothekenbank) aus dem emittierenden Institut fließen und sich nur im Notfall aus der zugrunde liegenden Deckungsmasse speisen.

[21] Vgl. Arbeitskreis „Finanzierung" der Schmalenbach-Gesellschaft / Deutsche Gesellschaft für Betriebswirtschaft e. V. 1992, S. 499, sowie Böhringer et al. 2001, S. 13-14, der folgende externe Kreditverstärker nennt: Guaranteed Investment Contract GIC, Cash

miteinander verknüpft. So kann man für den Fall von ABS-Transaktionen ohne staatliche Garantie fünf wesentliche Formen der Credit Enhancements unterscheiden:[22]

- Der Forderungsverkäufer (Originator) tritt selbst als Sicherungsgeber auf und bildet vorab einen *Reservefonds*, der zur Deckung von Zahlungsausfällen verwendet werden kann, oder er erklärt sich bereit, einen Teil der ausfallenden Forderungen zurückzukaufen.
- Sofern im Lauf der Zeit in der Zweckgesellschaft durch die Rückflüsse aus den Assets Cashflows anfallen, die nicht zur Bedienung der ABS benötigt werden, werden diese in einem *Überlaufkonto* (*Spread Account*) gesammelt und zum Ausgleich möglicher Cashflow-Defizite in anderen Phasen verwendet.
- Bei einer *Tranchierung* entstehen Emissionen unterschiedlicher Risikoqualität, wobei häufig die Wertpapiere mit der geringsten Qualität direkt beim Originator verbleiben oder von ihm unmittelbar mit der Emission zurückgekauft werden. In der Regel wird die Equity Tranche mindestens in Höhe des erwarteten Verlustes angesetzt und bildet so ebenfalls eine Sicherheit für die übrigen Tranchen.
- Häufig wird eine *Übersicherung* (*Overcollateralization*) vereinbart, so dass der Betrag und/oder die Verzinsung der auf die Zweckgesellschaft übertragenen Forderungen das Emissionsvolumen bzw. den Kupon der ABS übersteigt. Der Cashflow reicht dann trotz möglicher Zahlungsverzögerungen oder -ausfälle zur Bedienung der Wertpapiere aus.
- Schließlich kann eine Einbindung dritter Parteien in die Sicherungskonstruktion etwa durch die Bereitstellung von Sicherungszusagen bzw. Garantien Dritter, z.B. eines *Letter of Credit* durch eine Bank oder eine Versicherungsgesellschaft stattfinden (externe Credit Enhancements). Die bekannteste und stärkste Form der externen Credit Enhancements sind die Verlustübernahmezusagen der amerikanischen Hypothekenagenturen GNMA, Fannie Mae und Freddie Mac, die für die besicherten Mortgage Backed Securities das Kreditrisiko ganz übernehmen.

Der Umfang der Credit Enhancements spezifiziert, welcher Anteil der Forderungen im Pool ausfallen kann, bevor ein ABS-Investor einen Verlust erleidet.[23] Jede Bereitstellung von Credit Enhancements ist für den Originator mit Kosten verbunden, so dass ein Ausgleich gefunden werden muss zwischen den Besicherungsanforderungen, die zur Erreichung des gewünschten Ratings benötigt werden, und der Erfordernis des Originators, im Zuge der Sicherheitenstellung nicht die Dispositionsmöglichkeit über zu viele Assets zu verlieren. Verbleibt nach der Rückzahlung der ABS noch ein positiver Restbetrag, so fließt dieser an den Originator als Bezieher der Residualzahlungen. In diesem Fall hat der Originator einen starken

---

Collateral Account, Direct Credit Substitution DCS, Letter of Credit und Swap Arrangement zur Reduktion des Währungsrisikos.
[22] Vgl. Paul 2001, S. 129.
[23] Den Investoren wird der Umfang der Credit Enhancements in Prozent des Nominalwertes der Assets angegeben.

Anreiz, die Kreditausfälle möglichst niedrig zu halten. Somit führen die Credit Enhancements zu einer Abmilderung des Moral Hazard-Problems zwischen dem Originator und den Anlegern der ABS, weil der Originator auch nach der Weitergabe der Risiken im Zuge der Verbriefung ein Interesse daran haben muss, die Kreditausfälle möglichst in Grenzen zu halten.

Die Konstruktion eines Überlaufkontos (Spread Account) dient im Übrigen dem Management der Zahlungsströme. Die zur Bedienung der Cashflows der ABS dienenden Zahlungsströme der Forderungen oder anderen Assets können zu anderen Zeitpunkten eingehen als die Zahlungen, die für die emittierten ABS fällig werden. In diesem Fall ist ein Zins- und Cashflow-Management für die Produkte notwendig, um eventuell entstehende Liquiditätslücken aufzufangen. Neben der Finanzierung der Forderungen über die Wertpapiere erfolgt daher der Aufbau einer Liquiditätsreserve durch eine „Back up"-Linie. Ein solches Liquiditätspolster, das gegebenenfalls durch die Liquiditätslinie einer Bank verstärkt wird, gilt auch bei den Ratingagenturen als sichtbares Qualitätsmerkmal.

3.4.2 Single-Seller- und Multi-Seller-Strukturen

Zur Emission handelbarer liquider Wertpapiere müssen in der Regel zahlreiche Forderungen als Assets in einem Pool gebündelt werden, damit ein ausreichendes Volumen erreicht wird und die fixen Kosten der Emission keinen prohibitiv hohen Preisaufschlag verursachen. Die in den Pool eingebrachten Assets sind in der Regel möglichst homogen, so dass gut prognostizierbare Zahlungsströme erzeugt werden. Die Höhe der in die Pools im Zeitablauf eingebrachten Forderungen wird vom Umfang der beim Originator vorhandenen geeigneten Forderungen ebenso abhängig sein wie von seinem Transaktionsbedarf. Stabile erwartete Cashflows der angekauften Forderungen und das Vorhandensein historischer Ausfallraten für den Forderungspool erleichtern das Rating der Forderungen und die Kommunikation der Qualität der emittierten ABS mit den Anlegern. Verfügt die Bank als Originator über einen zu geringen Forderungsbestand oder hat sie keinen großen Transaktionsbedarf, dann kann sie mit anderen Originatoren gemeinsam einen Pool bilden und eine sog. Multi-Seller-Transaktion durchführen. Multi-Seller-Verbriefungen führen die Risiken aus den Portfolien verschiedener Originatoren zusammen, realisieren damit gegebenenfalls eine bessere Diversifikation und vermindern bei den einzelnen Instituten die Transaktionskosten. Multi-Seller-Transaktionen weisen jedoch im Vergleich zu Single-Seller-Strukturen weitergehende Probleme auf, wie beispielsweise Qualitätsunterschiede der von den verschiedenen Originatoren eingebrachten Forderungspools. Können diese Probleme gelöst werden, dann können allerdings bei einer Multi-Seller-Struktur sogar verschiedene Forderungsarten wie Leasing- und Lieferantenforderungen gemeinsam refinanziert werden.

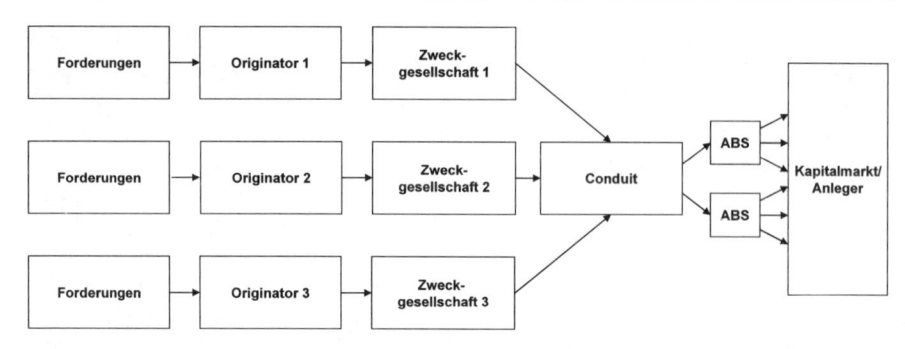

Abb. 3.3. Struktur einer Multi-Seller-Transaktion

Wie Abbildung 3.3 zeigt, übertragen die verschiedenen Originatoren bestimmte Teile ihres Forderungsbestandes an eigenständige Zweckgesellschaften. Die jeweiligen Zweckgesellschaften verkaufen dann im zweiten Schritt diese Forderungen ihrerseits an eine zentrale Refinanzierungsgesellschaft, das sogenannte Conduit. Das Conduit strukturiert auf der Basis des gesamten Forderungspools die Asset Backed Securities und emittiert die Wertpapiere am Kapitalmarkt.[24]

Die nachfolgende Tabelle stellt wichtige Charakteristika von Single-Seller- und Multi-Seller-Strukturen vergleichend gegenüber und zeigt, dass auch aus dem Blickwinkel des Anlegers bemerkenswerte Unterschiede zu verzeichnen sind.[25]

Tabelle 3.1. Vergleich von Single-Seller- und Multi-Seller-Struktur

Single-Seller-Struktur	Multi-Seller-Struktur
– Pool enthält nur Kredite eines einzelnen Kreditinstituts	– Pool enthält Kredite mehrerer Kreditinstitute
– Originator bekannt	– Originator anonym
– Publizitätswirkung der Kreditabtretung	– Publizitätswirkung nur, wenn vom Originator gewünscht
– Mindestvolumen muss von einem einzelnen Kreditinstitut gestellt werden	– Mindestvolumen verteilt sich auf mehrere Kreditinstitute
– Transaktionskosten relativ niedrig	– Transaktionskosten relativ hoch
– Kosten für Transaktion gehen zu Lasten eines Originators	– Kosten der Transaktion verteilen sich auf mehrere Originatoren
– Refinanzierungsstruktur auf individuelle Situation des Originators angepasst	– Refinanzierungsstrukturen nur bedingt individuell anpassbar
– Investor „kauft" Kreditpool	– Investor „kauft" Rating
– Name des Originators steht im Vordergrund	– Name des Gründers / Programms steht im Vordergrund

---

[24] Vgl. Pfaue 2003, S. 172. Die erste Multi-Seller-Verbriefung in Deutschland wurde im November 2002 im Rahmen des Projekts PROVIDE durch die DG HYP, die DZ Bank und die KfW auf der Basis privater Wohnungsbaudarlehen an den Markt gebracht.
[25] Vgl. Bund 2000, S. 52.

Zur Poolbildung sind nicht nur Forderungen aus Kreditverträgen geeignet, sondern auch Forderungen aus Lieferungen und Leistungen (Handelsforderungen), Forderungen aus Lizenz- und Franchiseverträgen (z.B. Lizenzgebühren), Forderungen aus Leasingverträgen und schließlich Forderungen der Kreditkartengesellschaften. Wegen rechtlicher Probleme beschränken sich ABS-Transaktionen in Deutschland aber noch weitgehend auf Bankforderungen, Leasingforderungen und Forderungen aus Lieferungen und Leistungen.

Kredite an Unternehmen sind aufgrund ihrer starken Heterogenität und der Größe ihrer Einzelabschnitte relativ schwer zu verbriefen. Die aus einem solchen Kreditpool fließenden Cashflows sind nicht gut prognostizierbar, die Qualität der im Pool enthaltenen Kredite unterschiedlich und wenig transparent. Daher konnte sich ein Markt für verbriefte Kredite an Unternehmen erst relativ spät entwickeln. Die entscheidende Innovation war dabei die Konstruktion von Collateralized Loan Obligations (CLOs), denen ein gut diversifizierter Pool von Unternehmenskrediten zugrunde liegt und die sich insbesondere durch die Bildung unterschiedlich riskanter Emissionstranchen von den bisher üblichen ABS-Transaktionen abheben. Diese werden im folgenden Abschnitt 3.5 beschrieben.

3.5 Konstruktion differenzierter Haftungsstrukturen

3.5.1 Pass-Through und Pay-Through Wertpapiere

Wie in Abschnitt 3.3 bereits beschrieben, werden am Markt für Asset Backed Securities Pass-Through Wertpapiere, bei denen die Anleger vergleichbar einer Fondsanlage Miteigentum am Bestand der Forderungen eines bestimmten Pools erwerben, von den Pay-Through Wertpapieren unterschieden, bei denen es sich um speziell strukturierte Verbindlichkeiten des Emittenten handelt, die durch einen Pool von Forderungen unterlegt und gesichert sind. Die wesentlichen Merkmale beider Strukturen sind in Tabelle 3.2 gegenübergestellt.[26]

Mit der alleinigen Durchleitung der Cashflows im Zuge einer Pass-Through-Struktur resultieren für den Anleger der ABS Risiken des Zahlungsverzugs oder des -ausfalls der Forderungsschuldner sowie bei den hypothekarisch gesicherten MBS in den USA insbesondere das Vorauszahlungsrisiko. In Deutschland spielen Risiken der Zahlungsverzögerung und eines Zahlungsausfalls die bedeutendere Rolle. Die Zweckgesellschaft leitet die eingehenden Cashflows nach Abzug der bei ihr anfallenden Kosten (z.B. Vergütung des Service Agenten oder der Ratingagentur) direkt an die Inhaber der ABS weiter, eine zeitliche oder risikobezogene Umverteilung der Cashflows findet nicht statt.

---

[26] Vgl. Maska 2004, S. 26, Paul 2001, S. 129, und Waschbusch 1998, S. 411-412.

Tabelle 3.2. Grundstrukturen von Asset Backed Securities

Pass-Through-Struktur	Pay-Through-Struktur
– Unveränderte, zeitgleiche Durchleitung der Cashflows	– Umstrukturierung und internes Management der Cashflows
– Pro-rata Miteigentumsanteil am Fondsvermögen mit Beteiligungscharakter	– Schuldrechtliche Ansprüche gegenüber dem SPV; Papiere mit Fremdkapitalcharakter

Wie im Falle der Pass-Through Wertpapiere dient auch bei Pay-Through Wertpapieren der von den Deckungswerten generierte Zahlungsstrom zur Bedienung der ABS. Es findet aber keine direkte Durchleitung, sondern ein Management der Cashflows statt, das zu einer zwischenzeitlichen Ansammlung von Zahlungsmitteln, gegebenenfalls auch zur Kreditaufnahme zur Zwischenfinanzierung führen kann. Möglich und zugleich typisch ist bei dieser Konstruktion die *Tranchierung*, die zu unterschiedlich risikobehafteten Positionen der Inhaber der ABS führt.

Beim *Tranchieren* werden die in den Pool eingebrachten Forderungen zu einem Pool zusammengestellt, dessen Cashflow anschließend neu „verpackt" dem Markt wieder zugeführt wird.[27] Die vorrangigen Tranchen werden stets zuerst bedient, die nachrangigen Tranchen erst nach der vollständigen Bedienung der vorrangigen. Die nachrangigen Tranchen dienen den vorrangigen somit als Verlustpuffer. Durch die Haftungsrangfolge wird festgelegt, wie die nachrangigen Tranchen nach dem Wasserfallprinzip entsprechend eintretende Verluste auffangen. Durch die Ausgabe mehrerer Tranchen mit unterschiedlichen Haftungsrangfolgen, Laufzeiten und Cashflow-Zurechnungen können die Wertpapiere auf die Bedürfnisse verschiedener Anlegergruppen zugeschnitten werden.[28] Abbildung 3.4 verdeutlicht an einem Beispiel eine solche Struktur die zeigt, dass die hoch geratete Tranche nur einen geringen Aufschlag auf den Basiszins L von 50 bis 60 Basispunkten trägt, während die vierte Tranche schon einen erheblichen Aufschlag von 600 bis 750 Basispunkten zu tragen hat. Das ist die Prämie dafür, dass diese Tranche nach der Equity Tranche als Verlustträger genutzt wird.

Die *Equity Tranche* trägt das höchste Risiko und wird häufig von dem Originator selbst zurückbehalten bzw. zurückgekauft. In diesem Fall behält der Originator den wesentlichen Teil des Kreditrisikos, womit verschiedene Vorteile verbunden sind, auf die noch im Einzelnen eingegangen wird. Die Emission der ABS führt aber in diesem Fall nur zu einem geringen Teil zu einem Risikotransfer.

Im Übrigen treffen diese Strukturmerkmale auch für Pools zu, die neuerdings statt aus Kreditpositionen aus Mezzaninetiteln gebildet werden.[29]

---

[27] Vgl. Bundesanstalt für Finanzdienstleistungsaufsicht 2002.
[28] Vgl. Paul 1994, S. 141.
[29] Vgl. zu den Besonderheiten solcher Mezzanine-Fonds Rudolph 2005.

3.5 Konstruktion differenzierter Haftungsstrukturen

Referenzaktiva	Cash Flow der Pay-Trough ABS	
Aus dem Kreditportfolio eingehende Cashflows	Aaa/ AAA-Tranche: L + 50 – 60 BP	70%
	A3/ A-Tranche: L + 120 – 250 BP	10%
	Baa2/ BBB-Tranche: L + 200 – 375 BP	4%
	Ba3/ BBL-Tranche: L + 600 – 750 BP	6%
	Equity-Tranche (18%)	10%

Abb. 3.4. Aufbau einer Pay-Through Struktur

3.5.2 Alternativen der Tranchenbildung

Bei einer Tranchierung des Assetpools werden mindestens zwei und in der Regel mehrere *Klassen oder Tranchen* von Wertpapieren emittiert, wobei die Zahlungen aus dem Pool nach dem *Wasserfall- oder Subordinationsprinzip* zunächst dazu verwandt werden, die Senior Tranche und dann die nachfolgenden Tranchen entsprechend ihrer Rangordnung zu bedienen. „Eine Tranchierung liegt vor, wenn vertraglich ein Rang- bzw. Über-/Unterordnungsverhältnis nach den Zahlungsströmen und/oder der Verlusttragung für die Instrumente der Risikoübernahme begründet wird."[30] Die spezielle Festlegung des Schemas zur Verteilung der Zahlungen auf die verschiedenen Tranchen wird als *Strukturierung* bezeichnet. Eine Strukturierung kann nach verschiedenen Gesichtspunkten erfolgen:

- Reichen bei Zahlungsverzögerungen oder Zahlungsausfällen im Pool die Cashflows zur Bedienung aller ABS-Ansprüche nicht aus, dann wird zunächst die unterste Tranche (Junior Tranche, Equity Tranche oder First Loss Piece) keine Zahlungen mehr erhalten und danach in von der Junior Tranche aufsteigender Reihenfolge die anderen Tranchen. Durch die Tranchierung ist in diesem Fall also für die vorrangigen Tranchen das Risiko gegenüber der Durchschnittsqualität des Pools herabgesetzt und für die nachrangigen Tranchen heraufgesetzt. Die zumeist beim Originator verbleibende Equity Tranche wird mindestens in Höhe des erwarteten Verlustes angesetzt.[31]

---

[30] Definition des Fachgremiums ABS bei der Bundesanstalt für Finanzdienstleistungsaufsicht.

[31] Der erwartete Verlust (Expected Loss) ergibt sich für jeden Kredit als Produkt aus der Ausfallwahrscheinlichkeit, der Verlustquote im Falle des Kreditausfalls und dem im Zeitpunkt des Ausfalls ausstehenden Kreditbetrag. Die erwarteten Verluste der einzel-

- Eine Strukturierung kann nicht nur Kreditrisiken, sondern auch andere Risiken betreffen. So unterliegen Hypothekenforderungen in den USA einem Prepayment-Risiko, wobei die Hypothekenschuldner insbesondere bei sinkenden Marktzinsen ihre Kredite gern zurückzahlen, um sich auf der Basis des niedrigeren Marktzinssatzes neu zu verschulden. Die Zahlungsrückflüsse aus solchen Pools können in unterschiedlicher Weise auf die Tranchen verteilt sein, so dass beispielsweise einer ersten Tranche alle Zahlungsrückflüsse zugerechnet werden, bis diese ganz zurückgezahlt ist und erst dann die Zahlungsrückflüsse in die zweite Tranche fließen. Die Investoren erhalten damit unterschiedliche Zahlungsprofile in Abhängigkeit vom Zinsänderungsrisiko des Marktes und der Struktur des Portfolios.[32]

Tabelle 3.3. Rating und Volumensanteil einzelner Tranchen

Tranche	Rating	Tranchendicke
Senior Tranche	AAA	93,20 %
Mezzanine Tranchen	AA	1,40 %
	A	1,00 %
	BBB	1,10 %
	BB+	0,70 %
FLP	NR	2,61 %

Als Beispiel einer Tranchierungsstruktur kann die synthetische Verbriefung der Deutschen Bank London Wall 2002-2 dienen.[33] Tabelle 3.3 stellt die Tranchen, ihr jeweiliges Rating und ihren Anteil am Nominalwert des Portfolios dar.

Abbildung 3.5 zeigt anhand der Verlustverteilung die grundsätzlichen Eigenschaften der einzelnen Tranchen einer Verbriefungstransaktion auf. So fängt das First Loss Piece die ersten Verluste auf, die Wahrscheinlichkeit für einen Totalausfall ist hierbei relativ hoch. Auch die Mezzanine Tranchen werden noch mit einer hohen Wahrscheinlichkeit von Ausfällen im Referenzportfolio betroffen. Lediglich die Senior Tranche wird nur mit einer geringen Wahrscheinlichkeit durch Ausfälle im Referenzportfolio beeinflusst. Sie ist durch das Subordinationsprinzip geschützt. Erst wenn sowohl die Equity Tranche als auch alle Mezzanine Tranchen ausgefallen sind, werden Verluste der Senior Tranche angerechnet.

---

nen im Pool enthaltenen Kredite lassen sich zum erwarteten Verlust des Kreditportfolios addieren.

[32] Stark diversifizierte Portfolios reagieren weniger stark auf Zinsänderungen, da die Transaktionskosten die Umschuldung für die Schuldner uninteressant werden lassen, während wenig diversifizierte Portfolios in der Regel stark auf Zinsänderungen reagieren.

[33] London Wall 2002-2 umfasst ein Emissionsvolumen von 1,8 Mrd. € und hat eine Laufzeit von 7 Jahren. Das Referenzportfolio wurde aus 264 Krediten von 224 Schuldnern gebildet. Die Deutsche Bank übernimmt das First Loss Piece i.H.v. 47 Mio. €, was einem Anteil von 2,61 % des Referenzportfolios entspricht. Vgl. Krahnen 2005. Synthetische Verbriefungen werden in Abschnitt 5.1 vertieft dargestellt.

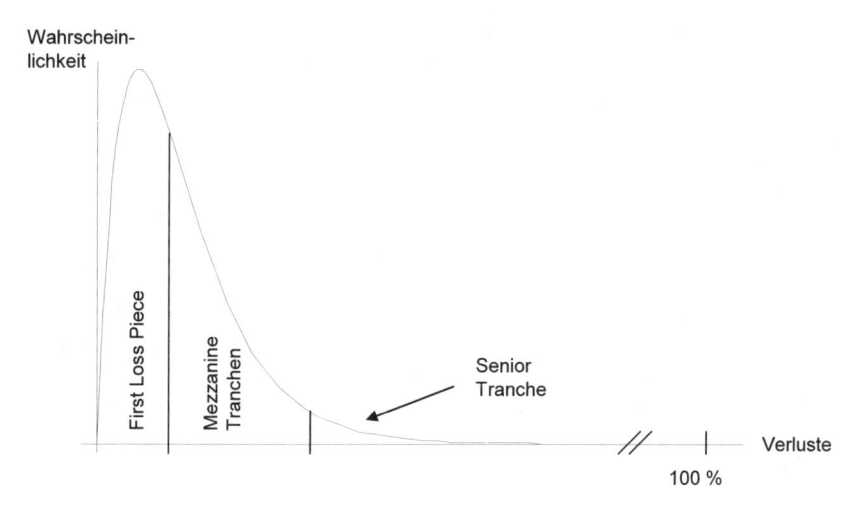

Abb. 3.5. Verlustverteilung bei Subordination der Tranchen

3.5.3 Konstruktionselemente von Collateralized Loan Obligations

Als Collateralized Loan Obligations (CLOs) bezeichnet man strukturierte Finanztransaktionen, bei denen Kreditforderungen der Banken gegenüber Unternehmen als Besicherung für verschiedenartige Tranchen von Schuldtiteln dienen, die von hoch gerateten Anleihen bis hin zu ungerateten eigenkapitalähnlichen Titeln reichen. CLOs lassen sich der Kategorie der Collateralized Debt Obligations zuordnen, denen neben den CLOs noch die Collateralized Bond Obligations (CBOs) zuzurechnen sind, bei denen die Besicherung der emittierten Asset Backed Securities aus Wertpapieren (Corporate Bonds) besteht.[34] Dem Oberbegriff CDO können darüber hinaus noch Collateralized Fund Obligations für Ansprüche gegenüber Hedge-Fonds, Collateralized Private Equity Obligations für Private Equity-Ansprüche und Collateralized Structured Obligations für strukturierte Kreditforderungen zugerechnet werden.[35]

CLOs haben sich auf der Basis eines seit Beginn der neunziger Jahre wachsenden CBO-Marktes für „umgepackte" Portfolios aus Unternehmensanleihen ohne Investmentqualität, also spekulativen Anleihen mit einem Rating von BB+ und schlechter (Non Investment Grade), entwickelt. Das „Repackaging" der hoch riskanten Unternehmensanleihen erfolgte dabei durch eine Portfoliobildung in der Weise, dass Anleihen mit Investmentqualität emittiert werden konnten.

Von 1996 bis 1999 vergrößerte sich der Anteil der CLO-Emissionen an den weltweiten ABS-Emissionen von 11 % auf 22 %, wobei der Anstieg überwiegend

---

[34] Vgl. Herrmann 1999, S. 4, Böhringer et al. 2001, S. 10 ff., sowie Fitch Ratings 2004.
[35] Als CDO kann auch eine Anleihe verstanden werden, die durch ein Portfolio gesichert ist, das sowohl Anleihen als auch Kredite enthält. Vgl. Standard & Poor's 1999.

auf eine verstärkte Emissionstätigkeit in den Vereinigten Staaten und Großbritannien zurückzuführen war. Die weltweit erste große bilanzwirksame CLO-Transaktion war mit 5 Mrd. $ die ROSE (Repeat Offering Securitization Entitiy) Funding No. 1 Transaktion vom Oktober 1996, in der Unterbeteiligungen an rund 200 Kreditfazilitäten an Unternehmensschuldner mit Investmentqualität in Großbritannien, den USA und elf anderen Ländern verbrieft waren. Wegen der Konstruktion der Unterbeteiligung, die der ROSE-Gesellschaft keine Eigentumsrechte an den Forderungen übertrug, sondern sie nur an den Kapital- und Zinszahlungen sowie an den Verlusten beteiligte, handelte es sich allerdings um keine True Sale Transaktion.

Die erste deutsche CLO wurde 1998 nach der Einführung neuer Regelungen zur Kreditverbriefung durch das Bundesaufsichtsamt für das Kreditwesen (1997) mit CORE 1998-1 von der Deutschen Bank begeben. Die CORE 1998-1 Emission verbriefte ca. 5300 Kredite an mittelständische Unternehmen aus dem Portfolio des Geschäftsbereichs Unternehmen und Immobilien (Corporate and Real Estate = CORE) der Deutschen Bank. Das Emissionsvolumen betrug 4,3 Mrd. DM (ca. 2,2 Mrd. €), so dass ein liquider Sekundärmarkt sichergestellt werden sollte. Über 90 % der Emission machten zwei AAA-geratete Tranchen aus, eine kleinere kurzläufige Tranche mit einer durchschnittlichen Laufzeit von etwas über einem halben Jahr und eine größere länger laufende Tranche mit einer durchschnittlichen Laufzeit von über zwei Jahren. Die vier nachgeordneten und mit einem niedrigeren Rating versehenen Tranchen waren deutlich kleiner und stellten einen wichtigen Teil der Bonitätssicherung der größeren Emissionen dar. Die Bonität wurde außerdem durch einen Reservefonds gesichert, der zusätzlich durch überschüssige Zinszahlungen aufgefüllt wurde (Excess Spread).[36]

Obwohl CLOs quasi als Nachzügler nach den ABS im engeren Sinne auf dem Markt erschienen, haben sie in den USA eine sehr stürmische Entwicklung durchlaufen und viele ältere Märkte für Asset Backed Securities in den Schatten gestellt. Ähnliches ist in Europa zu erwarten, da die europäischen Banken über große Unternehmenskreditportfolios verfügen, die verbrieft werden können. In Deutschland entfielen gemäß den Angaben der KfW Bankengruppe 2006 rund 14 % des Marktvolumens aller ABS auf den Markt für CLOs.

Abgrenzend zu anderen ABS-Transaktionen verbriefen CLOs Zahlungsansprüche an einen Pool aus *Unternehmenskrediten*. Darüber hinaus handelt es sich um nach dem Pay-Through-Prinzip strukturierte Produkte, weil die Zins- und Tilgungszahlungen nach dem Subordinationsprinzip zu Wertpapiertranchen unterschiedlicher Priorität umstrukturiert werden.[37] Dazu wird der gesamte aus dem Pool fließende Zahlungsstrom in Abschnitte mit unterschiedlicher Priorität zerlegt.[38] Üblich ist eine Aufteilung in zumindest drei Tranchentypen: *Senior Debt*

---

[36] Vgl. Herrmann 2005, S. 94.
[37] Vgl. Henke 2002, S. 77, Herrmann 2005, S. 87.
[38] Vgl. Culp u. Neves 1998, S. 86. Durch geeignete Tranchenbildung kann auch das Risiko einer vorzeitigen Rückzahlung der zugrunde liegenden Forderungen an die Inhaber der Wertpapiere in unterschiedlicher Weise weitergegeben werden. Vgl. zu Konstruktionsmöglichkeiten Richard u. Roll 1989.

mit einem hohen Rating, *Senior Subordinated Debt* oder *Mezzanine Debt* mit einem mittleren Rating und schließlich *Junior Subordinated Debt* bzw. *Junior Debt*. Diese letzte Tranche mit dem niedrigsten Rating bzw. ohne Rating wird auch als *Equity Tranche* bzw. *First Loss Piece* bezeichnet. Die Anzahl der Tranchen ist unterschiedlich, das größte Volumen wird in der Regel durch die Senior Tranchen repräsentiert.

Durch die Strukturierung des gesamten Zahlungsstroms nach dem Subordinations- oder Wasserfallprinzip wird die Equity Tranche als Position mit einem Residualanspruch vergleichbar einer Eigenkapitalposition gestaltet, deren Risiko noch über dem des durchschnittlichen Kreditrisikos liegt. Sie bleibt mit ihrer Erstausfallposition (First Loss Position) häufig ohne Rating, wird vom Originator zurückbehalten und dient so den anderen Tranchen als Verlustpuffer. Die Übernahme der Equity Tranche durch den Originator stärkt auch dessen Anreiz für ein sorgfältiges Screening des verbrieften Kreditpools während der Origination des Kredits und der weiteren Kreditlaufzeit.[39] Die Equity Tranche erhält erst dann Zins- und Tilgungszahlungen, wenn alle Mezzanine Tranchen vollständig befriedigt sind und diese wiederum erst Zins- und Tilgungszahlungen, wenn die Senior Tranche befriedigt ist. Dementsprechend erhalten die Tranchen unterschiedliche Ratings, die Senior Tranchen typischerweise ein hohes Investment Grade, die Mezzanine Tranchen ein Speculative Grade.[40]

Die Tranchenbildung wird dahingehend vorgenommen, dass eine Ratingeinstufung aller Tranchen in der Weise erreicht wird, dass der Marktwert der Gesamtemission möglichst groß wird. Dann werden die Tranchen an unterschiedliche Investoren mit unterschiedlichen Risikopräferenzen und unterschiedlichem Informationsstand verkauft. Während wenig informierte Anleger in die Senior Tranchen investieren, übernehmen die Junior Tranchen die besser informierten Anleger bzw. der Originator selbst.

Abbildung 3.6 verdeutlicht die Grundstruktur einer Collateralized Loan Obligation.[41]

---

[39] Vgl. Burghof 2004, S. 75.
[40] Vgl. zu den Ansätzen der Ratingagenturen beispielsweise Schmidtchen u. Krämer-Eis 2002. Die Autoren machen deutlich, dass die Verfahren von Fitch und Standard & Poor's ihr Rating im Kern auf den Value-at-Risk als Verlustbetrag der bewerteten Tranche stützen, der nur mit einer sehr kleinen Wahrscheinlichkeit noch übertroffen wird. Das Rating von Moody's macht dagegen eine Aussage über den erwarteten Verlust der bewerteten Tranche. Bei allen Ratingagenturen gehen sehr hohe Verluste, die nur mit einer sehr geringen Wahrscheinlichkeit auftreten, nicht in das Ratingurteil ein. Das Ratingmodell von Moody's für CDOs wird analysiert von Heidorn u. König 2003.
[41] Vgl. Herrmann 2005, S. 92.

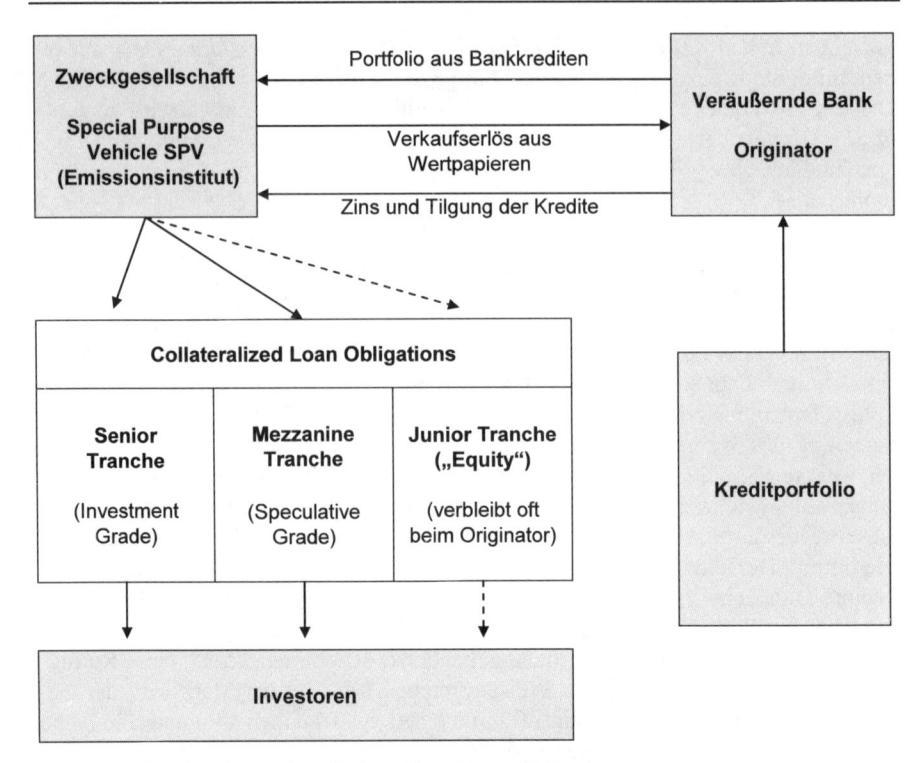

Abb. 3.6. Grundstruktur einer Collateralized Loan Obligation

Bei CLOs wie auch bei den meisten anderen Formen der Asset Backed Securities war über viele Jahre eine Tendenz erkennbar, durch spezielle Sicherungskonstruktionen (Credit Enhancement) Wertpapiere mit möglichst geringem Risiko an den Markt zu bringen. Dieser Sachverhalt kann als Indiz dafür gesehen werden, dass bei der Emission dieser Wertpapiere zunächst erhebliche informationelle Probleme bestehen, die es den Investoren am Kapitalmarkt nicht erlauben, die Position ohne zusätzliche Absicherungsmechanismen zu übernehmen. In diesem Fall werden ABS-Transaktionen nur in einem sehr begrenzten Umfang zu einem Transfer von Kreditrisiken an die Kapitalmärkte genutzt.

Erfolgt eine Tranchenbildung zur Risikoumverteilung, dann werden die einzelnen Investoren in unterschiedlichem Umfang auf die Transparenz der übernommenen Risiken achten. Dazu werden insbesondere *Coverage Tests* durchgeführt. Beim Par Value Coverage Test muss ein im Emissionsprospekt festgelegtes Verhältnis zwischen einer Tranche und dem gesamten Forderungspool erfüllt sein, so dass es zu einer Übersicherung der entsprechenden Tranche kommt. Beträgt z.B. das geforderte Par Value Ratio 120 Prozent, dann muss der Forderungspool mindestens das 1,2fache der noch ausstehenden Senior Notes betragen. Nachrangige Tranchen haben ein niedrigeres Par Value Ratio. Analog verhält es sich mit dem Interest Coverage Ratio, welches das Verhältnis zwischen den Zinszahlungen auf eine bestimmte Tranche und den gesamten Zinseinnahmen aus dem Forderungspool beschreibt.[42]

Als Motive für die Emission von CLOs werden das Erzielen von Arbitragegewinnen und die Bilanzbereinigung genannt. Arbitragegewinne lassen sich insbesondere aus der Abschöpfung der hohen Renditedifferenzen zwischen Portfolios aus risikobehafteten Kreditportfolios und Anleihen mit Investmentqualität erzielen. Die Abschöpfung erfolgt durch eine geeignete Umstrukturierung der Ansprüche sowie die Bildung von Tranchen mit niedrigem Risikogehalt und ausgezeichnetem Rating (Arbitrage oder Spread CLOs). Durch diese Konstruktion können auch Anleger gewonnen werden, die ansonsten beispielsweise wegen des vergleichsweise schlechten Ratings von einer Anlage ihrer Mittel in solche Assets ausgeschlossen sind. Darüber hinaus können Fehlbewertungen zwischen verschiedenen Bonitätsklassen ausgenutzt und abgeschöpft werden.

Bilanzbereinigung liegt bei Balance Sheet CLOs als Motiv vor, wenn die veräußernde Bank risikobehaftete Assets abgeben will, für die sie aus ihrem Kalkül heraus keine Verzinsung erhält, die das Risiko marktgerecht vergütet. Dies kann beispielsweise dadurch begründet sein, dass sie für diese Risikoaktiva hohe regulatorische Eigenkapitalunterlegungen vorhalten muss. Die Transaktion ist dann vorteilhaft, wenn es ihr gelingt, durch geeignete Konstrukte geringere aufsichtliche Eigenkapitalanforderungen für ein übernommenes Risiko zu erzeugen. Mit den sinkenden regulativen Eigenkapitalerfordernissen kann dann auch die Möglichkeit verbunden sein, zusätzliche Finanzierungsquellen zu erschließen oder zu mobilisieren.

Die Methode der Poolbildung ist auch ein Lösungsansatz für ein aktives Management der weniger transparenten Kreditrisikopositionen. Das Adverse Selection-Problem kann dadurch eingedämmt werden, dass die Bestimmung der Grundgesamtheit und die Auswahl der zu veräußernden Einzelpositionen nach einer transparenten und ex ante vorgegebenen Methodik erfolgt und nicht vom Kreditrisikoverkäufer manipuliert werden kann.

Ausreichende Monitoringanreize können dagegen durch die Festschreibung eines Rückbehaltes gewährleistet werden. Daneben kann die Bank Reputationsverluste fürchten und deshalb trotz fehlender direkter Anreize weiterhin ihre Überwachungsfunktion wahrnehmen.[43]

CLOs können nach der Struktur der Transaktion in die häufiger emittierten sog. Cashflow-CLOs und in Marktwert-CLOs unterschieden werden.[44] Eine Cashflow-CLO ist so strukturiert, dass die Zins- und Tilgungszahlungen aus den besicherten Krediten ausreichen, um über die gesamte Laufzeit der Transaktion die emittierten ABS zu bedienen. Bei diesen Transaktionen hängen die Cashflows der emittierten Wertpapiere von den Cashflows der im Pool vorhandenen Kredite ab, wobei Schwankungen im Marktwert der Sicherheiten keine Rolle spielen (short of default). Der Sicherheitenpool bei Cashflow-CLO-Transaktionen ist vergleichsweise unbeweglich, weil die Kredite angekauft und dann gehalten werden. Der Vermö-

---

[42] Vgl. Bund 2000, S. 200.
[43] Vgl. Henke et al. 1998.
[44] Vgl. Herrmann 1999, S. 5.

gensverwalter benötigt daher auch nur einen relativ begrenzten Handlungsspielraum. Cashflow-CLOs sind motiviert durch Arbitrage und durch Bilanzstrukturziele, wobei das Arbitragemotiv häufig mit Emerging Markets CLOs/CBOs verbunden ist, wenn die CLOs/CBOs durch Kredite an „Emerging Market"-Länder oder stark risikobehaftete Kredite gedeckt sind.[45] CLOs zur Bilanzbereinigung bzw. Bilanzsteuerung sind stets Cashflow-CLOs.

Im Gegensatz zu Cashflow-CLOs spielt bei den Marktwert-CLOs die tägliche Marktbewertung der Assets des Pools eine wichtige Rolle.[46] Der Forderungspool der CLOs unterliegt in diesem Fall einem dauernden Management, um aus dem Trading der Kredite Handelsgewinne zu erzielen. Beim Management der Referenzaktiva wird auf ein gewisses Polster zwischen dem Marktwert der Poolforderungen und den emittierten Wertpapieren geachtet. Wenn der Wert des Pools unter einen Grenzwert fällt, wird der Vermögensverwalter Kredite oder Anleihen verkaufen und Verbindlichkeiten zurückführen. Dafür muss der Vermögensverwalter im Gegensatz zu den Cashflow-CLOs über einen erheblichen Handlungsspielraum verfügen, um seine Prognosen der zukünftigen Ratingentwicklung seiner Assets umzusetzen und Marktwertgewinne zu realisieren. Die Beschreibung macht deutlich, dass Marktwert-CLOs insbesondere zur Erzielung von Arbitragegewinnen eingesetzt werden.

3.6 Anforderungen an die Verbriefung von Mittelstandsportfolios

Der Handel mit Kreditrisiken ist derzeit überwiegend noch durch Einzelabsicherungen für Kredite an börsennotierte Unternehmen und Portfolioabsicherungen für das klassische Retailgeschäft (Konsumentenkredite, Baufinanzierungen) gekennzeichnet. Genau diese Produkte lösen jedoch die Probleme vieler Banken nicht. „Ziel muss es sein, Produkte für die Absicherung des mittelständischen Firmenkundengeschäfts zu entwickeln."[47] Verbriefungsmärkte für Mittelstandsportfolios sind also nur dann funktionsfähig und attraktiv, wenn es gelingt, die generellen Anforderungen an Verbriefungsmärkte und zugleich die speziellen für mittelständische Kreditportfolios zu erfüllen:[48]

- Die Verbriefungen müssen einer weitgehend standardisierten Vorlage folgen können, damit die Transaktionskosten die Vorteile des Kreditrisikotransfers

---

[45] Die Konstruktion von CLOs und CBOs stellt sich als sehr ähnlich dar, wobei aber einige zusätzliche Besonderheiten bei den CLOs zu beachten sind, weil die Kreditverträge weniger transparent sind als Anleihebedingungen und der Kreditmarkt noch weniger liquide ist als der Markt für High Yield Bonds. Vgl. Standard & Poor's 1999, S. 6.
[46] Vgl. zur Bewertung der verschiedenen Tranchen von CLO- bzw. CBO-Strukturen auf der Basis der Ausfallverteilung des Kreditportfolios Fender u. Kiff 2004.
[47] Vgl. Schumacher u. Eberhard 2001, S. 493.
[48] Vgl. Wagenknecht 2004.

3.6 Anforderungen an die Verbriefung von Mittelstandsportfolios

nicht aufzehren und die Transaktionen mit einem angemessenen zeitlichen Aufwand durchgeführt werden können.

- Die Verbriefungen müssen in einem rechtssicheren Rahmen erfolgen können, so dass die Chancen und Risiken der Transaktionen möglichst ausschließlich durch die Qualität des Forderungspools definiert werden und nicht zusätzlich davon abhängig sind, ob die Abtretungsvorgänge anerkannt werden oder wie die Rechtsansprüche der Anleger in einer möglichen Insolvenz des Originators zu veranschlagen sind. Das Problem der Trennung von Forderungen und Kreditsicherheiten muss rechtlich einwandfrei gelöst sein.
- Verbriefungen dürfen nicht als zusätzlich steuerlich wirksame Vorgänge gewertet werden, weil beispielsweise übertragene Forderungen steuerlich anders behandelt werden als die bestehenden Forderungen in den Büchern der Banken. Nach Änderungen der entsprechenden steuerlichen Vorschriften ist in der Zwischenzeit der Verkauf von Forderungen an eine Zweckgesellschaft nicht mehr dem Gewerbesteuerrisiko ausgesetzt, so dass diesem Erfordernis Rechnung getragen ist.
- Schließlich dürfen Verbriefungen nicht durch das Bankaufsichtsrecht benachteiligt werden, so dass der Verkauf von Forderungen bei den Eigenkapitalanforderungen in vollem Umfang anerkannt wird.

Zur Entwicklung eines effizienten Verbriefungsmarktes in Deutschland haben sich im März 2004 insgesamt 13 Banken zur einer *Verbriefungsinitiative*, der *True Sale Initiative TSI* der deutschen Kreditwirtschaft, zusammengeschlossen, die erstens eine Verbriefungsplattform als allen Marktteilnehmern zugängliche Infrastruktur bereitgestellt hat, um Kredite ankaufen und ABS emittieren zu können. Die Plattform wird von mehreren gemeinnützigen deutschen Stiftungen getragen, die in Anlehnung an international bekannte Konstruktionen gebildet wurden. Zweitens ist eine Service Gesellschaft (TSI GmbH) gegründet worden, die die Qualität der Verbriefungen durch die Einführung von Mindeststandards erhöht und Verbriefungen zertifizieren kann. Die Stiftungsstruktur ermöglicht die rasche und unbürokratische Bereitstellung einer Infrastruktur insolvenzferner Emissionsgesellschaften. Drittens soll die Initiative die für die rechtlichen und steuerlichen Rahmenbedingungen der Transaktionen notwendigen Gesetzesänderungen voranbringen.[49]

Die von der Initiative zur Verfügung gestellt Plattform für True Sale-Verbriefungen weist verschiedene Elemente auf:

- Für jede True Sale-Verbriefung wird innerhalb der Stiftungsstruktur eine eigene Zweckgesellschaft mit begrenztem Tätigkeitsprofil gegründet, die den üblichen Anforderungen der Ratingagenturen entspricht.[50]
- Die Zweckgesellschaft ist eine GmbH, wobei die Stiftungen je gleich hohe Anteile an dieser Gesellschaft halten. Die Zweckgesellschaften sollen von den

---

[49] Vgl. zum diesbezüglichen Referentenentwurf zur Änderung der Insolvenzordnung und anderer Gesetze Fleckner 2004.
[50] Die KfW hat als Gründungsstifter drei Stiftungen gebildet.

Banken für ihre ABS-Transaktionen ohne zusätzlichen Aufwand regelmäßig genutzt werden können.
- Überschüsse der Stiftung werden zur Förderung der finanzwirtschaftlichen Forschung verwendet.
- Eine Service GmbH widmet sich der Weiterentwicklung und Durchsetzung einheitlicher Mindeststandards für Verbriefungen (z.B. Standarddokumentation, Güte der Berichterstattung). Zur Durchsetzung dieses Ziels ist eine eigene „Marke" für True Sale-Verbriefungen geschaffen worden („Certified by True Sale International").
- Schließlich stellt sich die GmbH auch als „politisches Forum" dar, das die Expertise der wichtigsten Marktteilnehmer bündelt, um die Rahmenbedingungen für ABS in Deutschland zu untersuchen, zu kommentieren und Empfehlungen für dessen Weiterentwicklung zu erarbeiten.

Der True Sale Initiative haben sich im Lauf der Zeit verschiedene Probleme gestellt, die mit den Stichworten Gewerbesteuer, Umsatzsteuer, Insolvenzrecht, Basel II, Bilanzrecht und Datenschutz zusammengefasst werden können. Zu den damit verbundenen Problemen und Lösungsmöglichkeiten ist ein Gutachten erstellt worden[51], dessen Anregungen zu verschiedenen Gesetzesänderungen geführt haben.

Die in der Vergangenheit abgeschlossenen PROMISE- und PROVIDE-Transaktionen der KfW Bankengruppe heben sich von den geplanten Transaktionen der True Sale Initiative insoweit ab, als dort nur jeweils ein Kreditinstitut (z.B. die HypoVereinsbank oder die Commerzbank) auf der Basis der von der KfW mit einer Standardstruktur angebotenen Plattform einen Kreditrisikotransfer organisiert hat.[52] Damit ist kein Datenaustausch mit anderen Kreditinstituten verbunden, so dass Datenschutzgesichtspunkte bei diesen Transaktionen keine wesentliche Rolle spielen. Mit der True Sale Initiative wird aber eine weitergehende Risikomischung angestrebt, die auch weitergehende Anforderungen und Restriktionen an die Datenbasis der Transaktionen stellt.

---

[51] Vgl. The Boston Consulting Group 2004.
[52] Vgl. Abschnitt 5.1.5 für vertiefende Angaben zu den Verbriefungen der KfW-Bankengruppe.

4 Kreditderivate als Instrumente des Kreditrisikotransfers

4.1 Die Entwicklung des Marktes für Kreditderivate

Bekanntlich kann eine Steuerung der Marktrisiken von Aktien, Rentenwerten, Zinsen sowie von Devisen über den Kauf oder Verkauf der Basistitel selbst oder alternativ und in vielen Situationen effizienter über derivative Finanzinstrumente erfolgen.[1] Durch den Einsatz derivativer Finanztitel ist es möglich, die Marktpreisrisiken separat von den Basisinstrumenten zu handeln. So partizipiert beispielsweise der Terminkäufer eines Rententitels (long forward) mit seiner symmetrischen Risikoposition wie ein Inhaber des Basisinstruments an dessen Preissteigerungen und an einem Preisverfall, obwohl er das „Referenzasset" nicht selbst im Bestand hält. Der Inhaber eines Call auf diesen Finanztitel partizipiert mit seiner asymmetrischen Risikoposition an möglichen Preissteigerungen, vermeidet aber gegen Zahlung der Optionsprämie eine Teilnahme an möglichen Verlusten.

Kreditderivate sind spezielle derivative Finanzinstrumente, mit deren Hilfe Kreditrisiken von der zugrunde liegenden Kreditposition separiert und getrennt gehandelt werden können. Sie stellen sich damit als derivative Finanzinstrumente mit der Besonderheit dar, dass ihre Zahlungscharakteristik an die Zahlungscharakteristik oder Wertentwicklung einer risikobehafteten Kreditposition als Referenzaktivum oder Basiswert geknüpft ist.[2]

Kreditderivate eröffnen die Möglichkeit, einzelne Kreditrisiken, Kreditrisikobestandteile oder das Risiko ganzer Kreditportfolios auf andere Marktteilnehmer zu transferieren. Neben einzelnen identifizierten Anleihen und Krediten kommen als Referenzaktiva dementsprechend Portfolios aus Kreditinstrumenten oder Indizes in Frage, die ein Kollektiv von Kreditrisiken erfassen. Kreditderivate können das Kreditrisiko ganz oder teilweise für die gesamte Laufzeit oder einen Laufzeitabschnitt der Kredite separieren und transferierbar machen.

---

[1] Vgl. zu den Funktionen derivativer Finanzmarktinstrumente im Einzelnen Rudolph u. Schäfer 2005.

[2] Die weltweiten Märkte für derivative Finanzinstrumente sind durch Zinsprodukte dominiert, die über 80 % des Marktvolumens ausmachen. Währungen haben einen Anteil von immerhin 15 %, Aktien dagegen nur noch von 2 %. Der Marktanteil der Rohstoff- und Warenderivate und Kreditderivate beträgt derzeit jeweils nur ca. 1 %. Vgl. die Angaben für Ende 2002 bei Effenberger 2003, S. 4.

Vorgänger der heutigen Kreditderivate sind die als Kombinationen festverzinslicher Anleihen und Zinsswaps in den 1980er Jahren verwendeten *Asset Swaps*, mit denen ebenfalls das Kreditrisiko von Anleihen isoliert werden kann.[3] Die ersten spezifischen Kreditderivate wurden zu Beginn der neunziger Jahre von amerikanischen Investmentbanken als Instrumente zur Absicherung von Länderrisiken entwickelt und emittiert. Bankers Trust gilt dabei mit einer im Jahr 1991 emittierten Anleihe in Form einer Collateralized Bond Obligation mit eingebauter Credit Default Option als erstmaliger Anwender. Die Anleihe bezog sich auf ein Portfolio von Unternehmenskrediten, dessen Kreditrisiken über die Emission der Collateralized Bond Obligation an den Markt weitergegeben wurde - eine auch heute noch gebräuchliche Konstruktion.

Ein Asset Swap Paket besteht aus einer ausfallrisikobehafteten Kuponanleihe und einem Zinsswap. Der Asset Swap-Verkäufer (Partei A) liefert gegen die Bezahlung des Kaufpreises eine Anleihe an den Asset Swap-Käufer (Partei B) und leistet regelmäßig Kuponzahlungen. Zudem wird eine Swap Vereinbarung getroffen, in welcher die Festzinszahlung in Höhe des Kupons der Anleihe gegen eine variable Zinszahlung plus/minus einer Marge, dem Asset Swap Spread, getauscht wird. Hierbei wird der Asset Swap Spread so bestimmt, dass der Wert des Asset Swap Pakets zum Ausgabezeitpunkt dem Nennwert der Anleihe entspricht. Die Swap Vereinbarung wird durch einen möglichen Ausfall der Anleihe nicht berührt, sie läuft davon unabhängig weiter. Die Zahlungsströme sind in Abbildung 4.1 dargestellt. Asset Swaps können das im Credit Spread enthaltene titelspezifische Risiko isolieren: steigen die Swapsätze, so wird zwar der Bond an Wert verlieren, dieser Wertverlust wird jedoch durch den erhöhten Barwert der Swapposition kompensiert. Somit kann selektiv Kreditrisiko eingegangen bzw. verkauft werden.

Asset Swap Verkäufer (A) ⟶ Lieferung der Anleihe ⟶ **Asset Swap Käufer (B)**

⟵ Kaufpreis der Anleihe ⟵

⟵ Kupon der Anleihe c ⟵

⟵ Festzinszahlung in Höhe des Kupons der Anleihe c ⟵

⟶ LIBOR + Asset Swap Spread s^A ⟶

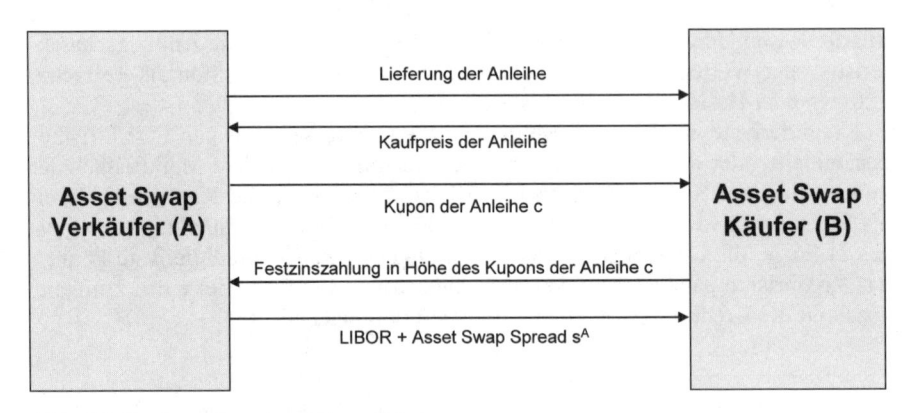

Abb. 4.1. Struktur eines Asset Swap Pakets

---

[3] Vgl. Hattori 1996.

Im Jahr 1993 wurden in Japan die ersten isolierten Transaktionen in Kreditderivaten abgeschlossen. Im Zuge der Asienkrise von 1997 erlebte der Kreditderivatemarkt einen deutlichen Aufschwung, der im Zuge der Russlandkrise 1998 noch einmal weiter belebt wurde. Mitte der 1990er Jahre verlagerten sich die Schwerpunkte des Kreditderivatemarktes. So strukturierte JP Morgan 1996 eine Anleihe mit einer von der Bonität der Einzelhandelskette Wal-Mart abhängigen Rückzahlung und schuf damit einen Markt für Risikokäufer mit einem Interesse an speziellen Risiken. Weltweit erhöhte sich dem Credit Derivatives Report der British Bankers' Association zufolge der ausstehende Nominalwert von Kreditderivaten von 40 Mrd. $ in 1996 über 1.200 Mrd. $ Ende 2001 auf fast 2.000 Mrd. $ Ende 2002. Die Bundesbank berichtet Ende 2004 von einer Größenordnung von 5.500 Mrd. $.[4]

Bezüglich der Transaktionsmotive weist der Internationale Währungsfonds darauf hin, dass im Lauf der Zeit Diversifikationsgesichtspunkte bei den Käufern und Verkäufern das Motiv der Regulierungsarbitrage zur Verminderung der Kosten aufsichtsrechtlicher Belastungen abgelöst haben: „Credit derivatives remain a small but rapidly growing market and are increasingly used in both market-based and relationship-based systems. In the early days of the credit derivatives market, regulatory arbitrage (whereby banks sought to lower their capital risk weightings) was an important factor behind many transactions. However, more recently, banks have been primarily motivated by the desire to reduce credit risk concentrations and to diversify their credit exposure. This diversification has tended to occur mostly by banks (particularly larger banks) transferring risk to other banks (partially smaller banks, such as regional European and Asian banks), allowing the latter to gain credit exposure to names they may not otherwise be able to access."[5]

Der Markt für Kreditderivate wird von international tätigen Finanzinstitutionen dominiert, die als Intermediäre (Market Maker) im Over-the-Counter-Markt (OTC) sowie als Endabnehmer auftreten.[6] Die größten zehn Adressen vereinen weltweit fast 90 % des Marktvolumens auf sich. „Als Wachstumstreiber gerade unterhalb des Investment Grade gelten Hedge Funds. Führende Händler gaben an, dass Hedge Funds mindestens 20 Prozent bis 30 Prozent ihrer Handelsaktivitäten repräsentieren."[7] Seit 1999 gibt es mit CreditTrade einen führenden Broker für den Handel mit Kreditderivaten. Da Kreditderivate mit wenigen Ausnahmen wie den an der Chicago Mercantile Exchange notierten Futures auf den CME Quarterly Bankruptcy Index und den iTraxx Europe Kredit-Futures der EUREX ausschließlich Over-the-Counter gehandelt werden, gibt es mittlerweile eine große Vielfalt an Kreditderivatekonstruktionen. So sind beispielsweise Kreditderivate auf der Basis von Terminkontrakten (Forwards) und auf der Basis von Optionen im Umlauf. Die Vielfalt ergibt sich auch durch unterschiedliche Definitionen der Kreditereignisse (Credit Events) sowie der Erfassung des Kreditrisikos durch die Veränderung des Credit Spread oder des Total Return des Referenzaktivums als

---

[4] Vgl. Deutsche Bundesbank 2004b, S. 45.
[5] International Monetary Fund 2004, S. 84.
[6] Vgl. Deutsche Bundesbank 2004b, S. 45, und Eichhorn u. Eichhorn-Schurig 2007.
[7] Eichhorn u. Eichhorn-Schurig 2006, S. 1211.

Ausdruck des Kreditrisikos. Ebenso wie bei den traditionellen Zins-, Währungs- oder Aktienderivaten können auch bei Kreditderivaten exotische Konstruktionen beobachtet werden.

Deutsche Banken sind im internationalen Vergleich erst relativ spät an den Märkten für Kreditderivate aktiv geworden. Erst Ende der 1990er Jahre können für deutsche Banken nennenswerte Volumina festgestellt werden. Danach hat der Markt für Kreditderivate aber gerade in Deutschland einen sichtbaren Aufschwung erlebt.

4.2 Konstruktionsbausteine für Kreditderivate

Eine Übersicht über die Konstruktionsbausteine von Kreditderivaten zeigt verschiedene wesentliche Charakteristika sowie die Vielfalt der Ausgestaltungsmöglichkeiten auf:[8]

- Als *Vertragspartner* stehen sich der *Protection Buyer* (Sicherungskäufer, Risikoverkäufer), der sich gegen ein Kreditrisiko absichern möchte, und der *Protection Seller* (Sicherungsverkäufer, Risikokäufer), der das Kreditrisiko vom Verkäufer übernimmt und dafür im Gegenzug eine Prämienzahlung erhält, gegenüber.
- Als *Basis- oder Referenzinstrument* können einzelne Kreditpositionen in der Form von Buchkrediten, Kreditportfolios oder Teile solcher Portfolios (Körbe, Baskets) bzw. Indizes sowie andere synthetisch gebildete Einheiten vereinbart werden. Bei Indizes als Referenzinstrumenten, die sich auf eine Insolvenzstatistik stützen oder auf die Performance einer Branche abstellen, muss der vereinbarte Index in geeigneter Weise konstruiert sein, damit er einerseits manipulationsfrei ist und andererseits eine hohe Absicherungsqualität für das Basisportfolio erreicht werden kann. Mit der Fusion von Trac-x und Dow Jones iBoxx zu Dow Jones iTraxx entstand Mitte 2004 eine Gruppe von Indizes, die auch als Basiswerte für den Handel von Optionen und Futures im Kreditrisikobereich dienen.
- Die *Laufzeit* der Kreditderivate ist frei vereinbar und kann so gewählt werden, dass sie mit der Laufzeit des Basisinstruments übereinstimmt oder eine kürzere Laufzeit aufweist. Liegt die Laufzeit des Derivats unter der Laufzeit des Kredits, dann wird das Kreditrisiko für die restlichte Laufzeit wieder vom ursprünglichen Originator bzw. dem Verkäufer des Kreditrisikos getragen. Die Laufzeit eines Kreditderivats endet unabhängig von seiner speziellen Konstruktion immer vor dem vereinbarten Ende der Laufzeit, wenn ein Kreditereignis eintritt und der Sicherungsbetrag ausgezahlt wird.
- Das vereinbarte *Kreditereignis* (*Credit Event*) definiert den Auslöser für die Ausgleichszahlung. Als Kreditereignisse kommen nicht nur die Insolvenz des Kreditnehmers, das Ausbleiben von Zinszahlungen oder das Erreichen einer

---

[8] Vgl. Burghof u. Henke 2005a, S. 33, sowie Brütting et al. 2003.

bestimmten Ratingverschlechterung in Betracht, sondern auch eine Vielzahl weiterer Ereignisse wie Fusionen, Restrukturierungsmaßnahmen oder Kreditausfälle bei anderen Kreditnehmern. Kontrakte stützen sich auf das Master Agreement der ISDA, die Standardverträge für Kreditderivate entwickelt und diese seit 2003 auf sechs verschiedene *Kreditereignisse* (Credit Events) als Auslöser (Trigger) aufbaut: [9]

i. *Insolvenz (Bankruptcy)*: Insolvenz des Referenzschuldners durch z.B. Überschuldung oder Zahlungsunfähigkeit.
ii. *Vorzeitige Fälligkeit (Obligation Acceleration)*: Ab einer bestimmten vertraglich festgelegten Mindesthöhe werden Verbindlichkeiten vorzeitig fällig.
iii. *Verbindlichkeitsverzug (Obligation Default)*: Verbindlichkeiten in wesentlicher Höhe geraten ohne deren Fälligstellung in Zahlungsverzug. Das Kriterium der Wesentlichkeit wird über eine betragliche Mindestgrenze definiert.
iv. *Nichtzahlung (Failure to pay):* Ab einer bestimmten vertraglichen Mindestgrenze werden keine Zins- und Tilgungszahlungen für eine oder mehrere Verbindlichkeiten nach Ablauf einer Frist geleistet.
v. *Nichtanerkennung / Zahlungseinstellung (Repudiation / Moratorium)*: Verbindlichkeiten staatlicher Schuldner werden für ungültig erklärt oder es kommt zur Zahlungseinstellung.
vi. *Restrukturierung (Restructuring)*: Prolongation der Vertragsbeziehung, Reduktion des vereinbarten Kreditzinses oder des Rückzahlungsbetrages, Stundung von Zins- und/oder Tilgungszahlungen, Rangrücktritt, Währungsänderung.

Abweichende Auslöser für Ausgleichszahlungen sind im Einzelfall möglich. Besteht das Kreditderivat aus einem Korb von Krediten, dann kann der Ausfall eines einzigen Referenzschuldners oder eine Kombination von Tatbeständen als Auslöser vereinbart sein. Um Rechtsstreitigkeiten vorzubeugen, werden leicht überprüfbare und nicht zu breit definierte Kreditereignisse vereinbart. Sofern Trigger nicht an Ausfällen, sondern an Wertänderungen eines Basis- oder Referenzinstruments anknüpfen, ist es am einfachsten, wenn der Basistitel öffentlich gehandelt und bewertet wird. Andernfalls, wenn beispielsweise ein Kredit der Basiswert ist, muss die Bewertungsmethode oder die Institution festgelegt sein, die den Wert des Basisinstruments feststellt. Kreditderivate, die an Wertänderungen anknüpfen, können auch durch indirekte Indikatoren wie Änderungen der Ratingeinstufung der Basistitel definiert sein. In diesen Fällen muss das Kreditereignis besonders sorgfältig definiert werden.

Die *Ausgleichszahlung (Kompensation)* beim Eintritt des Kreditereignisses (Credit Event Payment) kann entweder von der *physischen Lieferung (Physical Settlement)* des Referenzaktivums an den Sicherungsgeber begleitet sein, der dann die Kreditforderung in seinen Bestand nimmt und gegenüber dem Kreditnehmer gel-

---

[9] Vgl. International Swaps and Derivatives Association 1998, S. 4.

tend macht, oder aber in Form eines *Barausgleichs* (*Cash Settlement*) erfolgen. Der Barausgleich bietet sich insbesondere bei der Absicherung von Kreditportfolios an, aus denen sich nur schwer einzelne Engagements herauslösen lassen. Als Kompensationsbetrag kann entweder die Wertdifferenz zwischen der ursprünglichen und der beim Default-Ereignis niedriger zu bewertenden Position oder ein Festbetrag vereinbart sein. Ist die Kompensation erfolgt, dann erlischt der Vertrag, so dass die Laufzeit des Kreditderivats beendet ist.

Im Kreditderivatevertrag wird auch die *Prämie* festgelegt, die der Protection Buyer dem Protection Seller für die Übernahme des Kreditrisikos zu zahlen hat. Die an den Sicherungsgeber zu zahlende Prämie kann einmalig zu Beginn des Vertrages anfallen oder in Form periodischer Zahlungen vereinbart sein. Schließlich kann die Prämienzahlung dadurch erfolgen, dass der Sicherungsgeber dem Risikoverkäufer seinerseits ein gleichwertiges Kreditrisiko überträgt (reiner Kreditswap).

Abbildung 4.2 zeigt die Grundstruktur eines typischen Kreditderivats. Der Sicherungsgeber (Risikokäufer) des Geschäfts übernimmt mit dem Kreditderivat eine Risikoposition an dem Schuldnervermögen, während der Sicherungsnehmer (Risikoverkäufer) seine ursprüngliche Position als Eigentümer beibehält, das damit verbundene Risiko aber weitergibt. Ein Kreditderivat fügt also der Beziehung des Kreditgebers zum Kreditnehmer eine dritte Partei hinzu, welche die Funktion eines Bürgen bzw. Garanten (Protection Seller) übernimmt. Der Risikokäufer als Protection Seller unterhält nunmehr eine indirekte Kreditbeziehung zum Drittschuldner, da er, wenn dieser seinen Verpflichtungen nicht nachkommt, einen Verlust ausgleichen muss.

Kreditderivate als moderne Instrumente des Risikotransfers sollen so konstruiert sein, dass der Risikokäufer jederzeit in der Lage ist, sich wieder von seiner Position zu trennen. Die erforderliche Liquidität des Kreditderivatemarktes setzt neben einer angemessenen Standardisierung die Marktfähigkeit der Kontrakte voraus und verlangt geeignete Market-Maker-Plattformen.

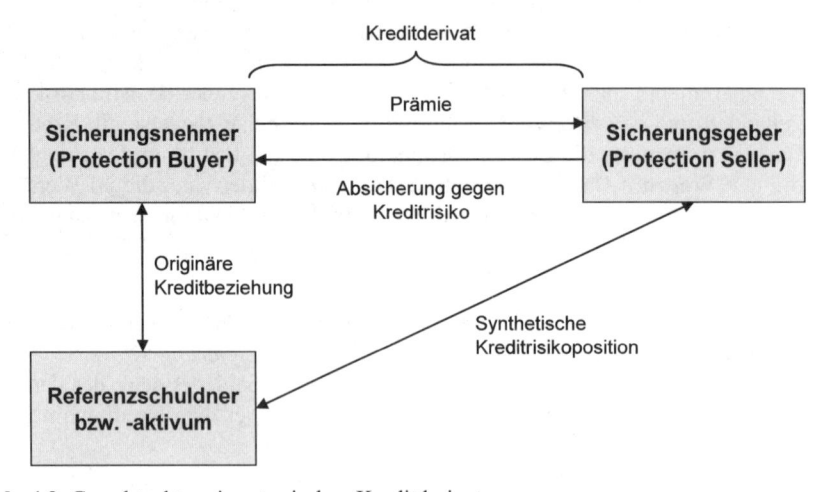

Abb. 4.2. Grundstruktur eines typischen Kreditderivats

4.3 Gestaltungsvarianten der Kreditderivate

4.3.1 Charakteristika

Als Ausgestaltungsmöglichkeiten der Kreditderivate stehen prinzipiell alle auch für die Marktpreisrisiken entwickelten derivativen Instrumente zur Verfügung. Das sind unbedingte Termingeschäfte (Forwards, Swaps) und bedingte Termingeschäfte (Optionen) sowie die daraus konstruierbaren strukturierten Instrumente. Nach der Art des Risikos, das die Kreditderivate transferieren, lassen sich drei Gruppen unterscheiden:[10]

- Das reine Ausfallrisiko transferieren Credit Default Swaps und Basket Credit Default Swaps.
- Das Bonitätsänderungsrisiko (Spread-Risiko) transferieren Credit Spread Options und Credit Spread Forwards.
- Das Marktwertänderungsrisiko, das sich aus dem Kredit- und Marktpreisrisiko zusammensetzt, wird durch Total Return Swaps transferiert.

Die am Markt am meisten verbreitete Kreditderivate-Struktur ist derzeit mit einem Marktanteil von fast 50 % der Credit Default Swap. Von großer Bedeutung sind darüber hinaus auch der Total Return Swap und die Credit Spread Option.[11] Diese drei Grundformen, deren Charakteristika in Tabelle 4.1 zusammengefasst sind, sollen daher im Folgenden etwas eingehender dargestellt werden.[12]

Tabelle 4.1. Charakteristika von CDS, TRS und Credit Spread Options

Instrument	Credit Default Swap	Total Return Swap	Credit Spread Option
Finanzinstrument	Swap	Swap	Option
Kreditrisikoindikator	Credit Event	Marktwertänderung	Credit Spread
Absicherungsgegenstand	Ausfallrisiko	Ausfall- und Marktrisiko	Ausfall- und Marktrisiko
Kapitalbindung	Nein (unfunded)	Nein (unfunded)	Nein (unfunded)

---

[10] Vgl. Grundke 2003, S. 191.
[11] Vgl. Baldwin 1999 und British Bankers' Association 1998, S. 5.
[12] Vgl. Burghof u. Henke 2000, S. 351 ff. Die Credit Linked Note als mit einer Anleihe verbundener Credit Default Swap wird als synthetisches Instrument in Kapitel 5 vorgestellt.

4.3.2 Credit Default Swaps

Bei *Credit Default Swaps (CDS)* übernimmt der Risikokäufer (Risk Taker) als Sicherungsgeber die Verpflichtung, bei Eintritt eines vereinbarten Kreditereignisses eine Ausgleichszahlung an den Risikoverkäufer (Risk Shedder) als Sicherungsnehmer zu leisten. Man spricht daher auch von einem Credit Event Swap. Andere Wertänderungen, die nicht auf das Kreditereignis zurückzuführen sind, bleiben im Gegensatz zu den nachfolgend vorgestellten Total Return Swaps unberücksichtigt. Der Risikoverkäufer als Sicherungsnehmer entrichtet als Gegenleistung eine einmalige oder periodische Prämie. „Im Kern ist ein CDS ein Versicherungsvertrag zum Schutz gegen Ausfallverluste."[13] Im Gegensatz zu traditionellen Kreditversicherungen ist der CDS aber Gegenstand laufender Transaktionen und somit handelbar. Die Struktur eines CDS ist in Abbildung 4.3 dargestellt.

Bei der vertraglichen Gestaltung von Credit Default Swaps können die in Abschnitt 4.2 vorgestellten Kreditereignisse einbezogen werden, um Verluste im Referenzaktivum möglichst vollständig abzudecken. Zur Objektivierung des Eintritts eines Kreditereignisses kann zusätzlich vereinbart werden, dass die Information über das Kreditereignis öffentlich verfügbar sein muss (Publicly Available Information) und/oder der Wertverlust einen vorgegebenen Prozentsatz des Nennwerts des Referenzaktivums überschreitet (Materiality).

Die bei Eintritt eines Kreditereignisses fällige Ausgleichszahlung kann alternativ vereinbart werden als

- Barausgleich der Differenz zwischen dem Nominalbetrag des Kredits und seinem nach dem Credit Event festgestellten Marktwert oder als
- Zahlung des Nominalwertes gegen physische Lieferung des Referenzaktivums (mit oder ohne die Übertragung der Sicherheiten).[14]

Die Entwicklung des Marktes für Credit Default Swaps wird durch mehrere Faktoren begünstigt, die sich überwiegend als die generellen Treiber für den Markt für Kreditderivate darstellen. Speziell für Credit Default Swaps wird aber noch auf deren Fähigkeit hingewiesen, dass sie erstens eine effiziente Trennung von Ausfall- und Zinsrisiken ermöglichen und sich zweitens leicht zu synthetischen Instrumenten kombinieren lassen.

---

[13] Bank für Internationalen Zahlungsausgleich 2003, S. 125. Zur Bewertung von Credit Default Swaps vgl. Longstaff et al. 2004 und zur Abhängigkeit des Wertes von Ratingänderungen des Basisunternehmens vgl. Norden u. Weber 2004.

[14] Ein Beispiel für ein durchaus gebräuchliches exotisches Konstruktionsmerkmal, das von dem eingetretenen Verlust abweicht, ist die Vereinbarung eines festen Betrages als Ausgleichszahlung (Digital Credit Default Swap).

4.3 Gestaltungsvarianten der Kreditderivate 69

```
                      Prämie s^CDS
   ┌─────────────┐ ◄──────────────────── ┌─────────────┐
   │Risikokäufer/│    keine Ausgleichszahlung │Risikoverkäufer/│
   │Sicherungs-  │ kein Kreditereignis   │Sicherungs-  │
   │verkäufer (B)│ Kreditereignis        │käufer (A)   │
   │             │ ──────────────────►   │             │
   └─────────────┘    Ausgleichszahlung  └─────────────┘
                                                 ▲
                                                 │
                                         ┌─────────────┐
                                         │Anleihe/Kredit│
                                         │(Referenzaktivum)│
                                         └─────────────┘
```

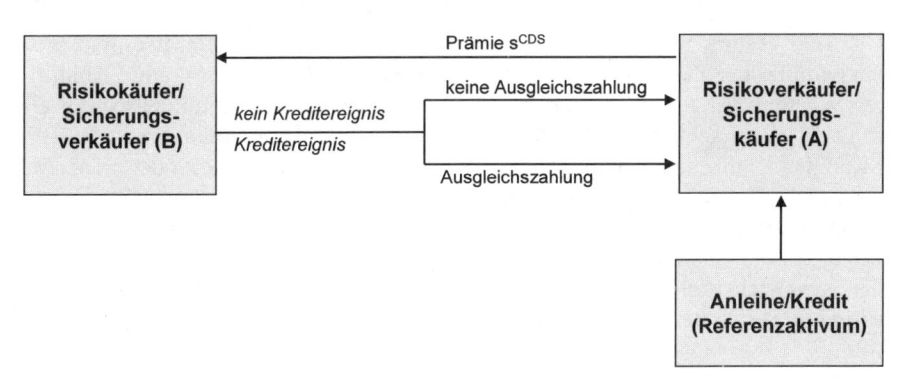

Abb. 4.3. Struktur eines Credit Default Swaps

4.3.3 Total Return Swaps

Bei einem *Total Return Swap* (*TRS*) bzw. einem Total Rate of Return Swap transferiert der Kreditrisikoverkäufer (Total Return-Zahler) alle Erträge (Total Return) eines Referenztitels auf den Kreditrisikokäufer (Total Return-Empfänger). Erträge sind die Zinszahlungen sowie die Marktwertsteigerungen aufgrund von Kursgewinnen. Diese werden periodisch oder am Ende der Laufzeit an den Risikokäufer weitergegeben. Im Gegenzug erhält der Risikoverkäufer vom Risikokäufer mögliche Marktwertminderungen aufgrund von Kursverlusten des Referenztitels ausgeglichen sowie einen - zumeist variablen - Zinssatz vergütet, der den synthetischen Refinanzierungskosten entspricht.[15] Wertminderungen im Referenztitel können hierbei sowohl aus einer Bonitätsverminderung des Referenzschuldners, die nicht zwangsläufig den Eintritt eines spezifischen Kreditereignisses nach sich ziehen muss, als auch aus im Referenztitel immanenten Marktrisiken resultieren. Abbildung 4.4 zeigt die Struktur eines Total Return Swaps auf.

```
                 Kupon + Wertsteigerungen des Referenzaktivums
   ┌─────────────┐ ◄──────────────────── ┌─────────────┐
   │Risikokäufer │                       │Risikoverkäufer│
   │(TR-Empfänger)│ LIBOR + Prämie/Spread (BP p.a.) + │(TR-Zahler)   │
   │             │ ──────────────────►   │             │
   │             │ Wertminderungen des Referenzaktivums │             │
   └─────────────┘                       └─────────────┘
                                                 ▲
                                                 │
                                         ┌─────────────┐
                                         │Anleihe/Kredit│
                                         │(Referenzaktivum)│
                                         └─────────────┘
```

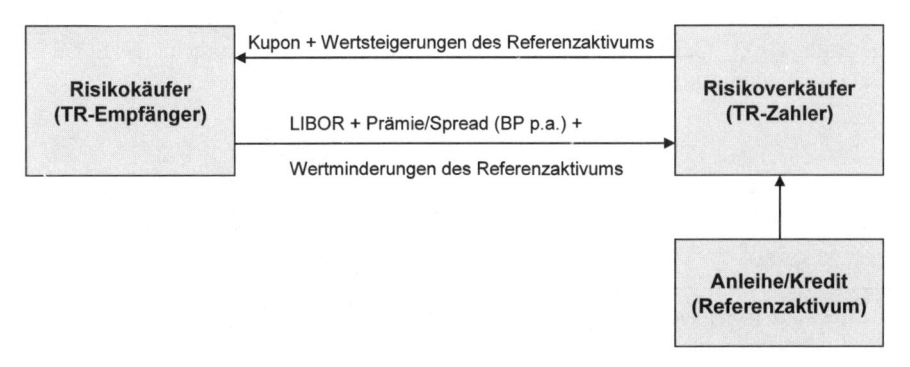

Abb. 4.4. Struktur eines Total Return Swaps

---

[15] Vgl. Reoch u. Masters 1996, S. 7.

Der Total Return Swap kommt ohne Festlegung eines Kreditereignisses aus, weil ein periodischer Tausch der gesamten Wertänderung (Total Return) eines Kredittitels oder eines Kreditportfolios gegen einen meist variablen Zahlungsbetrag erfolgt. Insoweit schützt der Total Return Swap im Gegensatz zum Credit Default Swap den Käufer unabhängig davon, ob ein Kreditereignis eintritt oder nicht. Als Basistitel können gleichermaßen Rentenpapiere und Kreditforderungen dienen. Beim Eintritt eines vertraglich vereinbarten Kreditereignisses, insbesondere bei der Insolvenz des Schuldners, wird der Total Return Swap mit einer abschließenden Ausgleichszahlung vorzeitig terminiert. Der Kreditrisikokäufer übernimmt insofern im Basiswert eine synthetische Position.

4.3.4 Credit Spread Options

Kreditverkaufsoptionen (*Credit Puts*) stellen derivative Kreditinstrumente dar, bei denen gegen eine Optionsprämie eine Entschädigungszahlung geleistet wird, wenn sich die Qualität einer definierten Kreditposition soweit verschlechtert, dass ein im Vertrag definiertes Kreditereignis eintritt.[16] Je nach der Definition des Kreditereignisses sichert ein Credit Put gegen den Ausfall eines Kredits oder gegen eine Qualitätsverschlechterung des zugrunde liegenden Assets ab. Im ersten Fall handelt es sich um eine *Credit Default Option*, die bei einem definierten Ausfallereignis wie der Zahlungseinstellung des Kreditnehmers ausgeübt werden kann. Im zweiten Fall wird durch den Credit Put auf den Wert des Underlyings ein ähnliches Ziel erreicht, wie mit einem *Credit Spread Call*, d.h. in beiden Fällen profitiert der Inhaber von einer Qualitätsverschlechterung des Kredits, die zu einer Ausweitung der Spreads führt.

Mit *Credit Spread Options* (*CSO*) kann direkt das Risiko einer Verschlechterung der Spreads abgesichert werden. Basiswert für die im Bereich der Kreditoptionen wichtigste Gruppe der Credit Spread Options ist die negative Entwicklung der Zinsspanne (Credit Spread) zwischen dem kreditrisikobehafteten Titel als Underlying und einer festgelegten Benchmark, für die in der Regel eine kreditrisikolose Anleihe mit ansonsten gleichen Ausstattungsmerkmalen und gleicher Laufzeit gewählt wird.[17] Gegebenenfalls wird als Bezugswert der entsprechende Euribor-Satz des Geldmarktes gewählt.[18]

---

[16] Bei einer Kreditkaufoption (Credit Call) führt eine definierte Qualitätsverbesserung der Kreditposition zu einer Ausgleichszahlung.
[17] Vgl. für Credit Default Swaptions als Optionen auf Credit Default Swaps Abschnitt 5.2.3.
[18] Zur Ableitung des Credit Spread aus den Marktwerten des Underlying vgl. Das 1998, S. 29-32.

Abb. 4.5. Struktur eines Europäischen Credit Spread Calls

Beim Credit Spread handelt es sich also um eine Kreditrisikomessgröße, die das Risiko einer Veränderung der Bonität des Schuldners einschließlich eines Ausfalls des Schuldners als Extremfall einer Bonitätsverminderung angibt. Die Ausgleichszahlung fällt unabhängig vom Eintritt eines Zahlungsausfalls oder einer Insolvenz des Kreditnehmers bei einer Ausweitung der Spreads an, wie sie z.B. aufgrund einer Qualitätsverschlechterung des Kredits verursacht wird.

Die Credit Spread Option berechtigt den Erwerber bei Optionsausübung zum Erhalt eines Differenzbetrages zwischen dem aktuellen Credit Spread und einem vereinbarten Strike Spread.[19] Für dieses Recht zahlt der Käufer dem Verkäufer der Option eine Prämie.

Bei einem europäischen Credit Spread Call wird der Optionskäufer am Verfalldatum den Call immer dann ausüben, wenn der Credit Spread zur Fälligkeit größer ist als der Strike Spread. In diesem Fall erhält er einen finanziellen Vorteil in Höhe der positiven Differenz zwischen dem Credit Spread zur Fälligkeit und dem Strike Spread. Ist der Spread zur Fälligkeit hingegen niedriger als der Strike Spread, so ist die Kaufoption wertlos, da am Markt ein kleinerer Credit Spread erzielt werden kann. Die Grundstruktur dieser Credit Spread Option wird in Abbildung 4.5 veranschaulicht.

4.4 Kreditderivate für Mittelstandsportfolios

4.4.1 Probleme der asymmetrischen Informationsverteilung

Die Einsatzmöglichkeiten von Kreditderivaten für ein aktives Management des Kreditrisikos sind davon abhängig, ob die *Informationsasymmetrie* zwischen dem Kreditrisikokäufer und dem Kreditrisikoverkäufer begrenzt bzw. abgebaut werden kann. Für große und am Markt bekannte Unternehmen als Schuldner haben sich aufgrund der vorliegenden Ratings, der vielen publizierten Informationen und der

---

[19] Vgl. Longstaff u. Schwartz 1995, S. 9.

vielfach sogar vorhandenen Marktpreise für börsengehandelte Finanztitel auch im Markt für Kreditderivate liquide Marktsegmente herausgebildet.[20] Mit Hilfe von Kreditderivaten können in diesem Fall alle einer Position anhaftenden Risiken übertragen werden.

Für viele deutsche Banken und die Sparkassen typisch sind aber Portfolios von Krediten an unbekannte kleinere und mittlere Unternehmen, für welche kein Rating vorliegt, für die keine ausgeprägten Publizitätserfordernisse gelten und von denen keine Eigen- oder Fremdkapitaltitel börsengehandelt sind. Der mögliche Risikokäufer ist in dieser Situation gegenüber dem Risikoverkäufer einem erheblichen Informationsnachteil ausgesetzt, der sich auf drei Risikoaspekte bezieht:[21]

- Erstens kann der Risikokäufer die Qualität der Kredite an kleine und mittelständische Unternehmen nur schwer beurteilen (Qualitätsunsicherheit). Da er höchstens das durchschnittliche Ausfallrisiko für kleine und mittlere Kreditnehmer kennt und auf dieser Basis seine Prämienforderungen kalkulieren muss, wird ein Risikoverkäufer mit einer überdurchschnittlichen Portfolioqualität eine zu hohe Prämie für Kreditderivate zahlen müssen. Hierdurch wird sein Anreiz geschmälert, sich seine Kreditrisiken über Kreditderivate absichern zu lassen. Der Risikoverkäufer wird daher versuchen, eine anderweitige Sicherung zu finden und den Markt für Kreditderivate verlassen. Dies führt dazu, dass die durchschnittliche Qualität der Basistitel des Kreditderivatemarktes sinkt (adverse Selektion). Dagegen bleibt es für Risikoverkäufer mit einer unterdurchschnittlichen Kreditqualität attraktiv, den Markt zu nutzen. Am Ende werden immer weitere Risikoverkäufer mit einer überdurchschnittlichen Kreditqualität den Markt verlassen bis - im Extremfall - der Markt zusammenbricht.
- Zweitens reduziert sich für den Risikoverkäufer nach Deckung des Risikos über ein Kreditderivat der Anreiz, das Verhalten der Referenzschuldner intensiv zu überwachen (Moral Hazard). Da der Risikokäufer das Monitoring der das Risiko verkaufenden Bank oder Sparkasse kaum kontrollieren und ein eigenes Monitoring nicht durchführen kann, weil er über die Identität der Kreditrisiken gar nicht informiert ist, verlangt der Risikokäufer eine hohe Prämie, die das Geschäft für einen Risikoverkäufer, der das Monitoring ernst nimmt, uninteressant werden lassen kann. Auch Moral Hazard Probleme können also die Funktionsfähigkeit des Kreditderivatemarktes für Mittelstandsforderungen bedrohen. Das Interesse an einem sorgfältigen Monitoring der Kreditnehmer wächst allerdings, wenn die Bank längerfristig als Risikoverkäufer am Markt auftreten will und daher einen Anreiz zum Aufbau einer guten Reputation am Markt für Risikotransferprodukte hat.
- Drittens kann der Risikokäufer bei Eintritt eines Kreditereignisses in der Regel nicht in Verhandlungen mit dem Kreditnehmer eintreten, um seine Position bei der Abwicklung oder Restrukturierung des Kreditnehmervermögens zu opti-

---

[20] Vgl. Kim 1998, S. 97.
[21] Vgl. zu den beiden ersten Gefahren Effenberger 2003, S. 8.

mieren.[22] Für den Risikoverkäufer besteht aber kein Anreiz zu einer Verhandlungsführung im Interesse des Risikokäufers, es sei denn, dass ihn Reputationsziele zu einem weitergehenden Engagement motivieren.

Der deutsche Markt verfügt einerseits aufgrund der großen Bedeutung der Kreditfinanzierung für kleine und mittlere Unternehmen über ein großes Potential. Er zeichnet sich aber andererseits gerade wegen der großen Bedeutung von Hausbankbeziehungen durch besonders ausgeprägte Informationsasymmetrien und die geschilderten Problembereiche aus. Schließlich fallen wegen der Vielzahl der Kredite mit kleinen Volumina vergleichsweise hohe Transaktionskosten an. Insoweit müssen noch erhebliche Anstrengungen unternommen werden, um die Absicherung mittelständisch geprägter Kreditportfolios attraktiv werden zu lassen.

4.4.2 Lösungskonzepte und Lösungsalternativen

Zur Lösung der aus der ausgeprägten asymmetrischen Informationsverteilung entstehenden Probleme zwischen Risikokäufer und Risikoverkäufer im Kreditderivategeschäft für kleine und mittlere Kreditnehmer sind verschiedene Wege gangbar:

- Durch den Einsatz von Kreditderivaten auf Körbe oder Pools von Krediten (z.B. Basket Credit Swaps) können wegen des Diversifikationseffekts im Pool die Probleme der asymmetrischen Informationsverteilung ganz oder teilweise gelöst werden, ohne dass die Bank-Kunde-Beziehung tangiert wird. Wie bereits im Zusammenhang mit der Verbriefung von Assets angesprochen, kann die Methode der Poolbildung zu einer Verringerung der Informationsprobleme beitragen.
- Da Kreditderivate individuell maßgeschneidert und deshalb sehr flexibel gestaltet werden können, bieten sie neben der Poolbildung noch einen weiteren Lösungsansatz für ein aktives Management der weniger transparenten Kreditrisikopositionen. Über die Aufteilung des Kreditrisikos in systematische und unsystematische Komponenten können jene Teile des Kreditrisikos, für die keine Informationsasymmetrien bestehen, an die Risikokäufer abgegeben werden, während die informationsproblematischen unsystematischen Risiken weiterhin bei der Bank verbleiben.[23] Auf unsystematische, d.h. idiosynkratische Risiken kann die Bank durch ihre Monitoring-Aktivitäten auch eher Einfluss nehmen als auf systematische Risiken, so dass durch den Rückbehalt der unsystematischen Kreditrisiken zugleich der Anreiz erhalten bleibt, bei den Kredit-

---

[22] Geht das Referenzaktivum allerdings bei Eintritt eines Kreditereignisses auf den Risikokäufer über, so ist dieser zu einer solchen Optimierung des Verhaltens durchaus in der Lage.
[23] Während unsystematische Kreditrisiken auf die individuellen Gegebenheiten der jeweiligen Unternehmung zurückzuführen sind, werden systematische Kreditrisiken durch übergreifende fundamentale ökonomische Faktoren, wie z.B. regionale oder branchenspezifische Konjunkturschwankungen, verursacht. Vgl. dazu die Überlegungen bei Froot u. Stein 1998 und Effenberger 2003, S. 9.

nehmern eine sorgfältige Bonitätsprüfung durchzuführen und das Kreditnehmerverhalten während der Kreditlaufzeit in geeigneter Weise zu beobachten und zu kontrollieren. Als Instrumente zur Weitergabe des systematischen Risikos könnten gesamtwirtschaftliche Indizes (Konjunkturziffern), Branchenindizes oder Zahlen einer Insolvenzstatistik dienen. Beim Überschreiten einer solchen Indexzahl wird ein Kreditereignis ausgelöst, das eine Zahlung bewirkt, die mögliche eintretende Verluste ausgleichen kann. Der Rückbehalt der unsystematischen Kreditrisiken ist für die Bank im Falle der Vergabe einer Vielzahl kleinerer und mittlerer Kredite an voneinander unabhängige Unternehmen unproblematisch, da diese Risiken auf Portfolioebene durch Diversifikation eliminiert werden können.

Im Sparkassen- und Genossenschaftsbereich werden spezifische Lösungen erarbeitet, die auf die Verbundstruktur dieser Institutsgruppen abstellen. Dabei ist in beiden Bereichen auch von der Frage auszugehen, wie Mittelstandsrisiken, die für die Sparkassen und Genossenschaftsbanken besonders typisch sind, dem Risikotransfer innerhalb der Gruppen zugänglich gemacht werden können. Da sich für beide Institutsgruppen sehr ähnliche Probleme stellen, werden hier die Ansatzpunkte des Konzepts der Sparkassenorganisation exemplarisch vorgestellt.

Das Konzept der Sparkassenorganisation versucht adverse Selektionsprobleme insbesondere dadurch zu vermeiden, dass die Sparkassen, die einen Teil ihrer Kreditrisiken veräußern möchten, verschiedenen Informationspflichten unterliegen. So sollen beispielsweise ein testierter Jahresabschluss einschließlich der EBIL-Auswertung, das DSGV-Rating, die letzte Kreditvorlage und eine Zusicherungserklärung über die Erfüllung der Einbringungsvoraussetzung vorliegen. Die Anforderungen beziehen sich aber nicht nur auf den Abbau der Qualitätsunsicherheit vor der Vergabe des Kredits, sondern auch während der Kreditlaufzeit. Hier sollen Moral Hazard Risiken insbesondere dadurch begrenzt bzw. ausgeschlossen werden, dass jede teilnehmende Sparkasse maximal 50 % des Blankoanteils einer Kreditbeziehung in den für den Risikotransfer konstruierten Kreditrisikopool einbringen und auf diesem Wege absichern kann. Der Selbstbehalt stärkt den Anreiz, den Kredit auch in Zukunft weiter intensiv zu „monitoren", was ganz der Tradition der Metageschäfte der Sparkassen entspricht. Eine Teilnahme an den Transaktionen des offenen Marktes steht den Sparkassen in der Regel nicht offen, weil die von ihnen übernommenen Mittelstandskredite typischerweise kein Rating einer Ratingagentur vorweisen können. Daher werden die Transaktionen auf der Basis der internen Ratings der Sparkassen bewertet, wobei das Rating bei allen Instituten auf einem einheitlichen Standard basiert, so dass alle für den Risikotausch relevanten internen Ratingsysteme zu vergleichbaren Einschätzungen kommen.

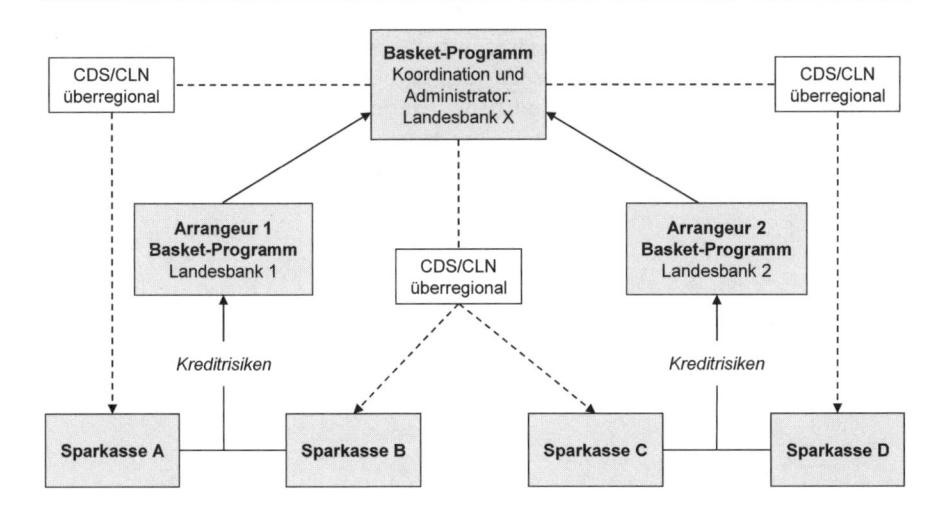

4.4 Kreditderivate für Mittelstandsportfolios

Abb. 4.6. Basket-Programm der Sparkassen[24]

Die Landesbanken und der Deutsche Sparkassen- und Giroverband DSGV haben im Rahmen des Projekts „Kreditpooling in der Sparkassen-Finanzgruppe" ein „Basket-Programm" entwickelt, bei dem die von den einzelnen Instituten abgegebenen Portfoliorisiken über einen Credit Default Swap (oder eine Credit Linked Note) an die Investoren in diversifizierter Form zurückverteilt werden. Die Transaktionen setzen sich, wie Abbildung 4.6 zeigt, aus zwei Kreditrisikopooling-Transaktionen zusammen, nämlich erstens der Übertragung bestimmter Kreditrisiken der Originatoren (das sind in diesem Fall die Sparkassen in Bayern, Hessen und Thüringen) auf den bei einer Zweckgesellschaft gebildeten Kreditrisikopool (Originatoren-Swap) und zweitens die Rückübertragung des überregional strukturierten Pools auf die beteiligten Sparkassen. Die Rückübertragung (Investoren-Swap) erfolgt mit Hilfe eines Basket Credit Default Swap (Helaba) bzw. einer Credit Linked Note (Bayern LB). Die Landesbanken treten als Arrangeure und Administratoren auf. Die Sparkassen haben nach der Transaktion einen Teil ihrer regionalen Kreditrisiken abgegeben und stattdessen die stärker diversifizierten Kreditrisiken des im Basket-Programm gebildeten überregionalen Pools übernommen.[25]

---

[24] Vgl. zu den Elementen der Transaktion sowie zur grafischen Darstellung Instinsky 2006.
[25] Die bislang durchgeführten regionalen Kreditrisikopooling-Transaktionen arbeiten auf der Basis spezieller Credit Default Swaps. Die Zweckgesellschaft schließt dabei mit den Originatoren einen Credit Default Swap ab und übernimmt damit im Kern das Risiko eines Kreditausfalls beim Originator. Die Risikokäufer, die in ihrer Gesamtheit mit den Originatoren im Sparkassenbereich identisch sind, schließen mit der Zweckgesellschaft ebenfalls einen Credit Default Swap ab, wobei diese Art der Transaktion nur bei der Helaba, nicht aber bei der Bayerischen Landesbank gewählt wurde. Bei der BayernLB wurde von der Zweckgesellschaft eine Credit Linked Note ausgegeben mit der Folge, dass die Sparkassen die entsprechenden Positionen anteilig wieder bilanzwirksam über-

Längerfristig werden die Verbundorganisationen darauf abzielen, Kreditrisiken auf gesamtdeutscher Ebene oder sogar auf europäischer Ebene zu bündeln um damit einen größeren Diversifikationsbeitrag zu realisieren. Je größer die Anzahl der am Kreditrisikohandel beteiligten Sparkassen ist, umso bessere Diversifikationsmöglichkeiten bestehen für die teilnehmenden Institute.

---

nehmen und dementsprechend mit der Transaktion keine Bilanzverkürzung verbunden ist. Siehe auch Oriwol u. Weghorn 2006.

5 Einsatzfelder und Variationen von Kreditderivaten

Forderungsverbriefungen werden nach dem Ausmaß des Risikotransfers in die im Kapitel 3 beschriebenen herkömmlichen Asset Backed Securities und die synthetischen Instrumente differenziert. Bei synthetischen Verbriefungen erwirbt der Risikokäufer die gewünschten Risikokomponenten mit Hilfe von Kreditderivaten, so dass hier ein erstes wichtiges Einsatzfeld der im Kapitel 4 vorgestellten Kreditderivate zu nennen ist. Solche Konstruktionen werden in Abschnitt 5.1 behandelt. Exotische Kreditderivate, die aus Veränderungen der Konstruktionsbausteine der derivativen Grundformen des Kapitels 4 entstehen, sollen im Abschnitt 5.2 charakterisiert und systematisiert werden. Kreditindizes auf Basis von Credit Default Swap Spreads sind Inhalt des Abschnitts 5.3.

5.1 Synthetische Verbriefung und Risikotransfer

5.1.1 Konstruktionsmerkmale synthetischer Verbriefungen

Die Separierung des Kreditrisikos erfolgt bei synthetischen Strukturen über den Einsatz von Kreditderivaten, die das Risiko losgelöst vom zugrunde liegenden Basiswert auf andere Parteien übertragen. Während bei True Sale-Verbriefungen (dem Namen nach) ein echter Forderungsverkauf stattfindet, verbleiben die Forderungen bei synthetischen Transaktionen im Eigentum und damit auch in der Bilanz des Originators.[1] Der Sicherungsgeber übernimmt bei der synthetischen Risikoposition - im Falle eines Risikotransfers durch Credit Default Swaps CDS - nur das Kreditausfallrisiko der zugrunde liegenden Forderung. Bei einem echten Kauf des Basiswertes erwirbt dieser dagegen auch das gesamte Risiko der Position inklusive Zins- und Währungsrisiken. Die beiden Verbriefungsalternativen „True Sale" und „synthetisch" unterscheiden sich je nach gewähltem Kreditderivat zentral hinsichtlich des Umfangs des transferierten Risikos.

---

[1] Vgl. Deutsche Bundesbank 2004a, S. 29.

5 Einsatzfelder und Variationen von Kreditderivaten

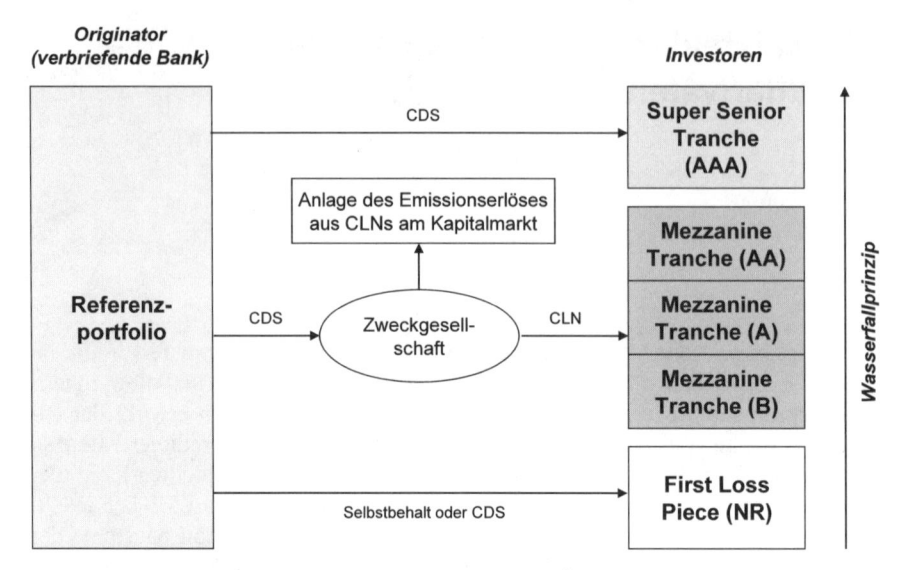

Abb. 5.1. Grundstruktur einer synthetischen Verbriefung[2]

Synthetische Konstrukte können auf vielfältige Arten ausgestaltet sein.[3] So kann der Investor im Falle einer synthetischen Transaktion das Risiko unter Einbindung einer Credit Linked Note (CLN) auch eingepackt in eine Anleihe erwerben. Das Instrument weist dann eine vergleichbare Liquiditätswirkung wie herkömmliche Verbriefungsinstrumente auf.

Je nach Wahl des Transferinstruments kann bei synthetischen Transaktionen eine Unterscheidung zwischen partiell- und vollfinanzierten Strukturen getroffen werden. Beim Einsatz eines CDS zeigt der Transfer des Kreditrisikos des Forderungspools keinerlei Finanzierungswirkung. Einzig die Prämienzahlung an den Risikokäufer erfolgt als Gegenleistung für die Risikoübernahme. Anders bei der Wahl einer CLN: Hier werden die Risiken des Referenzportfolios mit einer Anleihe emittiert, deren Rückzahlung an die Erfüllung der Forderungszahlung geknüpft ist. In der Praxis hat sich vor allem aus Kostengründen eine teilfinanzierte Struktur durchgesetzt, welche beide Elemente (CDS sowie CLN) in einer hybriden Struktur vereint.

In Abbildung 5.1 sind die im Folgenden beschriebenen Elemente als Grundstruktur einer synthetischen Verbriefung zusammengefasst. Der größte Teil des Portfoliovolumens wird über einen separaten Super Senior Swap abgesichert, welcher das minimale Verlustrisiko der erstrangigen Tranche höchster Bonität (Super Senior Tranche) an einen institutionellen Investor überträgt. In der Regel handelt es sich hierbei um eine Versicherung oder Bank, die ohne expliziten Mitteleinsatz eine attraktive Verzinsung erreichen möchte.

---

[2] Angelehnt an Deutsche Bundesbank 2004a, S. 31.
[3] „Synthetic securitization combines the merits of credit derivatives and conventional securitization." Böhringer et al. 2001, S. 26.

Des Weiteren wird ein zweiter Credit Default Swap mit der Zweckgesellschaft abgeschlossen, die sich über den Verkauf von Credit Linked Notes am Kapitalmarkt refinanziert. Die Emissionserlöse aus den CLNs werden am Kapitalmarkt in Titel erstklassiger Bonität angelegt. Tritt im Referenzportfolio ein zuvor festgelegtes Kreditereignis ein, werden die Notes vorzeitig fällig und der Kapitalbetrag vermindert um den Verlustausgleich zurückgezahlt. Vergleichbar mit der Subordinationsstruktur der gesamten Transaktion sind auch die Mezzanine Tranchen innerhalb der CLN-Emission in der Reihenfolge der Verlustteilnahme nach dem Wasserfallprinzip strukturiert. Die jeweilige Tranche nimmt erst dann an den Verlusten der Referenzaktiva teil, wenn sämtliche ihr gegenüber nachrangigen Tranchen aufgezehrt sind. Höherrangige Tranchen erzielen so ein erstklassiges Rating.

Entsprechend dem Wasserfallprinzip konzentriert sich das Erstverlustrisiko im gleichnamigen First Loss Piece, welches sich aufgrund des fehlenden öffentlichen Ratingurteils nur dann am Markt platzieren lässt, wenn der Investor eine attraktive Prämie erhält und ihm weitreichende Informationen zur Verfügung gestellt werden. Alternativ zur Privatplatzierung des Equity Piece wird dieses oft auch vom Originator selbst einbehalten.

Synthetische Transaktionen scheinen im Vergleich zu True Sale-Verbriefungen eine höhere Flexibilität zu besitzen. In Verbindung mit der Standardisierung der Kreditderivate geht außerdem eine schnellere Abwicklung der Verbriefungsstruktur einher. Um einen zivil- und insolvenzrechtlich wirksamen Forderungsübertrag zu gewährleisten, ist die Transaktion entsprechend den jeweiligen nationalen Gegebenheiten anzupassen.[4] Ferner können potenzielle Konflikte in der Einhaltung des Bankgeheimnisses vermieden werden, da sich die Forderungen unverändert im Bestand des Originators befinden. Somit bleibt beim alleinigen Transfer des dem Referenzportfolio inhärenten Kreditrisikos die Kunde-Bank-Beziehung gänzlich unangetastet.

Regulatorische Besonderheiten synthetischer Transaktionen basieren hauptsächlich auf Unterschieden in deren Liquiditätswirkung. Während bei True Sale-Verbriefungen sowie bei CLN das Garantiekapital zu Beginn des Sicherungsgeschäfts geleistet wird und das Kontrahentenrisiko damit vernachlässigt werden kann, erfolgt der Verlustausgleich bei einer synthetischen Transaktion - abgesehen von Transferelementen, welche in eine Anleihe eingebettet sind - erst im Schadensfalle.

Im Falle der Absicherung der erstrangigen Tranche über den Einsatz eines Super Senior Swap ist ein Gegenparteirisiko a priori nicht auszuschließen. „Insbesondere wenn der Absicherungsverkäufer selbst ein Finanzintermediär ist, ..., ist es denkbar, dass der Sicherungsverkäufer gerade dann nicht zahlungsfähig ist, wenn die Verluste des zugrundeliegenden Portfolios den kritischen Grenzwert zur Senior Tranche erreichen."[5]

---

[4] Vgl. Österreichische Nationalbank 2004, S. 14-15.
[5] Krahnen 2005, S. 517, der deshalb eine „differenzierende Betrachtung von bankaufsichtlicher Seite" empfiehlt. Siehe auch die Diskussionen im Abschnitt 8.4.

5.1.2 Credit Linked Notes

Bei einer *Credit Linked Note* (*CLN*) handelt es sich um eine Anleihe, deren Rückzahlungsbetrag an die Veränderung einer festgelegten Referenzbonität geknüpft ist.[6] Man spricht hier auch von einer synthetischen Unternehmensanleihe. Credit Linked Notes können auf unterschiedliche Ereignisse konditioniert sein und daher vom Credit Spread (Market Mode) ebenso abhängig sein wie von bestimmten Ausfallereignissen (Default Mode). Credit Linked Notes stellen sich als refinanzierte Version des jeweiligen Credit Default Swap-Kontraktes dar und entfalten somit im Unterschied zu diesem eine Finanzierungswirkung.[7] Der Originator eines Kreditpools gibt als Emittent der strukturieren Anleihe das Kreditrisiko des Pools an den Käufer der Anleihe weiter.

Credit Linked Notes sind also die Verbindung eines Credit Default Swap-Geschäfts mit einer Schuldverschreibung zu einem strukturierten Produkt mit der Wirkung, dass die Höhe der Tilgung der vom Risikoverkäufer emittierten Anleihe an den Eintritt des im Swap festgelegten Credit Events gekoppelt ist. Entsteht beim Risikoverkäufer kein Verlust, so wird die Anleihe „normal" mit dem Nominalbetrag zurückgezahlt. Tritt dagegen beim Originator der Kredite, der zugleich der Emittent der Credit Linked Note ist, ein Kreditereignis ein, dann erhält der Inhaber der Credit Linked Note nur noch den Nominalbetrag der Anleihe abzüglich der im Kreditderivat festgelegten Ausgleichszahlung.

In der in Abbildung 5.2 vorgestellten Form der Credit Linked Note erfolgt die Absicherung eines Kreditereignisses und kein Ausgleich einer möglichen Wertänderung. Der Inhaber der Credit Linked Note trägt über das im Kreditderivat festgelegte Ausfallrisiko des definierten Kreditpools hinaus das Kontrahentenrisiko, dass der Emittent seinen Verpflichtungen nicht nachkommen kann.

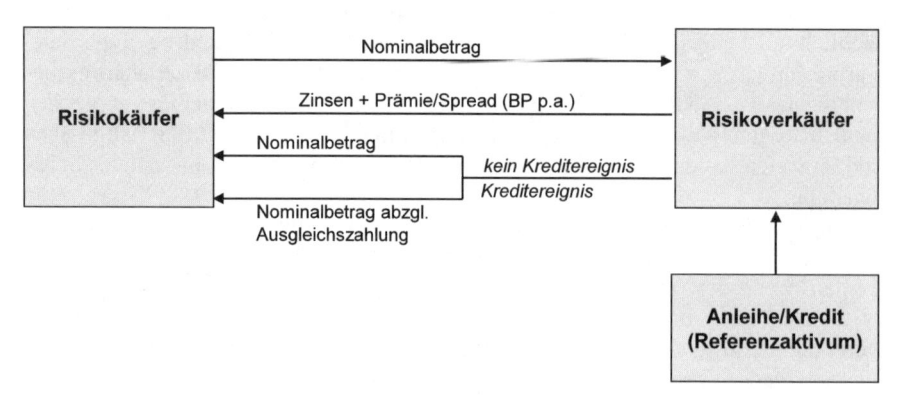

Abb. 5.2. Struktur einer Credit Linked Note

---

[6] Vgl. Das 2000, S. 69.
[7] Credit Linked Notes sind daher insbesondere auch für Risikokäufer von Interesse, denen derivative Geschäfte, z.B. aus regulatorischen Gründen, untersagt sind. Vgl. Neske 2005a, S. 68.

Im Gegensatz zu den Credit Default Swaps, bei denen der Sicherungsgeber den vereinbarten Betrag erst bei Eintritt des Kreditereignisses an den Sicherungsnehmer leistet, bezahlt der Käufer einer Credit Linked Note bereits beim Kauf den Kaufpreis und erhält am Ende der Laufzeit die Tilgung zurück, wenn das Kreditereignis nicht eingetreten ist. Während der Sicherungsnehmer bei einem Credit Default Swap das Emittentenrisiko des Sicherungsgebers tragen muss, verhält es sich bei den Credit Linked Notes genau umgekehrt, da der Käufer das Emittentenrisiko des Verkäufers tragen muss.

Die Literatur ist in der Begriffsbildung von Credit Linked Notes und insbesondere in der Abgrenzung zu den weiter unten dargestellten synthetischen Collateralized Loan Obligations nicht eindeutig, die Übergänge sind vielmehr fließend. Eine strenge Unterscheidung ist nur dann möglich, wenn man den Begriff CLNs auf den Fall ohne Zwischenschaltung einer Zweckgesellschaft beschränken würde. Eine Bank emittiert hier eine Schuldverschreibung und verlagert gleichzeitig potenzielle Ausfälle partiell auf die Investoren. Diese tragen daher das Ausfallrisiko aus dem Forderungsportfolio und das Ausfallrisiko des Emittenten. Der Emittent wiederum begibt unterschiedliche Arten von Schuldverschreibungen und verschafft sich auf diese Weise Zahlungsmittel bei gleichzeitiger Entlastung von Ausfallrisiken.

Wird eine Zweckgesellschaft eingeschaltet, so sind die Ausfallrisiken des Portfolios streng von denen des Emittenten getrennt. Die Bank schließt mit der Zweckgesellschaft einen Credit Default Swap ab, über den sie die Ausfallrisiken eines genau definierten Portfolios partiell auf die Investoren überträgt. Die Investoren erhalten für die Risikoübernahme eine Kuponzahlung auf die von ihnen erworbenen Credit Linked Notes. Diese Zahlung finanziert die Zweckgesellschaft, indem sie vom Emissionserlös erstklassige Wertpapiere, wie z.B. Staatsanleihen oder Pfandbriefe erwirbt, welche auch als Sicherheiten (Collateral) für eventuelle Ausgleichszahlungen an den Originator und als Besicherung für die Rückzahlung an die CLN-Investoren dienen. Der Emissionserlös geht also nicht an die Bank. Da die Bank bei dieser Transaktion keine Zahlungsmittel erhält, entspricht der Nennwert der emittierten Schuldverschreibungen häufig nur einem Bruchteil des Nennwertes des Forderungsportfolios.

5.1.3 Synthetische Collateralized Loan Obligations

Collateralized Loan Obligations (*CLOs*) wurden bereits in Abschnitt 3.5.3 eingeführt als strukturierte Finanztransaktionen, bei denen Kreditforderungen der Banken gegenüber Unternehmen als Besicherung für verschiedenartige Tranchen von Schuldtiteln dienen. CLOs lassen sich der Kategorie der Collateralized Debt Obligations CDOs zuordnen und wie in Abschnitt 3.5.3 bereits ausgeführt grob hinsichtlich der Funktionsweise in Cashflow- bzw. Marktwert-CDOs, hinsichtlich der ökonomischen Motivation in bilanzpolitische bzw. arbitrageorientierte CDOs, hinsichtlich des Managements des Referenzportfolios in dynamische (managed) bzw. statische Strukturen und schließlich hinsichtlich der Art des Risikotransfers in True Sale bzw. synthetische CDOs einordnen.

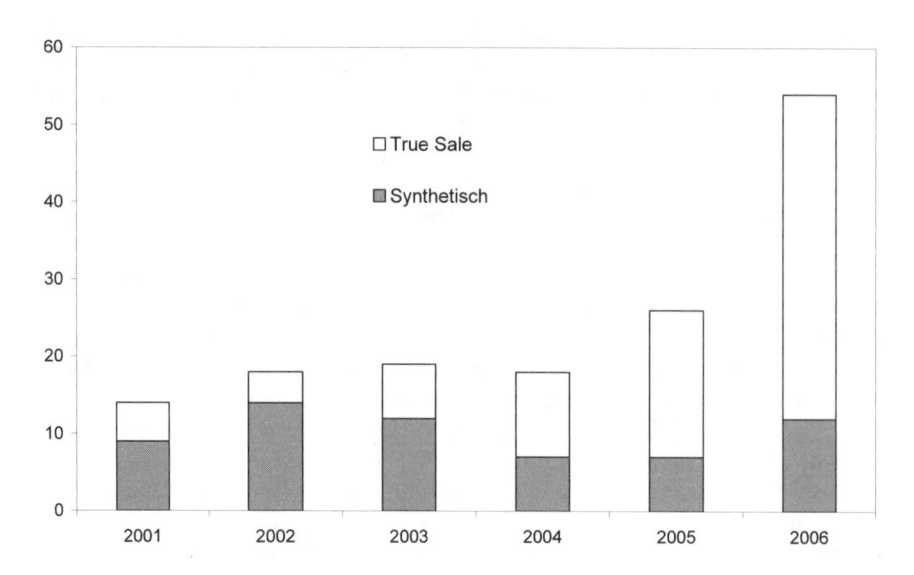

Abb. 5.3. Verbriefungen in Deutschland seit 2001[8]

Abbildung 5.3 zeigt für die Jahre 2001 bis 2006 die Anzahl an Verbriefungstransaktionen in Deutschland aufgeschlüsselt nach synthetischen und True Sale-Verbriefungen. Während zunächst synthetische Transaktionen vorherrschend waren, überstieg erstmals im Jahr 2004 die Anzahl der neu abgeschlossenen True Sale Transaktionen die der synthetischen Verbriefungen. Dieser Trend setzte sich in den Jahren 2005 und 2006 fort. Im Jahr 2006 sind 42 True Sale Transaktionen gegenüber 12 synthetischen Verbriefungen neu abgeschlossen worden.[9]

Kreditderivate werden bei CLO-Transaktionen insbesondere dann eingesetzt, wenn auf diese Weise eine flexiblere Konstruktion und kostengünstigere Weitergabe der Kreditrisiken als bei CLO-Emissionen auf der Basis von True Sale Transaktionen möglich erscheint. Bei den synthetischen CLO-Verbriefungen verbleiben die Einzelkredite oder das Kreditportfolio in den Büchern des Originators. Das Kreditrisiko wird mit Hilfe eines Kreditderivats nicht direkt auf die Investoren, sondern zunächst auf eine Zweckgesellschaft übertragen, wie dies auch bei True Sale Transaktionen typisch ist. Die Zweckgesellschaft emittiert die synthetischen CLOs und investiert den Erlös in risikolose Anleihen. Die Verzinsung dieser Anleihen und die Prämien aus den Kreditderivaten stellen den Ertrag für die Investoren der synthetischen CLOs dar. Fällt der vereinbarte Referenzwert des Kreditportfolios aus, so ist der resultierende Verlust von den CLO-Investoren zu tragen. Die Verbriefung hat für den Originator keinen Finanzierungseffekt und ist

---

[8] Quelle: Kreditanstalt für Wiederaufbau 2007.
[9] Der europäische Markt für synthetische CLOs gilt als deutlich weiterentwickelt im Vergleich zum US-amerikanischen Markt. Dies zeigt sich auch in einem deutlich höheren Anteil synthetischer Transaktionen in den Jahren 2001 bis 2003 in Europa im Vergleich zu den USA. Vgl. Tavakoli 2003, S. 11-13.

daher auch nicht auf die Senkung von Refinanzierungskosten, sondern primär auf den Abbau von Kreditrisiken gerichtet.[10] Dieser Abbau der Kreditrisiken kann indirekt zu einer Senkung der Finanzierungskosten beitragen.

Bei synthetischen CLOs muss nicht zwingend eine Zweckgesellschaft eingeschaltet werden. So wurden mit den Transaktionen CAST 1999-1, gefolgt von den Serien CAST 2000-1 und 2000-2 Credit Linked Notes ausgegeben, die eine direkte Verbindlichkeit der Deutschen Bank darstellen.[11] Hier zeigt sich wiederum die in Praxis und Literatur nicht eindeutige begriffliche Trennung zwischen Credit Linked Notes und synthetischen Collateralized Loan Obligations.

Die Tranchenstruktur ist ein wesentliches Ausgestaltungsmerkmal einer synthetischen CLO-Transaktion. Sie bestimmt maßgeblich die durchschnittlichen Kapitalkosten einer Transaktion und damit deren Wirtschaftlichkeit. Im Abschnitt 3.5.2 ist mit der Tranchierungsstruktur der Deutschen Bank London Wall 2002-2 bereits eine synthetische Verbriefung vorgestellt worden. London Wall 2002-2 umfasst ein Emissionsvolumen von 1,8 Mrd. Euro. Das First Loss Piece in Höhe von 47 Mio. Euro wurde von der Deutschen Bank selbst übernommen, 152 Mio. Euro wurden als Schuldverschreibungen emittiert. Den Rest in Höhe von 89 % trägt die Deutsche Bank, falls keine anderweitigen Absicherungen getätigt wurden.

In Tabelle 5.1 ist mit einem Auszug aus der Tranchierung von primus MULTI HAUS 2006 ein weiteres Beispiel einer synthetischen Transaktion abgebildet. In dieser Transaktion hat die Norddeutsche Landesbank Nord/LB Darlehen zur Finanzierung der Modernisierung von Mehrfamilienhäusern in Ostdeutschland in verschiedenen Tranchen mit einem Volumen von insgesamt 382 Mio. Euro unter Einbindung der Kreditanstalt für Wiederaufbau KfW abgesichert. Über den größten Teil von fast 256 Mio. Euro schließt die KfW mit einer OECD-Bank einen Super Senior Swap ab. Die weiteren Tranchen werden über Credit Linked Notes unter Einschaltung einer Zweckgesellschaft und bewertet durch die beiden Ratingagenturen Moody's und Standard & Poor's am Markt platziert.

Tabelle 5.1. MULTI HAUS 2006-Tranchierung der Nord/LB und KfW Bankengruppe[12]

Tranche	Rating Moody's / S&P	Volumen in Euro	Kupon	Kreditderivat
Senior CDS	Nicht öffentlich	255.950.000	Nicht veröffentlicht	CDS
A+	Aaa / AAA	500.000	Nicht veröffentlicht	CLN
A	Aaa / AAA	28.650.000	EURIBOR + 30 bp	CLN
B	Aa1 / AA-	50.000.000	EURIBOR + 40 bp	CLN
C	A2 / A	18.500.000	EURIBOR + 60 bp	CLN
D	Baa3 / BBB	21.350.000	EURIBOR + 110 bp	CLN
E	Nicht öffentlich / BB	7.650.000	Nicht veröffentlicht	CLN

---

[10] Vgl. Burghof 2004, S. 78, der auf sog. Tranched Portfolio Default Swaps hinweist, bei denen das Kreditportfolio wieder durch Tranchenbildung strukturiert wird.
[11] Vgl. Böhringer et al. 2001, S. 40-52, und Herrmann 2005, S. 96-97.
[12] Quelle: Presse-Information der Nord/LB unter www.nordlb.de.

Investoren in synthetische CLOs lassen sich hinsichtlich der Anlagemotive in Equity- und in Debt-Investoren unterscheiden. Die Investition in eine Equity Tranche entspricht einer durch den Leverage-Effekt gehebelten Position.[13] Equity-Investoren kommt eine höhere Korrelation innerhalb des Referenzportfolios zugute, da sie das Erstverlustrisiko eines Portfolios und bei einer hohen Diversifikation des Portfolios eine höhere Ausfallwahrscheinlichkeit übernehmen. Debt-Investoren bevorzugen dagegen Referenzportfolios mit geringer Korrelation, da sie dem Rang ihres Investments entsprechend gegen mehrere kleine Ausfälle durch die Subordination abgesichert sind. Alle Investoren können davon profitieren, dass CLO-Tranchen gemäß den Investorpräferenzen bezüglich Größe, Rating, Laufzeit und Zahlungsmodalitäten maßgeschneidert werden können.[14]

Als strukturelles Element eines synthetischen CLOs kann dessen typischer Lebenszyklus bezeichnet werden. Dieser setzt an der Zusammenstellung des Portfolios innerhalb der sogenannten Ramp Up-Periode an. Die Emission des CLOs erfolgt während oder vor der Ramp Up-Periode, deren Ende auch als Closing bezeichnet wird.[15] Im Rahmen bilanzpolitisch motivierter Transaktionen wird ein Portfolio aus in der Bilanz des Originators stehenden Aktiva zusammengestellt. Bei arbitragemotivierten Transaktionen müssen die Referenzaktiva in der Regel eingekauft werden. Nach der Ramp Up-Periode schließt sich - bei dynamischen CLOs mit Handelbarkeit der Referenzaktiva - die Reinvestment-Periode an, in der einzelne Positionen des Referenzportfolios nach Amortisation durch die Investition in weitere Aktiva wieder aufgefüllt werden (Replenishment). Das Replenishment ermöglicht es dem Originator, dem Investor über die Laufzeit eine Tranche mit konstantem Nennwert anzubieten. Weiter können Aktiva, bei denen ein Downgrade erfolgt ist, mit „besseren" Aktiva ausgetauscht werden (Substitution). Durch die Substitution kann ein Downgrade der CLO-Tranche verhindert und ein stabiles Rating der Tranchen gewährleistet werden. Die Amortisation beginnt schließlich nach dem Ende der Reinvestmentperiode mit Fälligkeit des ersten Referenzaktivums. Innerhalb der Amortisationsperiode erfolgen die Tilgungszahlungen der Tranchen gemäß der Seniorität der Tranchen. Übt der Originator innerhalb eines vertraglich fixierten Call Windows eine vorher vereinbarte Call Option aus, kommt es zur Bullet-Tilgung, bei der die ausstehenden Tilgungszahlungen in einer Summe geleistet werden.

5.1.4 Typische Merkmalskombinationen

Verbriefungstransaktionen und insbesondere synthetische Strukturen lassen sich auf vielfältige Arten ausgestalten. Es erscheint deshalb naheliegend zu untersuchen, wie Verbriefungen konzipiert sind bzw. konzipiert werden sollten. Dabei stellt sich auch die grundsätzliche Frage, wann eine synthetische Verbriefung ei-

---

[13] Vgl. Heidorn u. König 2003, S. 28, und Picone 2002, S. 21.
[14] Vgl. O'Kane et al. 2003, S. 17. Siehe auch grundsätzlich zur Tranchierung Firla-Cuchra u. Jenkinson 2005 und Krahnen u. Wilde 2006.
[15] Vgl. Bakalar u. Prince 2003, S. 11.

5.1 Synthetische Verbriefung und Risikotransfer 85

ner True Sale Transaktion vorgezogen werden sollte und umgekehrt. Unter solchen Vor- und Nachteilen führt die Literatur zunächst meist folgende Argumente auf:[16]

- Die im Vergleich zu True Sale-Verbriefungen höhere Flexibilität und geringeren Transaktionskosten erleichtern den Transfer isolierter Kreditrisiken durch synthetische Transaktionen.
- Synthetische Transaktionen können voll- oder teilfinanziert strukturiert werden.
- Synthetische Strukturen sind kombinierbar. Die Entwicklung maßgeschneiderter Programme ist dementsprechend relativ einfach und zügig möglich.
- Bei synthetischen Verbriefungen ist der Transfer der Vermögensgegenstände nicht notwendig.
- Merkmale von True Sale-Verbriefungen sind ein umfassenderer Risikotransfer, die ausgelöste Finanzierungswirkung und die erfolgende Bilanzverkürzung.
- In der jüngeren Vergangenheit wurden intensiv die unterschiedlichen Möglichkeiten zum Management des regulatorischen Eigenkapitals durch True Sale bzw. synthetische Transaktionen analysiert. Mit den aufsichtsrechtlichen Neuerungen nach Basel II verliert diese Diskussion aber an Bedeutung.[17]

Franke u. Weber 2006 haben die Frage untersucht, wie Verbriefungstransaktionen gestaltet werden, damit der damit verbundene Wertzuwachs möglichst groß ist. Als wesentliche Gestaltungsdeterminanten stellen sie die Qualität der zu verbriefenden Forderungen, die Höhe der Erstverlustposition und anderer Sicherheitsverstärkungen, die Entscheidung zwischen einem echten und einem synthetischen Forderungsverkauf sowie die Zahl der emittierten Tranchen heraus. Die Hypothesen werden anhand von 123 europäischen Verbriefungstransaktionen (True Sale sowie synthetische Collateralized Loan und Collateralized Bond Obligations) getestet, die im Zeitraum von 1998 bis 2002 durchgeführt wurden.

Die Autoren können in ihrer empirischen Untersuchung bestätigen, dass die Erstverlustposition mit einer schlechter werdenden Portfolioqualität steigt, was die Vermutung nahe legt, dass die Banken als Originatoren zur Verminderung der Kosten einer adversen Selektion eine schlechtere Qualität des verbrieften Kreditportfolios durch einen höheren Selbstbehalt auszugleichen versuchen. Dagegen können die Autoren die Hypothese, dass Banken mit einer besseren Eigenkapitalausstattung auch eine höhere Erstverlustposition übernehmen, nicht bestätigen. Offenbar kommt hier auch ein gegenläufiger Effekt zum Tragen, so dass für Banken mit einer hohen Reputation die Übernahme einer höheren Erstverlustposition keinen Zusatznutzen bringt.

Interessant ist die Untersuchung der Entscheidungsdeterminanten für einen echten bzw. einen synthetischen Forderungsverkauf. Hier zeigt sich, dass die Wahrscheinlichkeit für eine synthetische Transaktion wächst, wenn der Originator selbst über ein besseres Rating verfügt. Eine schlechtere Qualität des Forderungspools lässt die Wahrscheinlichkeit für einen echten Forderungsverkauf steigen.

---

[16] Siehe auch Böhringer et al. 2001, S. 51, Jobst 2002, S. 44-45, und Watzinger 2005, S. 343.
[17] Siehe Hofmann et al. 2007 und die Ausführungen im Abschnitt 7.1.3.2.

Die Hypothesen von Franke und Weber betreffen auch die Anzahl der emittierten Tranchen und besagen, dass die Anzahl mit sinkender Portfolioqualität und höherem Transaktionsvolumen wächst. Die Erklärung der Tranchenanzahl mit unterschiedlichem Rating wirft nach den empirischen Befunden der Studie allerdings noch weitere Fragen auf. So verschafft eine Erhöhung der Tranchenzahl den Investoren mehr Information über die Ausfallratenverteilung des zugrunde liegenden Forderungsportfolios, ist allerdings auch mit zusätzlichen Informationskosten verbunden. Die zusätzlichen Informationen könnten bei stärkerer Informationsasymmetrie wichtiger sein. Es zeigt sich, dass die durchschnittliche Ausfallwahrscheinlichkeit des Portfolios die Zahl der Tranchen tatsächlich erhöht, dass diese Erhöhung aber ebenso bei einer Verbesserung der Risikostreuung des Portfolios zu beobachten ist.[18]

Empirische Daten für den amerikanischen Markt legen die Vermutung nahe, dass Banken, die eine aktive Rolle an den neuen Märkten für Risikotransferinstrumente spielen, niedrigere Eigenkapitalunterlegungen pro Aktivposition halten als Banken, die an diesen Märkten nicht tätig sind. Die Möglichkeit der Adjustierung der Kreditrisiken verschafft diesen Instituten also die Möglichkeit, ihr Eigenkapital vergleichsweise niedrig anzusetzen. Diese Banken zeichnen sich aber nicht nur durch eine vergleichsweise niedrigere Eigenkapitalquote aus, sondern auch durch einen geringeren Anteil liquider Mittel an den Bilanzaktiva.

Darüber hinaus strahlt die Möglichkeit der aktiven Inanspruchnahme des Kreditrisikotransfermarktes offenbar auch auf den Umfang des Kreditportfolios aus. An den Kreditrisikotransfermärkten aktive Banken weisen nämlich einen höheren Anteil riskanter Kredite an ihrem Geschäftsvolumen auf als Banken, die sich auf die herkömmlichen Geschäfte beschränken. Zugleich weisen diese Banken ein deutlich niedrigeres Risiko und höhere Erträge aus als Institute, welche die neuen Märkte nicht nutzen. Das heißt aber nicht, dass diese Banken ein insgesamt niedrigeres Risiko aufweisen. Die abweichenden Kennzahlen bedeuten nur, dass diese Banken die übernommenen Risiken besser nutzen können.

Diese letzte Beobachtung ist auch für die Bankenaufsicht von Bedeutung, die nicht davon ausgehen kann, dass die neuen Märkte von den Banken genutzt werden, um eine insgesamt niedrigere Risikoposition einzugehen. „Instead, our results suggest that banks that enhance their ability to manage credit risk will operate with greater leverage and will lend more of their assets to risky borrowers. Thus, the benefits of advances in risk management in banking will likely be greater credit availability rather than reduced risk in the banking system."[19] Franke u. Krahnen 2005 zeigen, dass Banken im Rahmen von CDO-Transaktionen insbesondere Risiken mit sehr kleinen Eintrittswahrscheinlichkeiten auf die Märkte übertragen und wegen des nun wieder vergrößerten Handlungsspielraums weitere

---

[18] Vgl. Franke u. Weber 2006, S. 31. Firla-Cuchra u. Jenkinson 2005 finden in einer Untersuchung von insgesamt 5.000 Tranchen im europäischen Verbriefungsmarkt heraus, dass nicht nur Probleme der asymmetrischen Informationsverteilung, sondern auch der Marktsegmentierung die Anzahl und Qualität der emittierten Tranchen beeinflussen.

[19] Cebenoyan u. Strahan 2001, S. 4.

Kreditgeschäfte tätigen, die insgesamt zu einer Anreicherung systematischer Risiken in ihrem Portfolio führen.

5.1.5 Verbriefungen der KfW-Bankengruppe

Bekannte Transaktionen des Kreditrisikotransfers der letzten Jahre sind in der Form synthetischer Verbriefungen über Plattformen der Kreditanstalt für Wiederaufbau (KfW) durchgeführt worden. In diesem Abschnitt wird ein Überblick über diese Transaktionen und ihre charakteristischen Ausstattungsmerkmale gegeben.

Das erste deutsche Mittelstandskreditportfolio wurde 1998 von der Deutschen Bank über ihr CORE-Programm verbrieft. Weitere Transaktionen über das Programm CORE und das Programm CAST der Deutschen Bank folgten in den Jahren 1999 und 2000. Ende 2000 hat die KfW für gewerbliche Förderkredite die Verbriefungsplattform PROMISE (Program for Mittelstand Loan Securitization) aufgelegt. Zwischen 2000 und 2004 wurde ein Volumen von mehr als 20 Mrd. € an Einzelkrediten von kleinen und mittleren Unternehmen (KMUs) über diese Plattform an den Kapitalmarkt gebracht. Für wohnwirtschaftliche Förderkredite bietet die KfW die Plattform PROVIDE an. In der ersten Stufe führte die KfW im Programm PROMISE Transaktionen mit einzelnen Banken durch, die über ausreichend diversifizierte Portfolios von Mittelstandskrediten verfügten. Die Portfolios bestanden vorwiegend aus Förderkrediten der KfW und anderer Förderbanken. In der zweiten Ausbaustufe ist eine Bündelung von Kreditportfolios verschiedener Kreditinstitute durchgeführt worden, um auch kleineren Banken und Sparkassen die Nutzung der Vorteile aus der Verbriefung zu ermöglichen und somit die Attraktivität des Förderkredits bei allen Kreditinstituten zu erhöhen (Multi-Seller Securitization). Mit der Initiative ermöglicht die KfW einen gleichmäßigen Zugang für große und kleine Banken zu dem Marktsegment der Kreditrisikotransfermöglichkeiten.

In der Grundstruktur werden geeignete Pools mehrerer Banken bei der KfW synthetisch in einem gemischten Pool gebündelt, wobei die Kredite in den Bilanzen der Banken verbleiben. Dieser Pool wird von der KfW gegen Zahlung einer Swapgebühr durch einen CDS in einem bestimmten Umfang mit einer Ausfallgarantie abgesichert. Der mit dem CDS abgesicherte Pool wird dann nach dem Prinzip zunehmender Nachrangigkeit in Tranchen unterschiedlicher Bonität strukturiert und im ABS-Markt bzw. im Swap-Markt weiterplatziert. Dabei wird der Pool so strukturiert, dass der überwiegende Anteil als Super Senior ein Rating erster Klasse erhält.

Die sehr geringen Risiken der Super Senior Tranche gibt die KfW per CDS an eine Bank weiter. Die Risiken der nachfolgenden AAA und schlechter gerateten Tranchen werden durch eine (beispielsweise in Irland ansässige) eingeschaltete Zweckgesellschaft am Kapitalmarkt in Form von CLNs platziert. Aus dem Kreditpool übernehmen die Ursprungsbanken eine Selbstbeteiligung, die sich an der historischen Ausfallrate orientiert (First Loss Piece). Die Ausfallrisiken des Portfolios tragen somit letztlich die Originator-Banken, die Investoren der CLNs und der Swap Partner. Die Kredite selbst bleiben in den Bilanzen der Originatoren.

5 Einsatzfelder und Variationen von Kreditderivaten

Tabelle 5.2. Verbriefungsvolumina der KfW-Mittelstandsbank in Mrd. Euro[20]

2006*	2005	2004	2003	2002	2001	2000
9,55	3,94	3,70	4,99	7,77	2,65	3,50

* Bis Jahresende erwartet.

„Die Vorteile dieser Form der Verbriefung sind vielfältig. Bei den Originator-Banken kommt es zu einer Eigenkapitalentlastung für das bestehende Kreditportfolio und es wird Raum für die Vergabe weiterer Mittelstandskredite geschaffen. Da es nicht zu einem True Sale der Forderungen kommt, entsteht die Eigenkapitalbelastung ohne Bilanzverkürzung."[21]

Im November 2002 schlossen die KfW und die Commerzbank im Rahmen des PROMISE Programms eine Verbriefung von Risiken aus Mittelstandskrediten über 1,5 Mrd. € ab. Ziel der Verbriefung war die Eigenkapitalentlastung der Commerzbank, um damit Spielraum für die Vergabe von neuen Mittelstandskrediten zu schaffen. Der verbriefte Pool bestand aus anfänglich 4.578 Krediten, die die Commerzbank an deutsche mittelständische Unternehmen ausgereicht hatte. Der Refinanzierungsvorteil, den die Commerzbank aufgrund der günstigen Refinanzierungskonditionen der KfW erhielt, sollte an die mittelständischen Kreditnehmer weitergegeben werden. Das Globaldarlehen konnte in einzelnen Tranchen abgerufen und in Form maßgeschneiderter Einzelkredite an deutsche mittelständische Endkreditnehmer im In- und Ausland ausgereicht werden, wobei zwischen der KfW und der Commerzbank eine Margenobergrenze vereinbart worden ist.

Insgesamt hat die KfW im Rahmen von PROMISE-C 2002-1 Ausfallrisiken aus Mittelstandskrediten in Höhe von 1,5 Mrd. € von der Commerzbank mittels eines Kreditderivats (Credit Default Swap) übernommen und unter Federführung der Commerzbank am Kapitalmarkt ausplatziert. Vom Gesamtvolumen wurden 119,25 Mio. € in Form von Credit Linked Notes unter Einschaltung eines Special Purpose Vehicle bei internationalen Investoren platziert. Credit Default Swaps decken das restliche Risiko ab. Die maximale Laufzeit aller Tranchen läuft bis Oktober 2010.

Die Verbriefungen von Mittelstandskrediten über die PROMISE-Plattform werden 2006 ein Volumen von ca. 10 Mrd. € betragen und damit einen Höchststand seit Einführung des Instruments erreichen (Tabelle 5.2). Nach fünf Programmen in 2001 und vier Programmen in 2002 hat es 2003 und 2005 nur jeweils zwei Programme gegeben.[22] In 2005 hat die IKB Deutsche Industriebank als Originator von PROMISE-I-Mobility bzw. PROMISE-II-Mobility mit einem Volumen von 0,75 Mrd. € bzw. 1,8 Mrd. € fungiert.

Im Jahr 2004 haben die portugiesische BCP (Banco Comercial Portugues, S.A.) und die KfW eine synthetische Verbriefungstransaktion in Portugal aufgelegt und damit erstmals ein Portfolio von portugiesischen Mittelstandskrediten an den

---

[20] Quelle: o.V. 2006b.
[21] Kreditanstalt für Wiederaufbau 2001, S. 28.
[22] Dieser Rückgang mag auch durch die Intensivierung von True Sale Transaktionen durch die True Sale Initiative der deutschen Kreditwirtschaft zusammen mit der KfW begründet sein. Vgl. zur True Sale Initiative die Ausführungen unter 3.6.

Markt gebracht. Das zugrunde liegende Portfolio der Transaktion PROMISE Caravela 2004 umfasst 7.360 Mittelstandsdarlehen mit einem Gesamtvolumen von 3,5 Mrd. €. Sie wurden ausschließlich in Portugal vergeben.[23] Bei der Verbriefung übernahm die KfW zunächst das Ausfallrisiko der zugrunde liegenden Kreditportfolien der BCP. Anschließend wurde das Risiko ausplatziert; vom Gesamtvolumen wurden rund 205 Mio. € in Form von Credit Linked Notes unter Einschaltung einer Zweckgesellschaft abgesichert. Das verbleibende Risiko in Höhe von ca. 3,1 Mrd. € wurde über einen Credit Default Swap mit einem Senior Investor abgedeckt sowie in Höhe von 82,6 Mio. € durch einen CDS ausplatziert. Das First Loss Piece in Höhe von 98 Mio. € verblieb bei der BCP. Die Bewertung der am Kapitalmarkt emittierten CLNs erfolgte durch die beiden Rating-Agenturen Fitch Ratings und Standard & Poor's.

In der Zwischenzeit gibt es eine ganze Reihe von Anbietern von ABS-Programmen für den Mittelstand.[24] Verbriefungstransaktionen werden nicht nur für Kreditportfolios der Banken, sondern auch für Forderungsportfolios von Unternehmen organisiert. Für mittelständische Unternehmen stellt sich allerdings die Frage, ob sie überhaupt über einen Forderungspool verfügen, der eine Verbriefung der Forderungen als Alternative zum Factoring oder zum Zessionskredit attraktiv erscheinen lässt. Während typische Asset Backed Securities Transaktionen ein Mindestvolumen von 50 bis 70 Mio. € aufweisen, werden Mittelstandsverbriefungen in der Zwischenzeit schon ab 20 Mio. € und in Einzelfällen bereits ab 5 Mio. € arrangiert. Das für die Kostenbelastung wichtige Mindestvolumen wird aber durch weitere Anforderungen ergänzt. So müssen die zu verbriefenden Forderungen hinreichend homogen und die verbrieften Cashflows hinreichend gut prognostizierbar und rechtlich bestimmbar sowie abtretbar sein.

5.2 Exotische Konstruktionen bei Kreditderivaten

5.2.1 Begriffsabgrenzung und Elemente exotischer Kreditderivate

Im Zuge des nahezu ausschließlich Over-the-Counter durchgeführten Handels sowie des enormen Wachstums im Markt für Kreditderivate sind im Lauf der Zeit neue „innovative" Derivatetypen konstruiert und platziert worden.[25] Diese neuen Instrumente, die auch als *exotische Kreditderivate* bezeichnet werden, sind Ausdruck einer noch recht unsystematischen Weiterentwicklung im Segment der Kreditderivate. Man gewinnt sie jeweils aus Veränderungen der Konstruktionsbausteine derivativer Grundformen, so dass sich die in den vorangegangen

---

[23] Arrangeure der Transaktion sind Merrill Lynch International (MLI) und BCP Investimento - Banco Comercial Português de Investimento (BCP Investimento).
[24] Vgl. Becker 2006, Dentz 2004, Geilmann-Ebbert u. Heine 2006, Oriwol u. Weghorn 2006.
[25] Eichhorn u. Eichhorn-Schurig 2006 skizzieren die Entwicklung anhand ausgewählter Marktstatistiken.

Abschnitten vorgestellten Kreditderivate als Grund- bzw. Basisstrukturen verstehen lassen.

Da alle möglichen Variationen und Ausprägungsformen von Kreditderivaten als „exotisch" angesehen werden können,[26] fehlt es zur positiven Bestimmung dessen, was gerade exotische Kreditderivate ausmacht, an transparenten Kriterien. Präziser kann die Abgrenzung daher auf Grundlage des festen Kerns jener Strukturen getroffen werden, die im insgesamt noch jungen Markt der Kreditderivate als etabliert gelten können. Während bei den traditionellen Finanzoptionen des Zins-, Währungs- und Aktienbereichs grundsätzlich alle Variationen der grundlegenden Plain Vanilla-Optionen als exotisch bezeichnet werden,[27] sind die im zweiten Kapitel in Abbildung 2.1 als Kreditderivate im engeren Sinne vorgestellten Derivate als „Plain Vanilla" zu bezeichnen und Variationen davon als „exotisch" zu verstehen: Credit Default Swaps, Total Return Swaps und Credit Spread Options bilden das konstruktive Fundament. Dieser feste Kern kann um Credit Linked Notes erweitert werden, die in der Grundform aus einer Anleihe und einem reinen Credit Default Swap bestehen. Die Übertragung dieser Sichtweise auch auf synthetische Collateralized Loan Obligations als Kombination von Verbriefung und Kreditderivat ist bereits dann nicht mehr gegeben, wenn in ihr ein Portfolio- oder Basket Credit Default Swap zum Einsatz kommt. Solche Varianten des Credit Default Swaps sollen im Folgenden als exotisch bezeichnet werden.[28]

Auch wenn die Einschätzung einer Struktur als „exotisch" gerade im sich schnell entwickelnden Markt der Kreditderivate im Verständnis der Finanzpraxis womöglich nur der Ausdruck für eine Neukonstruktion, mithin ein „Titel auf Zeit"[29] ist, werden Kreditderivate hier als exotisch bezeichnet, wenn sie aus einer Variation grundlegender Parameter entstanden sind - unabhängig von der Komplexität der Variation.[30] Ausgehend von ihren Einsatzmöglichkeiten und Grundstrukturen umfassen exotische Kreditderivate keinen homogenen, abgeschlossenen Kreis von Strukturen, sondern sind immer nur die Momentaufnahme eines sich ständig wandelnden Marktes.

Die vorgenommene Begriffsbildung hat den Vorteil einer strengen Abgrenzung, es mangelt ihr aber an aussagekräftigen inhaltlichen Kriterien. Dem soll durch eine erste grobe Systematisierung der Charakteristika exotischer Konstruktionen begegnet werden. Angelehnt wird dies an die Vorgehensweise für exotische Zins-, Währungs- und Aktienoptionen.[31] Dort werden vier Variationsmuster unterschieden: die Ausgestaltung des Basiswertes, die Höhe der Ausgleichszahlung, der zeitliche Bezug für die Berechnung der Ausgleichszahlung sowie bestimmte Nebenbedingungen für die Aufrechterhaltung oder Inkraftsetzung des derivativen

---

[26] Vgl. Hohl u. Liebig 1999, S. 511.
[27] Vgl. Rudolph u. Schäfer 2005, S. 333-334.
[28] Die Literatur argumentiert hier nicht einheitlich und ordnet beispielsweise Basket Credit Default Swaps manchmal den Grundformen (Neske 2005a, S. 58) und manchmal den exotischen Formen (Posthaus 2005, S. 74-75) zu.
[29] So Posthaus 2005, S. 71.
[30] Vgl. O'Kane et al. 2003, S. 12, Senft 2004, S. 99, und Posthaus 2005, S. 72.
[31] Vgl. zu dieser Vorgehensweise Adam-Müller 1997.

Ausübungsrechts. Beachtet man die im Abschnitt 4.3 eingeführten Konstruktionsbausteine von Kreditderivaten, so lässt sich feststellen, dass exotische Kreditderivate typischerweise eines oder mehrere der folgenden Elemente variieren:

- *Variation des Basis- oder Referenzinstrumentes*: Bei Plain Vanilla-Derivaten stellen einzelne Kreditpositionen in der Form von Buchkrediten bzw. Indizes das Basis- oder Referenzinstrument dar. Bei exotischen Kreditderivaten können dagegen Kreditportfolios oder Teile solcher Portfolios, mithin Körbe bzw. Baskets die Höhe der Zahlung bzw. das Eintreten des Kreditereignisses beeinflussen.
- *Variation des Kreditereignisses*: Die zu leistende Ausgleichzahlung ist bei klassischen Kreditderivaten von dem Wert der Position zum Zeitpunkt des Eintritts des Kreditereignisses abhängig. Bei exotischen Derivaten können dagegen auch andere Zeitpunkte oder Zeiträume für die Berechnung der Ausgleichszahlung relevant sein. Darüber hinaus kann der Eintritt des Kreditereignisses an zusätzliche Bedingungen wie beispielsweise den Eintritt bestimmter Zustände bei Referenzindizes etc. geknüpft sein. Im Abschnitt 4.3 sind hierzu bereits etliche Ausgestaltungsmöglichkeiten angesprochen worden.
- *Variation der Ausgleichszahlung*: Die bei Eintritt des Kreditereignisses fällige Ausgleichszahlung kann - im Falle des Barausgleichs - bei exotischen Kreditderivaten abweichend von der tatsächlich festgestellten Wertdifferenz zwischen der ursprünglichen und der beim Default-Ereignis niedriger zu bewertenden Position festgelegt sein. Unter anderem kann sie auf einen Festbetrag lauten.

Tabelle 5.4 enthält eine Auswahl wichtiger derivativer Formen und ordnet die variierten Parameter in einer groben ersten Approximation gemäß der vorgestellten Klassifikation in einer Übersicht zu. Im Folgenden werden diese und weitere ausgewählte, größtenteils am Markt bereits präsente exotische Kreditderivate vorgestellt und kurz charakterisiert.

Tabelle 5.3. Klassifikation ausgewählter exotischer Kreditderivate

Exotisches Kreditderivat	Referenzinstrument	Kreditereignis	Ausgleichszahlung
Digital Credit Default Swap			X
Geared (Leveraged) Default Swap			X
Recovery Credit Default Swap		X	X
Basket Default Swap	X		
First-to-Default-Basket Swap	X		
Index-Based Default Swap	X		
Default Swaption	X		
Forward Credit Default Swap	X		
Contingent Credit Option	X		X
CDO Squared	X		

5.2.2 Variationen von Credit Default Swaps

Der Credit Default Swap ist die am Markt meistgenutzte Form des Kreditderivats und findet sich ebenso häufig als Ausgangsprodukt für exotische Weiterentwicklungen.[32] Sowohl der Digital als auch der Recovery Credit Default Swap variieren die Grundform des Credit Default Swap hinsichtlich des Umfangs der Ausgleichszahlung. Bei der *digitalen Variante* leistet der Sicherungsgeber bei Eintritt des vertraglich vereinbarten Kreditereignisses eine im Voraus festgelegte Zahlung, ohne dass der tatsächlich eingetretene Wertverlust des Referenzaktivums Bedeutung erlangt. Der Digital Default Swap ist damit identisch mit einem normalem CDS, allerdings wird die Recovery Rate auf 0 % festgesetzt. Vorteil dieser Variante ist, dass sich eine Ermittlung des Restwertes erübrigt, die besonders im Falle nicht öffentlich gehandelter Referenzaktiva problematisch sein kann. Darüber hinaus erhält der Sicherungsnehmer auch dann eine feste Ausgleichszahlung, wenn das zugrunde liegende Kreditereignis real (noch) keinen Ausfall verursacht hat. Dem steht jedoch der Nachteil einer möglicherweise unvollständigen Absicherung gegenüber, so dass sich die digitale Variante besonders für Spekulationsgeschäfte eignet, bei denen eine schnelle und unkomplizierte Abwicklung im Vordergrund steht.

Ähnlich zu den Power-Optionen des Aktien-, Zins- und Währungsbereichs sind mit den Geared Default Swaps (manchmal auch als Leveraged Default Swaps bezeichnet) CDS-Varianten zu nenne, die im Falle des Kreditereignisses ein Vielfaches der Ausgleichszahlung eines (Standard-) Credit Default Swaps zahlen.[33]

Beim *Recovery Credit Default Swap* erhält der Sicherungsnehmer nur dann eine Ausgleichszahlung, wenn der Restwert (Recovery) des Referenzaktivums in Folge eines Kreditereignisses unter einen vertraglich vereinbarten Prozentsatz bezogen auf den Nominalwert fällt.[34] Die Ausgleichszahlung ergibt sich dann aus dem Nominalbetrag bezogen auf die Differenz der vorgegebenen Prozentmarke und der Recovery Rate. Da diese Variante nur eine Teilabsicherung des Kreditrisikos bewirken kann, steht diesem Nachteil der Vorteil einer entsprechend geringeren Prämie gegenüber.

Während es sich in der „Plain Vanilla-Variante" des Credit Default Swap hinsichtlich des Referenzaktivums beispielsweise um eine genau spezifizierte Anleihe handelt, kann sich das Kreditderivat auch auf ein ganzes Bündel von Titeln verschiedener Referenzschuldner beziehen. Damit wird das Kreditrisiko mehrerer Kreditnehmer handelbar gemacht. Bei *Basket Default Swaps* ist die Auszahlung proportional an das Kreditrisiko aller Titel oder an bestimmte Ausfälle von Titeln des Korbs gebunden. Wird die Auszahlung beispielsweise vom ersten Ausfall eines beliebigen Korbtitels abhängig gemacht, so handelt es sich um einen First-to-Default (FTD)-Basket. Dieser enthält also mehrere exakt spezifizierte Referenzaktiva unterschiedlicher Schuldner mit vertraglich vereinbarten Kreditereignissen.

---

[32] Vgl. O'Kane et al. 2003, S. 3-4.
[33] Tavakoli 2001, S. 144.
[34] Vgl. Posthaus 2005, S. 74.

Die Absicherung erstreckt sich aber nur auf das erste Kreditereignis eines im Basket befindlichen Referenzaktivums.

Bei FTD-Baskets kann der Sicherungsnehmer also nur für den zeitlich ersten Ausfall eine Ausgleichsleistung beanspruchen, während die Besicherung für alle anderen Referenzaktiva aufgrund einer als Bestandteil der Transaktion vereinbarten „Knock-out-Option" mit Eintritt des ersten Kreditereignisses endet. Aus Sicht des Sicherungsnehmers findet somit lediglich eine partielle Absicherung des Kostenrisikos statt, was durch eine gegenüber einer Einzelabsicherung durch mehrere selbständige Credit Default Swaps erheblich geringere Prämie ausgeglichen wird. Die Absicherung über einen Basket Default Swap ist günstiger als der kumulierte Kauf einzelner Kreditpositionen. Essentiell bei Baskets sind die Korrelationen der Ausfallwahrscheinlichkeiten, die letztlich auch den für die Bewertung umzusetzenden Hedge bestimmen. Darüber hinaus können spekulative Einschätzungen von Ausfallkorrelationen umgesetzt werden.

Aus Sicht der Sicherungsgeber ergeben sich Leverage-Vorteile, da sie ihr Kreditrisiko im Sinne einer erhöhten Ausfallwahrscheinlichkeit gegenüber einer Einzelabsicherung ausweiten und dadurch mehr Ertrag erzielen können, als dies bei einer Einzelabsicherung desselben Nominalwertes möglich wäre. Risikoaverse Investoren können bspw. mit Second-to-Default-Baskets risikoärmere Anlagen konstruieren.[35] Allgemein sichern n-th-to-Default-Produkte lediglich den n-ten Ausfall innerhalb des Referenzportfolios ab. Letztlich besteht auch die Möglichkeit, alternativ zum Ausfall eines einzigen Referenzschuldners eine Kombination von Tatbeständen als „Trigger" zu vereinbaren. Es ist in jedem Falle notwendig, die eindeutige und transparente Vereinbarung des Kreditereignisses sicherzustellen.

Index-Based Default Swaps beziehen sich auf einen Kreditindex wie beispielsweise einen Index der Dow Jones iTraxx-Produktfamilie. Mit diesen Kreditindizes soll die Entwicklung der CDS-Spreads bestimmter Marktsegmente abgebildet werden. Der Dow Jones iTraxx Europe-Index beispielsweise beinhaltet die 125 in Bezug auf das Handelsvolumen liquidesten Titel des europäischen Kreditmarktes.[36] Diese Indizes erfüllen zum einen eine Informationsfunktion und eignen sich zum anderen als Basiswerte für Derivate.

Offensichtlich sind die vielfältigen Möglichkeiten zur Kombination digitaler Komponenten mit Basket- oder Index-Elementen sowie das Setzen weiterer Restriktionen. Das Einfügen von Knock Out- oder Knock In-Kriterien[37] reduziert das mögliche Spektrum der Kreditereignisse und damit auch das Prämienvolumen. Merrill Lynch hat beispielsweise einen FTD-Basket Credit Default Swap initiiert, der mit einer Credit Linked Note kombiniert und in drei verschiedenen Versionen mit entsprechend gestaffelten Kupons emittiert wurde und somit als klassischer, digitaler und kapitalgarantierter Credit Default Swap bezeichnet werden kann.[38]

---

[35] Vgl. O'Kane et al. 2003, S. 8.
[36] Vgl. Deutsche Bundesbank 2004b, S. 5, und die Ausführungen im folgenden Abschnitt 5.3.
[37] Vgl. Tavakoli 2001, S. 166.
[38] Siehe die Darstellung bei Posthaus 2005, S. 74.

5.2.3 Credit Options und exotische Varianten der Asset Swaps

Mit der Zunahme an Volatilität und Höhe der Spreads hat offenbar auch das Interesse der Marktteilnehmer an Optionsprodukten auf Credit Spreads zugenommen. Besonders Hedgefonds gehen Positionen in Optionen auf Anleihen, auf Spreads, auf Portfolios oder auf bestimmte Tranchen von CDOs ein. Aufgrund der hohen Liquidität bei CDS bestimmen insbesondere Default Swaptions das Marktwachstum.[39]

Bei *Default Swaptions* handelt es sich um Optionen auf Credit Default Swaps, d.h. der Credit Default Swap ist selbst das Basisobjekt eines Kreditderivats. In der Form der Payer (Receiver) Default Swaption erwirbt der Käufer gegen Zahlung einer Prämie das Recht, zu festgelegten Konditionen eine CDS-Position zu kaufen (zu verkaufen). Ausgeübt wird die Payer (Receiver) Default Swaption, wenn der CDS Spread zur Fälligkeit größer (kleiner) als der vereinbarte Spread ist. In analoger Art und Weise sind auch unbedingte Termingeschäfte auf Swaps konstruierbar, beispielsweise in Form des *Forward Credit Default Swap*. *Callable Default Swaps* sind CDS mit Kündigungsrechten, bei denen der Verkäufer seine Exposure-Position vorzeitig kündigen kann.

Contingent Credit Options sind zweifach derivative Instrumente. Die zweifach derivativen Instrumente sind durch zwei Ebenen von der Kreditposition getrennt, deren Basisobjekte sind also bereits Derivate. Die Contingent Credit Option ist damit eine Option auf eine Option: der Eintritt des Kreditereignisses löst den Eintritt in eine andere Option aus. Marktteilnehmer können so die Absicherung variierender Kreditexposures betreiben.[40]

Der im Abschnitt 4.1 bereits skizzierte und im Abschnitt 2.1 zu den Kreditderivaten im weiteren Sinne gezählte Asset Swap kombiniert in seiner Grundform eine ausfallrisikobehaftete Kuponanleihe (Asset) mit einem Zinsswap, durch den die festen Zinszahlungen der Anleihe in variable Zinszahlungen getauscht werden. Dies hat zur Folge, dass das Zinsänderungsrisiko der festverzinslichen Anleihe eliminiert bzw. an den Verkäufer der Anleihe zurückgegeben wird, so dass der Käufer des Asset Swaps nur das isolierte Kreditrisiko der Anleihe erwirbt.

Der *Callable Asset Swap* entsteht aus der Kombination eines Asset Swap und einer Short Position in einer Credit Spread Option, bei der der Verkäufer das Recht besitzt, den Asset Swap während seiner Laufzeit zu par zu kündigen.[41] Als Referenzaktiva solcher Callable Asset Swaps kommen Wandelanleihen in Betracht,[42] aus denen die Aktienoption separiert wird. Wird die nun selbständige Aktienoption ausgeübt, muss der Asset Swap-Verkäufer den Asset Swap kündigen, um vom Wandlungsrecht Gebrauch zu machen und die Aktien an den Aktienopti-

---

[39] Vgl. O'Kane et al. 2003, S. 23.
[40] Posthaus 2005, S. 83, empfiehlt Contingent Credit Options vor allem Banken mit umfangreichen Währungs- und Zinsswappositionen zur Absicherung des Counterparty Credit Exposure.
[41] Vgl. Heinrich 2005, S. 46. Da der Verkäufer jederzeit während der Laufzeit des Asset Swaps das Recht zur Kündigung hat, handelt es sich um eine amerikanische Option.
[42] Vgl. das Beispiel bei Posthaus 2005, S. 78-79.

onshalter zu liefern. Die Motivation für den Abschluss eines Callable Asset Swaps kann einerseits in dem Bestreben liegen, eine höhere Marge aufgrund des höheren Spreads eines Callable Asset Swaps gegenüber vergleichbaren Spreads des normalen Asset Swap-Marktes zu erzielen. Andererseits wird so der Zugang zu Schuldnern ermöglicht, die ausschließlich Wandelanleihen emittiert haben. Asset Swaptions, d.h. Optionen auf Asset Swaps sind am Markt ebenfalls bereits umgesetzt worden.[43] In der Form eines *Asset Swap Puts* erwirbt der Käufer das Recht, einen Asset Swap zu vorher vereinbarten Konditionen zu verkaufen.

5.2.4 Weitere innovative Formen

Einzelne Elemente der in Abschnitt 5.1.3 vorgestellten Collateralized Debt bzw. Loan Obligations lassen sich ebenfalls im obigen Sinne variieren. Insbesondere die Möglichkeit der Konzeption „maßgeschneiderter" synthetischer CDOs - beispielsweise über maßgeschneiderte Tranchen und deren aktive Steuerung - führt dazu, dass bereits grundständige synthetische CDOs in der Literatur oft unter der exotischen Begrifflichkeit subsumiert werden.[44] Spezifischer findet man beispielsweise den First-to-Default-Basket Credit Default Swap als Baustein synthetischer CDOs. Man spricht in diesem Zusammenhang dann auch von einer First-to-Default-Credit Linked Note.

Zentrales Element eines *CDO Squared* (Synthetische CDO of CDOs) ist das vollkommen synthetisch aus einzelnen Single-Tranche-CDOs gebildete Master Portfolio. Dieses wird, wie bei einer herkömmlichen Collateralized Debt Obligation, in Tranchen unterteilt und emittiert. Der Unterschied zu herkömmlichen Collateralized Debt Obligations besteht in der weit größeren Anzahl der Referenzaktiva, die für eine wesentlich breitere Diversifikation sorgen. Problematisch wird in diesem Fall allerdings die Überlappung einzelner Kreditrisiken in den einzelnen Single-Tranche-CDOs sowie die Korrelation der Einzelaktiva im Hinblick auf ihre Ausfallwahrscheinlichkeit.[45] Der Vorteil für den Investor besteht in dem mehrschichtigen Schutz vor Ausfällen im Basisportfolio.

Kreditderivate können auch Kreditrisiken mit Marktrisiken des Aktien-, Zins-, Währungs- oder sogar Rohstoffbereichs verbinden.[46] Erwähnung finden in der Literatur beispielsweise Perfect Asset Swaps, Credit Overlays und Währungskonvertibilitätsswaps. Das Währungsrisiko von Asset Swaps, die in einer Fremdwährung denominiert sind, kann über den gleichzeitigen Abschluss einer geeigneten Contingent Credit Option eliminiert werden. Man spricht dann auch von Perfect Asset Swaps.[47] Bei einem Credit Overlay wird ein Kreditderivat „über Wertpapiere mit bspw. Aktien- oder Zinsrisiken gelegt".[48] So kann eine Zweckgesellschaft eine

---

[43] Vgl. Posthaus 2005, S. 79-82.
[44] Vgl. O'Kane et al. 2003, S. 12-23, insbes. S. 17.
[45] Vgl. Dorendorf 2005, S. 86-87, und O'Kane et al. 2003, S. 21.
[46] O'Kane et al. 2003, S. 28, sprechen erst hierbei von hybriden Instrumenten.
[47] Vgl. O'Kane et al. 2003, S. 28,
[48] Vgl. Neske 2005b, S. 85.

strukturierte Anleihe begeben, deren Rückzahlung von der Entwicklung eines Aktienkorbes abhängt. Mit dem Emissionserlös kauft sie Wertpapiere, die zur Unterlegung in der Zweckgesellschaft verbleiben. Gleichzeitig schließt die Zweckgesellschaft einen CDS mit einer Bank ab, mit dem die Bank sich gegen das Kreditrisiko der im Korb enthaltenen Unternehmen absichert. Mit dem zusätzlichen Ertrag kann die Zweckgesellschaft schließlich eine höhere Partizipation an der Performance des Aktienkorbes bspw. durch den Kauf von Kaufoptionen auf die einzelnen Aktien erreichen. Bei Währungskonvertibilitätsswaps schließlich werden nicht die im Abschnitt 4.3 aufgelisteten Kreditereignisse herangezogen, sondern als spezielles Credit Event die Einschränkung der Währungskonvertibilität (Currency Event). Ansonsten ist der Währungskonvertibilitätsswap wie ein Credit Default Swap konstruiert.[49]

5.3 Kreditindizes zur Abbildung von CDS Spreads

Kreditindizes können als weitere Innovation des Marktes für Kreditderivate angesehen werden. Kreditindizes sind genauer als CDS-Indizes zu bezeichnen, da sie die Entwicklung der Prämien für Credit Default Swaps (CDS Spreads) unterschiedlicher Teilsegmente des CDS-Marktes abbilden. Nachdem sich insbesondere mit iBoxx und DJ TRAC-X zwei Indexfamilien am Markt zu etablieren begannen, hat deren Fusion zum Dow Jones iTraxx im Juni 2004 zu einer deutlichen Standardisierung und Erhöhung der Liquidität vieler Kontrakte geführt. Die von der International Index Company (IIC) berechnete iTraxx-Familie bietet CDS-Indizes, die heute als transparente, handelbare Benchmarks für globale Kreditrisiken angesehen werden.[50]

CDS-Indizes sind auf zentrale Regionen bezogen und mit standardisierten Kontraktfälligkeiten ausgestattet. Innerhalb der geografischen Ausrichtung sind Hauptindizes auf wichtige Währungen, für Investment-Grade- und Non-Investment-Grade-Adressen und für hochvolatile Adressen sowie Subindizes auf ausgewählte Branchen verfügbar. Alle ausgewählten Einzeladressen sind im Index typischerweise gleichgewichtet. Tabelle 5.4 fasst die Kreditindizes der Dow Jones iTraxx-Familie nach Regionen geordnet und mit der in Klammern angegebenen Zahl der jeweiligen Referenzschuldner im Überblick zusammen.

CDS-Indizes mit Adressen aus Nordamerika und Emerging Markets laufen unter der Bezeichnung CDX, alle anderen Indizes werden iTraxx-Indizes genannt. Am breitesten angelegt sind die Investment-Grade-Indizes *iTraxx Europe* für Europa und *CDX.NA.IG* für Nordamerika. Sie umfassen jeweils 125 Referenzschuldner, die in Bezug auf das Handelsvolumen liquidesten High Yield-Titel des CDS-Marktes. Definiert wird die Auswahl durch eine Händlerumfrage, nach Angabe von IIC im November 2006 mehr als 35 Market Maker, die zu den Stichtagen die Angaben zu ihren meistgehandelten Schuldnern melden. Aufgrund der gewählten

---

[49] Vgl. Henke 2005, S. 77.
[50] Vgl. Schüler 2005, S. 79.

naiven Diversifikation erhält jeder Referenzschuldner eine Gewichtung im Index von je 0,8 %. Der Index besitzt eine feste Branchenstruktur und wird halbjährlich - im März und im September - an die Marktentwicklung angepasst. Im September 2006 ist der Handel in der sechsten Serie der iTraxx Europe CDS-Indizes gestartet.

Im iTraxx Europe HiVol sind die 30 Titel aus dem iTraxx Europe mit den höchsten Spreads enthalten. Der iTraxx Crossover umfasst gleichgewichtet 50 liquide europäische Referenzschuldner im Bereich Subinvestment Grade. Der Index besitzt keine feste Sektorenstruktur, die Zahl enthaltener Referenzschuldner kann angepasst werden. Der im Jahr 2005 aufgelegte iTraxx SDI-75 GBP-Kreditindex ist als „Sterling-Diversified-Index" in Britischen Pfund denominiert. Der im Oktober 2006 eingeführte iTraxx LevX-Index ist auf Basis der Kreditexposures bei Einzeladressen-CDS europäischer Nichtfinanzunternehmen konstruiert.

Tabelle 5.4. Überblick zu CDS-Indizes; Stand November 2006[51]

Region	Hauptindizes	Subindizes
Europa	iTraxx Europe (125)	Finanz (25)
	iTraxx Europe HiVol (30)	Auto (10)
	iTraxx Crossover	Konsum(30)
	(variabel, im Februar 2007: 50)	Energie (20)
		Industrie (20)
		Technologie, Medien,
		Telekommunikation (20)
	iTraxx SDI (75)	
	iTraxx LevX Senior (35)	
	iTraxx LevX Subordinated (35)	
Nordamerika	CDX.NA. Investment Grade IG (125)	Finanz (24)
	CDX.NA. Investment Grade IG High Volatility (30)	Konsum (34)
		Energie (15)
	CDX.NA. High Yield (100)	Industrie (30)
	CDX.NA. High Yield - BB	Technologie, Medien,
	(variabel, im November 2006: 38)	Telekommunikation (22)
	CDX.NA. High Yield - B	
	(variabel, im November 2006: 50)	
	CDX.NA. Crossover (35)	
Japan	iTraxx Japan (50)	-
	iTraxx Japan HiVol (25)	
Asien ohne Japan	iTraxx Asia ex-Japan (50)	Korea (8)
		Greater China (9)
		Übriges Asien (13)
Australien	iTraxx Australia (25)	-
Emerging Markets	CDX.EM. (14)	-
	CDX.EM. Diversified (40)	

---

[51] In Anlehnung an Amato u. Gyntelberg 2005, S. 85, und ergänzt um Informationen der International Index Company unter www.iTraxx.com bzw. von Dow Jones unter www.djindexes.com.

Die Dow Jones North America Credit Derivatives Indexes CDX.NA umfassen neben Investment Grade-Adressen auch diverse Non-Investment-Grade-Adressen, die in der Zahl der Referenzschuldner in Abhängigkeit von den ausgesprochenen Kreditratings variabel sind. Indizes der asiatischen Region sind mit Bezug auf Japan der iTraxx Japan sowie der iTraxx Japan HiVol und für Asien ohne Japan der iTraxx Asia ex-Japan mit drei nach Regionen unterschiedenen Subindizes. Für australische Adressen wird der iTraxx Australia berechnet.

Der CDX Emerging Markets umfasst ausschließlich Staaten und zwar Brasilien, Bulgarien, Kolumbien, Korea, Malaysia, Mexiko, Panama, Peru, Philippinen, Rumänien, Russland, Südafrika, Türkei und Venezuela. Im CDX Emerging Markets Diversified sind deutlich mehr Staats-, aber auch ausgewählte Unternehmensadressen enthalten.

Kreditereignisse bei CDS-Indizes umfassen die Insolvenz oder die Nichtzahlung. Die relative hohe Liquidität in zumindest einigen der erwähnten Kreditindizes resultiert in engen Geld-Brief-Spannen. Als reines derivatives Geschäft entsprechen Indizes einem Credit Default Swap auf Basis mehrerer Referenzschuldner, also einem Index Based Default Swap. In der vollfinanzierten strukturierten Form zahlt der Sicherungsnehmer dem Sicherungsgeber die Prämie und erhält die Deckung in Form des Wertpapierpools und zahlt hierfür bei Auflegung den Nennwert.

Kreditindizes können den Kapitalmarkt auch dadurch vervollständigen, dass sie über die Standardisierung von Indextranchen ein aktives Management von Kreditrisikokorrelationen ermöglichen.[52] Standardisierte CDS-Indextranchen, mithin CDOs auf Basis eines CDS-Index gibt es bis jetzt für den iTraxx Europe- und den CDX.NA.IG-Index.

Für einen Großteil der in Tabelle 5.4 erwähnten Indizes werden First-to-Default-Baskets angeboten. Dies umfasst nicht nur die Hauptindizes, sondern beispielsweise auch die Branchen-Subindizes für die europäische Region. Typischerweise sind im jeweiligen Basket fünf Adressen enthalten, indem aus dem betreffenden Subindex die jeweils zwei Einzelwerte mit den höchsten und niedrigsten Spreads entfernt und aus den verbleibenden die fünf liquidesten Titel ausgewählt werden.

Seit 2006 haben Investmentbanken strukturierte Produkte mit starkem Hebel in den iTraxx Europe- und den CDX.NA.IG-Index aufgelegt, sogenannte *Constant Proportion Debt Obligations (CPDOs)*.[53] Hierbei emittiert eine Bank Anleihen über eine Zweckgesellschaft, der Emissionserlös wird risikolos in einem Cash Account angelegt und dient zugleich als Collateral, da sich die Bank zudem als Sicherungsgeber im Kreditrisikomarkt engagiert. Das Engagement als Sicherungsgeber erfolgt hierbei über CDS-Indizes und ist mit einem starken Hebel ausgestattet, welcher nach klar definierten Regeln der aktuellen Marktlage angepasst wird. Diese Constant Proportion Debt Obligations besitzen aufgrund ihrer Hebelwirkung einen bedeutenden Einfluss auf die Spreads am CDS-Markt. Die mit einem Cash In- und einem Knock Out-Ereignis ausgestatteten CPDOs sind ein

---

[52] Vgl. Amato u. Gyntelberg 2005.
[53] Vgl. Johannsen 2006.

weiteres Beispiel für die Variationsmöglichkeiten bei exotischen Produkten des Kreditrisikotransfers.

Indizes eignen sich grundsätzlich als Basiswert für den Handel mit Optionen und Futures. Während zum Zeitpunkt der Drucklegung dieses Buchs noch keine Optionskontrakte auf Kreditindizes an Börsenplätzen eingeführt worden sind, hat die European Exchange (EUREX) als erste Terminbörse Ende März 2007 den Handel in Futures auf Kreditindizes aufgenommen. Dabei handelt es sich um Futureskontrakte auf den iTraxx Europe, den iTraxx Europe HiVol und den iTraxx Europe Crossover. Die EUREX-Kreditfutures beziehen sich jeweils auf die fünfjährige Laufzeit.

Der Handelsstart in den Kreditfutures verlief äußerst zurückhaltend, offenbar auch aufgrund noch ungeklärter rechtlicher Fragen. Im Kern geht es dabei um den Settlement-Mechanismus im Falle des Eintritt eines Kreditereignisses. Kommt es bei einem Schuldner, der in dem betreffenden Index vertreten ist, zum Zahlungsausfall, zum Zahlungsverzug oder zu einer Restrukturierung von Verbindlichkeiten, so wird im außerbörslichen Geschäft von Seiten der International Swaps and Derivatives Association (ISDA) ein sogenanntes Credit-Event-Protokoll erstellt, auf dessen Basis ein effizientes Settlement und ein Auktionsverfahren zur Ermittlung der Recovery Rate, des Liquidationswertes der Verbindlichkeiten erfolgen soll. Der Absicht der EUREX, das Settlement ihrer eigenen Kreditfutures auf Basis dieser Recovery Rate durchführen zu wollen, stehen nun offenbar rechtliche Hürden entgegen, da zunächst die Vergabe der Nutzungsrechte an dem außerbörslichen Auktionsverfahren zu klären ist.[54]

---

[54] Vgl. Johannsen 2007a, 2007b.

6 Bewertungsmodelle

Im Folgenden wird ein Überblick über verschiedene Verfahren zur Bewertung von Kreditderivaten gegeben. Zunächst wird in Abschnitt 6.1 auf Komponenten des Risikos eingegangen. In Kapitel 6.2 werden anhand von Arbitrageüberlegungen Preise für Kreditderivate hergeleitet. Diese modellunabhängige Bewertung (auch Hedge-Based Pricing genannt) liefert Approximationen für die Bewertung von Kreditderivaten und vertieft das Verständnis der betrachteten Instrumente.

In Kapitel 6.3 werden Firmenwertmodelle vertieft dargestellt. Firmenwertmodelle basieren auf einer stochastischen Modellierung des Firmenwertes. Eigen- und Fremdkapitaltitel werden als Derivate mit dem Firmenwert als Underlying betrachtet. Die Bewertung von Kreditderivaten erfolgt in dieser Klasse von Modellen ausgehend von der Kapitalstruktur der betrachteten Unternehmen. Der Ausfall eines Referenzaktivums wird durch den stochastischen Prozess des Firmenwertes determiniert. Hierbei gibt es verschiedene Spezifikationen: So kann ein Ausfall dann eintreten, wenn das ausstehende Fremdkapital zur Fälligkeit aus dem Firmenwert nicht bedient werden kann. Eine andere Klasse von Modellen führt eine untere Schranke für den Firmenwert ein: Wird diese unterschritten, so liegt ein Ausfallereignis vor. Eine Stärke der Firmenwertmodelle ist die Möglichkeit zur direkten ökonomischen Interpretation.

Anschließend werden in Abschnitt 6.4 Intensitätsmodelle vorgestellt. Diese abstrahieren von fundamentalen Zusammenhängen. Die Bewertung von Kreditderivaten basiert in dieser Klasse von Modellen auf der Modellierung von stochastischen Prozessen. So können sowohl für den Ausfallzeitpunkt als auch für die Wiederbeschaffungsquote (Recovery Rate) Prozesse definiert werden, mit Hilfe derer sich eine präzise Bewertung von Kreditderivaten vornehmen lässt. Es werden hierbei Faktoren modelliert, welchen den Ausfall des betrachteten Objektes beeinflussen, der konkrete Auslöser eines Ausfalles wird nicht beachtet. Abschnitt 6.5 beschreibt die Möglichkeiten zur Integration von Korrelationsstrukturen bei der Bewertung des Kreditrisikos.

Nach der Diskussion der verschiedenen Bewertungsansätze werden in Abschnitt 6.6 anwendungsorientierte Modelle vorgestellt. In der Praxis konnten sich mehrere Modelle mit unterschiedlichem Fokus etablieren, deren theoretisches Fundament teils Firmenwert- und teils Intensitätsmodelle sind. Abschnitt 6.7 fasst die vorherigen Abschnitte zusammen und schließt, da hier nur eine Einführung in die komplexe Thematik gegeben werden kann, mit weiterführenden Literaturangaben.

6.1 Komponenten des Kreditrisikos

Für die eingehende Analyse der Instrumente zum Kreditrisikotransfer und deren Bewertung soll zunächst der Risikobegriff erläutert werden. Eine Anleihe als ein in Wertpapierform gekleideter Kredit kann neben dem Kreditrisiko mit verschiedenen Risiken behaftet sein, so zum Beispiel mit einem Zinsänderungsrisiko, einem Wechselkursrisiko und einem Tilgungsrisiko. Im Folgenden wird lediglich der Begriff des Kreditrisikos vertieft dargestellt. Das Kreditrisiko kann zunächst in folgende Komponenten unterteilt werden:

- Das *Ausfallrisiko* ist das Risiko, dass ein Ausfall der betrachteten Anleihe bzw. des Kredites eintritt. Hierbei sind verschiedene Ausfallereignisse wie z.B. ein Zahlungsverzug des Schuldners oder die Insolvenz denkbar.
- Im Fall eines Ausfallereignisses kann ggf. ein Teil des ausstehenden Betrages vom Schuldner bedient werden. Die Höhe dieses Anteils bezeichnet die Recovery, die Unsicherheit über die Höhe dieses Anteils das *Recovery Risiko*. Die aus der Recovery folgende Recovery Rate wird auch Wiedergewinnungsquote genannt.

Sind diese Komponenten des Kreditrisikos bekannt, lässt sich der Wert einer ausfallrisikobehafteten Position, V^{Risiko}, bestimmen. Hierzu soll ein über eine Periode laufender Kredit betrachtet werden. Dieser fällt mit der Ausfallwahrscheinlichkeit p aus. Im Falle eines Ausfallereignisses kann nur ein Teil des ausstehenden Betrages bedient werden, der Wert der Position beläuft sich in diesem Fall auf V^{Ausfall}. Mit der Gegenwahrscheinlichkeit $(1-p)$ wird er voll bedient, der Wert der Position beläuft sich auf $V^{\text{kein Ausfall}}$. Der Wert der ausfallrisikobehafteten Gesamtposition V^{Risiko} lässt sich demnach allgemein durch Gleichung 6.1 bestimmen:

$$V^{\text{Risiko}} = pV^{\text{Ausfall}} + (1-p)V^{\text{kein Ausfall}}$$
$$= V^{\text{kein Ausfall}}\left[1 - p\left(1 - \frac{V^{\text{Ausfall}}}{V^{\text{kein Ausfall}}}\right)\right] \quad (6.1)$$

Hierbei impliziert die Kenntnis von V^{Ausfall} die Kenntnis der Wiedergewinnungsquote. Sie lässt sich in Gleichung 6.1 durch den Quotienten $V^{\text{Ausfall}} / V^{\text{kein Ausfall}}$ ablesen.[1]

Das hier definierte Ausfallrisiko ist somit sehr eng gefasst, da lediglich die Umweltzustände ‚Ausfall' und ‚kein Ausfall' betrachtet werden. Über das Ausfallrisiko hinaus beinhaltet das Kreditrisiko zudem das *Spread Risiko* oder auch *Market (Price) Risk*, welches das Risiko eines Wertverlustes des betrachteten Wertpapiers beschreibt, ohne dass hierbei zwingend ein Ausfallereignis eintritt. Verschlechtert sich nämlich die Einschätzung der Marktteilnehmer über die Kre-

---

[1] Vgl. Felsenheimer et al. 2006, S. 198-216, für eine Überleitung ausgehend von dem hier beschriebenen Ein-Perioden-Modell in ein Mehr-Perioden-Modell bis hin zu einer stetigen Betrachtung.

ditwürdigkeit eines Schuldners, so wird der Wert des entsprechenden Wertpapiers fallen. Der Ausfall stellt hierbei eine extreme Verschlechterung der Kreditwürdigkeit bis zum Zustand „nicht kreditwürdig" dar.[2] Die betrachteten Wertveränderungen müssen dabei aus einer Veränderung der Kreditwürdigkeit des Schuldners resultieren, nicht etwa aus einer Verschiebung der Zinsstrukturkurve.[3]

Neben den oben beschriebenen Komponenten des Kreditrisikos ist zudem das *Exposure Risiko* zu berücksichtigen, welches die Unsicherheit über die Höhe des im Falle eines Kreditereignisses ausstehenden Betrages bezeichnet. Diese Risikokomponente hat im Falle von eingeräumten Kreditlinien Relevanz, nicht jedoch bei vollkommen ausgereichten Krediten oder Anleihen. Eine detailliertere Gliederung der Risikobestandteile unterscheidet zudem das Ankunftsrisiko (Arrival Risk) und das Timing Risiko. Hierbei bezeichnet das Ankunftsrisiko die Unsicherheit, ob ein Kreditereignis in einem festgelegten Zeitraum eintritt oder nicht, das Timing Risiko bezeichnet die Unsicherheit über den konkreten Eintrittszeitpunkt des Kreditereignisses, beinhaltet also eine Einschätzung über das Ankunftsrisiko. Je differenzierter die Betrachtung der einzelnen Komponenten des Kreditrisikos ausfällt, desto komplexer wird auch deren Abbildung in Bewertungsmodellen. Daher beschränken sich die nachfolgenden Ausführungen auf die oben angeführten wesentlichen Komponenten des Kreditrisikos.[4] Diese beziehen sich zunächst auf einzelne Kreditpositionen. Bei der Betrachtung eines Kreditportfolios muss zudem die Korrelationsstruktur der verschiedenen Kredite in der Analyse berücksichtigt werden. Hierbei bezeichnet das *Default Correlation Risk* das Risiko eines gemeinsamen Ausfalls mehrerer Schuldner.

6.2 Modellunabhängige Bewertung von Kreditderivaten

Im Folgenden wird von den Prämissen eines vollkommen und vollständigen Kapitalmarktes ausgegangen.[5] Auf einem vollkommenen Kapitalmarkt fallen weder Informations- und Transaktionskosten noch Steuern an. Käufe sowie Leerkäufe von Finanztiteln sind unbeschränkt und in beliebiger Teilbarkeit möglich. Alle Investoren haben gleichen Marktzugang und jeder Marktteilnehmer sieht die Preise der Wertpapiere und Derivate als von seiner Disposition unabhängig an. Damit existiert pro Periode ein risikoloser Zins, zu welchem Kapital nachgefragt und angelegt werden kann. Auf einem vollständigen Kapitalmarkt kann jeder beliebige Zahlungsstrom unabhängig von der Höhe, der zeitlichen Struktur oder auch der Sicherheit bzw. Unsicherheit der Zahlungen zu einem gut definierten Marktpreis gehandelt werden. Gelten diese Prämissen, ist es Investoren nicht möglich, (risikolose) Arbitragegewinne zu erzielen.

---

[2] Vgl. Läger 2002, S.17.
[3] Vgl. Felsenheimer et al. 2006, S. 196 und Schönbucher 2003, S.3.
[4] Für weiterführende Angaben zu einzelnen Risikokomponenten vgl. Schönbucher 2003, S. 2-3.
[5] Vgl. hierzu auch Rudolph u. Schäfer 2005, S. 181-182.

Auf einem solchen Markt ohne Arbitragemöglichkeiten können Preise von Finanztiteln durch Replikation der Payoffs der untersuchten Titel ermittelt werden. Dieser Ermittlung von Preisen liegt also kein eigenes theoretisches Modell zugrunde und somit auch keine spezifischen Modellannahmen, welche über die Annahmen eines vollkommenen und vollständigen Kapitalmarktes hinausgehen. Nichtsdestotrotz müssen vereinfachende Annahmen getroffen werden, so zum Beispiel hinsichtlich der zeitlichen Struktur der Zahlungsströme, welche an gegebener Stelle angeführt werden. Grundsätzlich wird davon ausgegangen, dass die Kuponzahlungen der betrachteten Anleihen und die Zahlungen aus den Swap-Kontrakten zu identischen Terminen erfolgen. Die zur Replikation der Derivate benötigten Instrumente umfassen ausfallrisikobehaftete Anleihen, risikolose Anleihen und fixed-for-floating Zinsswaps. Bei Letzteren wird ein fester Referenzzins, der Swap-Satz, gegen eine variable Zinszahlung, z.B. Zahlung des Libor (London Interbank Offered Rate), getauscht.

Wie oben bereits angeführt müssen, um die relevanten Replikations-Portfolios bilden zu können, Leerverkäufe der ausfallrisikobehafteten Anleihen möglich sein. Diese lassen sich beispielsweise durch *Repo-Geschäfte* darstellen. Hierbei werden Wertpapiere verkauft, gleichzeitig wird eine verbindliche Vereinbarung über den Rückkauf der Wertpapiere gleicher Art und Menge zu einem zukünftigen Termin getroffen. Bei einem Repurchase Agreement sind Verkauf- und Rückkaufpreis identisch, der Repo-Nehmer (der Assetkäufer) erhält eine zusätzliche Verzinsung, die Repo-Rate, auf das investierte Kapital. Dient ein Repo-Geschäft in erster Linie dem Assetverkäufer zur Beschaffung von Liquidität, so spricht man von einem General Repo. Aus der Sicht des Assetkäufers spricht man von einem Reverse Repo.

In dem hier betrachteten Fall dient ein Repo-Geschäft jedoch primär dem Assetkäufer zur Beschaffung eines bestimmten, möglicherweise stark nachgefragten Wertpapiers. In diesem Fall spricht man von einem Special Repo. Die Repo-Rate kann im Extremfall einen negativen Wert annehmen. Um die Short Position umzusetzen, verkauft der Assetkäufer das durch das (ggf. mit Kosten verbundene) Repo-Geschäft beschaffte Wertpapier umgehend an den Markt, muss es allerdings zum Abwicklungstermin des Repo-Geschäftes wieder besorgen. Die notwendige Wiederbeschaffung birgt ein Risiko, da andere Marktteilnehmer diese Verpflichtung des Repo-Nehmers ausnutzen können, indem sie den Preis für das relevante Wertpapier in die Höhe treiben.

In den folgenden Abschnitten wird die modellfreie Bewertung von Asset Swap Paketen, Total Return Swaps und von Credit Default Swaps dargestellt. Hierbei treten drei Parteien auf: die Parteien A und B, Vertragspartner im Rahmen einer Risikotransfertransaktion, und Partei C als Emittent der Referenzanleihe. Die Ausführungen zur Bewertung von Asset Swaps und Total Return Swaps folgen Schönbucher 2003, die zur modellfreien Bewertung von Credit Default Swaps folgen Duffie 1999.

6.2.1 Bewertung eines Asset Swap Pakets

Ein Asset Swap Paket besteht, wie in Abschnitt 4.1 bereits dargestellt, aus zwei Komponenten:[6]

- Der Asset Swap-Verkäufer A liefert gegen die Bezahlung des Kaufpreises eine Anleihe an den Asset Swap-Käufer B und leistet regelmäßig Kuponzahlungen.
- Zudem wird eine Zinsswap Vereinbarung getroffen. Der Asset Swap-Käufer zahlt den Festsatz in Höhe des Kupons, der Asset Swap-Verkäufer zahlt eine variable Zinszahlung plus/minus einer Marge, dem Asset Swap Spread.

Der Asset Swap Spread wird so bestimmt, dass der Wert des Asset Swap Pakets zum Ausgabezeitpunkt dem Nennwert der Anleihe entspricht.

Es wird im Folgenden von der ausfallrisikobehafteten Anleihe $\overline{C}$ (durch einen Balken gekennzeichnete Variablen sind risikobehaftet), mit einer regelmäßigen Kuponzahlung $\overline{c}$, und einer Laufzeit von $t = 0, T_1, ..., T_N$ ausgegangen. Die variable Zinszahlung des Asset Swap Pakets wird auf Libor festgeschrieben, s^A bezeichnet den Asset Swap Spread. Mit diesen Parametern ergeben sich aus der Sicht des Asset Swap-Käufers die in Tabelle 6.1 dargestellten Payoffs.

Der Wert einer Annuität, welche zu jedem Zeitpunkt T_i eins auszahlt, wird mit $A(t)$ bezeichnet. Die Annuität kann allgemein durch

$$A(T_i) = \sum_{n=i+1}^{N} B(T_i, T_n)$$

ausgedrückt werden, wobei $B(t,T)$ den Barwert eines risikolosen Zerobonds zum Zeitpunkt t mit Fälligkeit T bezeichnet. $s(0)$ bezeichnet die fix-variable (fixed-for-floating) Zinsswap-Rate. Bei einem fix-variablen Zinsswap vereinbaren zwei Parteien Zinszahlungen auf einen bestimmten Kapitalbetrag für einen bestimmten Zeitraum in regelmäßigen Abständen zu tauschen, wobei die eine Partei einen festen Zinssatz zahlt, die andere einen variablen Zinssatz. Die variablen Zinszahlungen für die abgelaufene Periode bemessen sich hierbei an dem zu Beginn der jeweiligen Periode geltenden Zins, in der hier verwendeten Notation L_{i-1}.

Tabelle 6.1. Payoff eines Asset Swap Pakets aus Sicht des Asset Swap-Käufers

	Anleihe	Swap Einzahlung	Swap Auszahlung
Zahlung in T_i	$\overline{c}$	$-\overline{c}$	$L_{i-1} + s^A$
Wert in $t = 0$	$\overline{C}(0)$	$-A(0)\overline{c}$	$A(0)[s(0) + s^A(0)]$

---

[6] Vgl. hierzu Abbildung 4.1.

Für eine in T_i vereinbarte Zinsswap-Rate über das Intervall $[T_i;T_N]$ gilt folgender allgemeiner Zusammenhang:

$$s(T_i) = \frac{1 - B(T_i,T_N)}{A(T_i)} \qquad (6.2)$$

Dieser allgemeine Zusammenhang folgt aus der Bewertung der Fix- und der Floating-Seite des Swaps mit der Zero-Coupon Kurve unter Berücksichtigung der Nominalwerte, denn der Barwert der Floating-Seite muss bei einer Bewertung in T_i mit dem Barwert der Fix-Seite übereinstimmen.[7] Damit der Wert des Asset Swap Pakets aus Sicht des Asset Swap-Käufers in $t = 0$ zu pari notiert, muss folgendes gelten:

$$\overline{C}(0) - A(0)\overline{c} + A(0)s(0) + A(0)s^A(0) = 1 \qquad (6.3)$$

Hierbei beziffert $A(0)\overline{c}$ den Wert der zu leistenden Festzinszahlungen, $A(0)s(0)$ den Wert des Erhaltes der variablen Libor Zahlungen (dies folgt aus der Definition der Zinsswap-Rate), und $A(0)s^A(0)$ den Wert des Erhaltes der Asset Swap Rate (jeweils zum Zeitpunkt $t = 0$). $\overline{C}(0)$ entspricht dem Wert der Anleihe in $t = 0$. Durch Umformen der Gleichung 6.3 wird eine Interpretation der Asset Swap Rate möglich:

$$\overline{C}(0) + A(0)s^A(0) = 1 - A(0)s(0) + A(0)\overline{c} \qquad (6.4)$$

Die rechte Seite der Gleichung stellt hierbei, wenn der risikolose Zinssatz Libor entspricht, den Wert einer risikolosen Anleihe mit einer Kuponzahlung von $c = \overline{c}$ dar, denn $A(0)\overline{c}$ beziffert den Wert (in $t = 0$) einer sicheren Kuponzahlung für alle Perioden, und $1-A(0)s(0)$ entspricht dem Wert eine Zahlung von eins zum Zeitpunkt $t = T_N$. Dies folgt aus der Beziehung zwischen $A(t)$ und $s(t)$: setzt man Gleichung 6.2 in $[1-A(0)s(0)]$ ein, so bleibt lediglich $B(0,T_N)$ stehen. Substituiert man nun die rechte Seite der Gleichung 6.4 durch $C(0)$, also durch eine risikolose Anleihe, so lässt sich die Asset Swap Rate ausdrücken durch

$$s^A(0) = \frac{1}{A(0)}(C(0) - \overline{C}(0)) \ . \qquad (6.5)$$

Gleichung 6.5 lässt folgende Interpretation der Asset Swap Rate zu: die Asset Swap Rate einer ausfallrisikobehafteten Anleihe $\overline{C}$ mit einem Kupon von $\overline{c}$ ist der Preisunterschied zwischen der ausfallrisikobehafteten Anleihe und einer risi-

---

[7] Vgl. hierzu Rudolph u. Schäfer 2005, S. 200-202, und Hull 2003, S. 136-140.

kolosen Anleihe mit derselben Kuponzahlung $\overline{c}$, identischen Zahlungszeitpunkten und identischer Laufzeit. Bei der hier verwendeten Notation wird dieser Preisunterschied in Annuitäteneinheiten ausgedrückt. Die Asset Swap Rate kann als Prämie für die Übernahme des Kreditrisikos der Anleihe gesehen werden.

6.2.2 Bewertung eines Total Return Swaps

Bei einem Total Return Swap gibt der Total Return-Zahler den Total Return aus einer Referenzanleihe an den Total Return-Empfänger weiter, dieser leistet eine variable Zinszahlung zuzüglich einer Marge. Es werden also die gesamten Cashflows aus zwei Investitionen getauscht. Dies beinhaltet den Ausgleich von Marktwertsteigerungen bzw. Marktwertsenkungen.[8]

Für eine modellunabhängige Bewertung des Total Return Swaps werden aus Sicht des Total Return-Empfängers die Cashflows aus dem Total Return Swap mit denen aus einer Anleiheposition verglichen, welche der Total Return-Empfänger durch einen Roll-Over Kredit finanziert.[9] Die Anleihe wird in $t = 0$ gekauft und in $t = T_N$ verkauft. Es ergeben sich somit die in Tabelle 6.2 dargestellten Payoffs für den Total Return-Empfänger.

Aus Tabelle 6.2 wird ersichtlich, dass aus beiden Positionen Kuponzahlungen von $\overline{c}$ anfallen, diese können somit in der Analyse vernachlässigt werden. Auch die Libor-Zahlung aus dem TRS und dem Roll-Over Kredit decken sich und fallen somit nicht ins Kalkül.

Tabelle 6.2. Payoff eines TRS aus Sicht des Total Return-Empfängers; Payoff der Anleiheposition und deren Finanzierung

	Anleiheposition		Total Return Swap		
	Anleihe	Finanzierung der Anleihe	TRS Auszahlung	TRS Einzahlung	TRS Marktwertänderung
$t = 0$	$-\overline{C}(0)$	$\overline{C}(0)$	0	0	0
$t = T_i$	$\overline{c}$	$-\overline{C}(0)L_{i-1}$	$-\overline{C}(0)(L_{i-1} + s^{TRS})$	$\overline{c}$	$\overline{C}(T_i) - \overline{C}(T_{i-1})$
$t = T_N$	$\overline{C}(T_N) + \overline{c}$	$-\overline{C}(0)(1 + L_{N-1})$	$-\overline{C}(0)(L_{N-1} + s^{TRS})$	$\overline{c}$	$\overline{C}(T_N) - \overline{C}(T_{N-1})$

---

[8] Vgl. hierzu auch Abbildung 4.4.
[9] Vgl. Schönbucher 2003, S. 25-26.

Nun kann man aus dem Vergleich der beiden Positionen auf den Wert der Total Return Swap Rate s^{TRS} schließen. Die Anleihe wird in $t = T_N$ zu $\overline{C}(T_N)$ verkauft, der Roll-Over Kredit muss mit $\overline{C}(0)$ bedient werden (die periodischen Libor Zahlungen decken sich mit den Zahlungen aus dem Total Return Swap und müssen somit nicht berücksichtigt werden). Der Payoff der Anleiheposition ist in $t = T_N$ also:

$$\overline{C}(T_N) - \overline{C}(0) \tag{6.6}$$

Dieser Zahlungsstrom lässt sich auch schreiben als:

$$\overline{C}(T_N) - \overline{C}(0) = \sum_{i=1}^{N} \overline{C}(T_i) - \overline{C}(T_{i-1}) \tag{6.7}$$

Jedes Intervall $[T_{i-1}; T_i]$ trägt also mit einem Zahlungsstrom von $\overline{C}(T_i) - \overline{C}(T_{i-1})$ zum Wert der durch den Roll-Over Kredit finanzierten Anleihe bei (der Differenz in Gleichung 6.6). Bezieht man diese Zahlungsströme jeweils auf die Zeitpunkte T_i, so ist ihr Wert:

$$[\overline{C}(T_i) - \overline{C}(T_{i-1})] B(T_i, T_N) \tag{6.8}$$

Anders ausgedrückt: stellt man dem Total Return-Empfänger in jeder Periode den Betrag aus Gleichung 6.8 zur Verfügung und legt dieser diesen zum risikolosen Zinssatz an, so erhält der Total Return Empfänger in $t = T_N$ den Payoff aus Gleichung 6.6. Der in jeder Periode anfallende Payoff des TRS beläuft sich auf:

$$\overline{C}(T_i) - \overline{C}(T_{i-1}) \tag{6.9}$$

Somit unterscheiden sich die Zahlungsströme aus dem Kauf der Anleihe und aus dem TRS. Die Differenz der Positionen je Periode beträgt:

$$(\overline{C}(T_i) - \overline{C}(T_{i-1}))(1 - B(T_i, T_N)) = \Delta \overline{C}(T_i)(1 - B(T_i, T_N)) \tag{6.10}$$

Ist die Wertsteigerung der Referenzanleihe $\Delta \overline{C}(T_i)$ positiv, so übersteigt der Payoff des TRS den der Anleihe. Ist die Wertsteigerung der Referenzanleihe negativ, so übersteigt der Payoff der Anleihe den des TRS. Handelt es sich beim Referenzaktivum wie oben bereits angenommen um eine Anleihe, so hilft folgende Argumentation: notiert die Anleihe in $t = 0$ unter pari, so ist eine Wertsteigerung bis zur Endfälligkeit zu erwarten. Die Differenz aus Gleichung 6.10 wird einen positiven Wert annehmen, und folglich sollte der Total Return Swap Spread s^{TRS} einen positiven Wert annehmen (siehe Tabelle 6.2), damit Arbitragemöglichkeiten ausgeschlossen werden. Notiert die Anleihe in $t = 0$ über pari, so werden die Preisänderungen im Mittel negativ ausfallen, und der Total Return Swap Spread wird obiger Argumentation folgend negativ ausfallen.

6.2.3 Bewertung eines Credit Default Swaps

Im Rahmen eines Credit Default Swap sichert sich der Sicherungsnehmer A gegen das Ausfallrisiko eines Referenzwertes, der Anleihe C, ab. Hierzu leistet der Sicherungsnehmer periodische Zahlungen an den Sicherungsgeber B. Im Falle eines Kreditereignisses, welches verschieden vertraglich spezifiziert sein kann (siehe Abschnitt 4.3), leistet der Sicherungsgeber eine Ausgleichszahlung, die vertraglich festgeschrieben wird. Im Folgenden wird angenommen, dass sich die Ausgleichszahlung auf die Differenz zwischen dem Nennwert der Anleihe und der Recovery beläuft. Der Sicherungsnehmer leistet die Credit Default Swap-Prämie bis zur Fälligkeit der Referenzanleihe, für den Fall dass ein Kreditereignis vor der Fälligkeit der Referenzanleihe eintritt, bis zu dem Kreditereignis.[10]

Der hier betrachtete Credit Default Swap hat also folgende Parameter: es handelt sich um einen Vertrag zwischen den Parteien A und B, wobei A der Sicherungsnehmer, B der Sicherungsgeber ist. A sichert sich gegen einen Ausfall einer von C begebenen Anleihe mit der Gesamtlaufzeit T ab. Die Ausgleichszahlung D im Fall eines Kreditereignisses von B an A ist im hier betrachteten Fall auf $D = 1 - P_{C-FRN}(\tau)$ festgesetzt, wobei der Nennwert der C-Anleihe eins ist, P_{C-FRN} der Marktwert der C-Anleihe zum Zeitpunkt t und τ mit $\tau < T$ den Ausfallzeitpunkt darstellt. s^{CDS} bezeichnet die von A an B zu leistende Prämie des CDS Kontrakt. Für die Parteien A und B besteht kein Ausfallrisiko, so dass von Gegenpartei-Risiken abstrahiert werden kann.

Ein einfaches Bewertungsschema gemäß Duffie 1999 stützt sich, neben den Prämissen eines vollkommenen und vollständigen Kapitalmarktes, auf folgende Annahmen:

- Im Falle eines Ausfallereignisses werden zwischenzeitlich aufgelaufene Prämienzahlungen nicht berücksichtigt.
- Die von C emittierte ausfallrisikobehaftete Anleihe ist eine variabel verzinsliche Anleihe (floating rate note C-FRN) mit einem Preis von pari mit gleicher Fälligkeit wie der CDS Kontrakt.
- Es existiert eine variabel verzinsliche risikolose Anleihe (FRN) mit variablem Zinssatz r_t zu jeden Zeitpunkt t. Die Kuponzahlungen der C-Anleihe belaufen sich auf $r_t + s_{C-FRN}$, wobei s_{C-FRN} der Spread der C-Anleihe ist.
- Die Abwicklung des CDS bei einem Kreditereignis erfolgt immer zum nächstmöglichen Kupontermin. Für den Fall des Ausfalls wurde die physische Lieferung der Anleihe (physical settlement) vereinbart.

---

[10] Vgl. hierzu auch Abbildung 4.3.

Tabelle 6.3. Absicherung eines CDS

	Short C-FRN	Long FRN	Gesamtposition
Upfront	1	-1	0
Coupon	$-(r_t + s_{C-FRN})$	r_t	$-s_{C-FRN}$
Default	$-P_{C-FRN}(\tau)$	1	$1 - P_{C-FRN}(\tau)$

Durch eine Arbitrageüberlegung lässt sich der Wert der CDS-Prämie s^{CDS} bestimmen. Um sich als Sicherungsgeber (in diesem Beispiel also Partei B) gegen den CDS abzusichern, kann man die C-Anleihe leerverkaufen und die risikofreie Anleihe (FRN) kaufen. Dies führt zu den in Tabelle 6.3 dargestellten Payoffs. Diese entsprechen (entgegengesetzt) den Payoffs aus dem CDS-Kontrakt, so dass bei Arbitragefreiheit der Spread der C-Anleihe s_{C-FRN} gleich der Prämie s^{CDS} des CDS Kontraktes sein muss:

$$s_{C-FRN} = s^{CDS} \tag{6.11}$$

Einige der oben getroffenen Annahmen sollen im Folgenden detailliert diskutiert werden.

Unterschiedliche Laufzeiten der C-Anleihe und des CDS:

Für den Fall, dass die Laufzeiten des CDS Kontraktes und der Referenzanleihe nicht identisch sind, bleibt die obige Argumentation bestehen, wenn eine andere Anleihe mit zum CDS identischer Laufzeit existiert, die zudem die identische Vor- bzw. Nachrangigkeit aufweist. Hätte dieses Referenzpapier eine andere Rangstufe, so würden sich im Falle eines Kreditereignisses unterschiedliche Marktpreise einstellen. Bei gleicher Rangstufe kann der Spread der Referenzanleihe zur Ermittlung von s^{CDS} herangezogen werden. Die Existenz einer solchen Anleihe ist jedoch nicht garantiert, zudem unterscheiden sich Anleihen in der Realität durchaus in ihrer Vor- bzw. Nachrangigkeit.

Berücksichtigung von Transaktionskosten:

Wie oben bereits erläutert, kann ein Leerverkauf einer risikobehafteten Anleihe durch ein Repurchase Agreement realisiert werden. Da es sich hier insbesondere um Special Repos handelt, kann die Annahme, dass Repo-Geschäfte keine Kosten verursachen, nicht aufrecht erhalten werden. Berücksichtigt man diese Kosten k_{Repo}, die bei der Implementierung der Short Position anfallen, so ist es für den Sicherungsgeber teurer den CDS abzusichern, folglich ist die vom Sicherungsnehmer für den CDS zu entrichtende Prämie höher. Zudem können Transaktionskosten k_{Trans} bei der Implementierung des Hedge Portfolios auftreten (z.B. in Form von bid-ask Spreads). Es ergibt sich folglich eine Gesamtposition von: $s^{CDS} = s_{C-FRN} + k_{Repo} + k_{Trans}$.

Berücksichtigung aufgelaufener Swap-Prämien zwischen Kuponterminen:

Kommt es zu einem Kreditereignis zwischen zwei Kuponterminen, so existieren aufgelaufene Prämien, welche entgegen der obigen vereinfachenden Annahme berücksichtigt werden können. Für den Fall, dass die Ausfallwahrscheinlichkeit gleichmäßig auf dem Intervall $[T_i;T_{i+1}]$ verteilt ist, liegt der Ausfallzeitpunkt im Erwartungswert in der Mitte des Intervalls. Bei der Preisfindung des CDS kann dies berücksichtigt werden, indem man die vom Sicherungsgeber zu leistende Ausgleichszahlung für den Fall eines Ausfalles auf den Nennwert abzüglich der Recovery abzüglich einer halben regulären Swap-Zahlung festlegt.

Berücksichtigung von Stückzinsen der risikolosen Anleihe:

Des Weiteren können die zum Ausfallzeitpunkt aufgelaufenen Zinszahlungen der risikolosen Anleihe berücksichtigt werden. Da ein CDS im Fall eines Ausfallereignisses in der Regel nicht für aufgelaufene Zinsen aufkommt, entsteht hier ein Wertunterschied, der die Güte der Arbitrageüberlegungen beeinträchtigt. Wird nämlich das oben beschriebene Arbitrageportefeuille im Fall eines Kreditereignisses aufgelöst, so fallen bei der risikolosen Anleihe (FRN) Stückzinsen an und die Güte der Approximation in Gleichung 6.11 ist beeinträchtigt. Schönbucher 2003 schlägt hierzu eine Erhöhung des durch den CDS abgesicherten Wertes um folgende Approximation vor:[11]

$$x := \frac{1}{N}\sum_{i=0}^{N-1}\frac{1}{2}F_i(0)(T_{i+1}-T_i) \qquad (6.12)$$

Wenn die Ausfallereignisse gleichverteilt auf dem Intervall $[T_i;T_{i+1}]$ auftreten, dann beträgt der aufgelaufene Zinsbetrag durchschnittlich $1/2\ L_i\ (T_{i+1}-T_i)$. Die Libor-Raten werden hierbei durch die Forward-Raten $F_i(0)$ über das jeweilige Intervall $[T_i;T_{i+1}]$, betrachtet vom Zeitpunkt $t = 0$, ersetzt. Es wird also ein Mittelwert über die zu erwartenden entgangenen Stückzinsen aufgeschlagen.

Approximation des Spreads einer par C-Anleihe:

Ist keine zu pari notierende C-Anleihe verfügbar, kann der par Spread approximiert werden, wenn eine Anleihe X existiert, welche eine dem CDS identische Laufzeit aufweist, zu einem Preis von P_X ungleich pari notiert und einen Spread von $\hat{s}$ aufweist. Hierzu wird eine Annuität A definiert, welche bis zur Fälligkeit des CDS zu jedem Kupontermin Eins zahlt, welches der Summe der risikobehafteten Diskontfaktoren entspricht. Der Wertunterschied zwischen einer virtuellen zu pari notierenden Anleihe und der hier betrachteten Anleihe beträgt $1 - P_X$ und

---

[11] Vgl. Schönbucher 2003, S. 30.

muss dem Barwert der Differenz $(s_{imp} - \hat{s})$ der jeweiligen Spreads entsprechen, wobei s_{imp} den zu ermittelnden impliziten Spread der virtuellen, zu pari notierenden Anleihe darstellt. Hieraus folgt:

$$s_{imp} = \frac{1 - P_X}{A} + \hat{s} \qquad (6.13)$$

Es kann also ein Spread einer zu pari notierenden Anleihe und somit eines CDS hierauf approximiert werden.

6.2.4 Würdigung der modellunabhängigen Bewertungsansätze

Die in diesem Abschnitt dargestellten modellunabhängigen Bewertungsansätze für Asset Swaps, Total Return Swaps und Credit Default Swaps vermitteln ein vertieftes Verständnis der einzelnen Instrumente. Ein Vorteil des Hedge-Based Pricing ist, dass hierfür lediglich die Vollkommenheit und Vollständigkeit des Kapitalmarktes gefordert werden muss. Spezifische Annahmen über die statistischen Eigenschaften der betrachteten risikobehafteten Positionen werden nicht benötigt. Allerdings stellen die durch Arbitrageüberlegungen bestimmten Preise lediglich Approximationen der tatsächlichen Preise dar. So kann die Umsetzung der erforderlichen Duplikationsportfolios mit Kosten verbunden sein, welche in obigen Ausführungen lediglich im Kontext der Credit Default Swaps berücksichtigt wurden. Ferner kann es aufgrund von realiter vorherrschenden Marktunvollständigkeiten gänzlich unmöglich sein, die erforderlichen Duplikationsportfolios aufzubauen.

Alternative Bewertungsmodelle berücksichtigen die stochastischen Eigenschaften der zu bewertenden risikobehafteten Positionen. Die Möglichkeiten zur Bewertung werden hierdurch differenzierter. So lässt sich in den anschließend vorgestellten Firmenwertmodellen die Ausfallwahrscheinlichkeit einer Fremdkapitalposition analytisch bestimmen. In den in Abschnitt 6.4 vorgestellten Intensitätsmodellen werden Ausfallwahrscheinlichkeit und Recovery Rate als exogene Größen ermittelt. Wie in Abschnitt 6.1 bereits ausgeführt wurde, stellen die Ausfallwahrscheinlichkeit und die Recovery Rate die zentralen Parameter zur Bewertung risikobehafteter Positionen dar. In Kenntnis dieser zentralen Parameter lassen sich folglich verschiedene Finanztitel bewerten, welches eine erhöhte Flexibilität gegenüber den modellunabhängigen Bewertungsansätzen bedeutet.

6.3 Firmenwertmodelle

6.3.1 Das Grundmodell

Das Firmenwertmodell von Merton 1974 basiert auf der Arbeit von Black und Scholes aus dem Jahr 1973, dem zentralen Referenzmodell in der Bewertung von Optionen. Die Analyse von Black und Scholes beruht auf einem No-Arbitrage Gedanken: geht man davon aus, dass Optionen am Markt korrekt bewertet werden, sollte es nicht möglich sein, sichere Gewinne durch die Kombination von Long und Short Positionen in Optionen und ihren Basiswerten zu erzielen. Black und Scholes postulieren einen idealtypischen Kapitalmarkt und legen ihrem Modell dabei folgende Annahmen zugrunde:[12]

- Der Aktienkursverlauf wird durch eine geometrische Brownsche Bewegung modelliert. Daraus folgt, dass die logarithmierten Aktienrenditen normalverteilt sind. Die Momentanvarianz der Aktienrendite ist im Zeitverlauf konstant.
- Aktien und Optionen werden kontinuierlich gehandelt.
- Es fallen keine Dividendenzahlungen an.
- Es handelt sich um eine europäische Option.
- Der Kapitalmarkt ist vollkommen und vollständig.

Die *Black / Scholes*-Formel für eine europäische Kaufoption auf Aktien ohne Dividendenzahlung lautet:

$$call = S \cdot N(d_1) - Xe^{-r(T-t)} N(d_2) \qquad (6.14)$$

mit

$$d_1 = \frac{\ln \frac{S}{X} + (r + \frac{1}{2}\sigma^2)(T-t)}{\sigma\sqrt{T-t}}$$

$$d_2 = \frac{\ln \frac{S}{X} + (r - \frac{1}{2}\sigma^2)(T-t)}{\sigma\sqrt{T-t}} = d_1 - \sigma\sqrt{T-t}$$

Hierbei stehen die Symbole für:

- S Kurs der Basisaktie zum Ausgangszeitpunkt
- X Ausübungspreis der Option
- T Fälligkeitszeitpunkt der Option
- r Zinssatz
- σ Standardabweichung der Aktienrendite pro Periode

---

[12] Vgl. Black u. Scholes 1973, S. 640 und Rudolph u. Schäfer 2005, S. 244.

N(.) bezeichnet die Verteilungsfunktion einer standardnormalverteilten Zufallsvariablen. Die Black / Scholes-Bewertungsgleichung lässt folgende Interpretation zu: der erste Summand in Gleichung 6.14 repräsentiert den Wert der Aktie, die der Optionsinhaber im Falle der Ausübung kaufen kann. Der zweite Summand entspricht dem diskontierten Basispreis gewichtet mit der Wahrscheinlichkeit, dass die Option im Geld liegt.[13] Unter Rückgriff auf die Put-Call Parität ergibt sich für den Wert einer europäischen Verkaufsoption auf Aktien (ohne Dividendenausschüttung):

$$put = -S \cdot N(-d_1) + Xe^{-r(T-t)}N(-d_2) \tag{6.15}$$

Black und Scholes weisen in ihrem Beitrag bereits darauf hin, dass ihre Bewertungsformel auch dazu geeignet ist, von einem Unternehmen begebene risikobehaftete Finanztitel zu bewerten.[14] Merton 1974 greift diesen Ansatzpunkt auf und formuliert das klassische Firmenwertmodell. Merton betrachtet hierbei ein Unternehmen, welches sich durch einen Zerobond mit Fälligkeit T und Eigenkapital finanziert. Es existieren keine Dividendenzahlungen, es kann kein weiteres Kapital aufgenommen werden, auch kann das Fremdkapital nicht vorzeitig abgelöst werden. Eine Insolvenz kann nur zum Fälligkeitszeitpunkt T eintreten. Der Nennwert des Zerobonds beläuft sich auf B, der Marktwert der ausstehenden Nullkupon-Anleihe auf F, der Wert des Eigenkapitals auf S und $\tau = T - t$ bezeichnet die Restlaufzeit der Anleihe. Für den Gesamtwert der Unternehmung V muss zu jedem Zeitpunkt gelten $V = S + F$.

Die Handlungen, welche ein im Interesse der Eigentümer handelnder Manager im Fälligkeitszeitpunkt ausüben wird, sind abhängig von der Realisation des Firmenwertes. Übersteigt der Firmenwert V den Nennwert der Anleihe B, so wird das Management den Nennwert B zurückerstatten, denn der Wert des Eigenkapitals wird in diesem Fall einen positiven Wert annehmen: $V_T - B > 0$. Liegt der Firmenwert jedoch unter dem Nennwert der Nullkuponanleihe, also $V_T < B$, so wird das Management das Unternehmen in die Hände der Fremdkapitalgeber übergeben. Würde es die Anleihe ablösen, beliefe sich der Wert des Eigenkapitals auf einen negativen Wert, $V_T - B < 0$. Der Wert der Anleihe zum Zeitpunkt T kann somit geschrieben werden als:

$$F_T = \min[V_T, B] \tag{6.16}$$

Für die Eigenkapitalposition ergibt sich folglich:

$$S_T = \max[V_T - B, 0] \tag{6.17}$$

---

[13] Vgl. Rudolph u. Schäfer 2005, S. 245.
[14] Vgl. Black u. Scholes 1973, S. 637.

Diese Modellkonzeption lässt folgende Interpretationen zu.[15] Die Anteilseigner haben bei der Aufnahme des Fremdkapitals das Unternehmen quasi an die Fremdkapitalgeber verkauft und zusätzlich eine Kaufoption auf das Unternehmen erworben. Diese ermöglicht den Eigentümern durch die Rückzahlung der Verbindlichkeiten bei Fälligkeit das Unternehmen zurückzukaufen. Die Eigenkapitalposition in Gleichung 6.17 kann also als europäische Kaufoption auf den Firmenwert mit dem Nennwert des Zerobonds als Ausübungspreis interpretiert werden. Sie entspricht strukturell den von Black und Scholes angenommenen Payoffs für eine europäische Kaufoption. Auch in der Fremdkapitalposition lässt sich eine Optionskomponente finden. So haben die Fremdkapitalgeber den Anteilseignern beim Kauf des Zerobonds eine Verkaufsoption auf das Unternehmen gewährt. Liegt der Unternehmenswert zum Fälligkeitszeitpunkt unter dem Wert der Verbindlichkeiten, so werden die Anteilseigner ihre Verkaufsoption ausüben und das Unternehmen anstelle der Rückzahlung der Verbindlichkeiten den Fremdkapitalgebern überlassen. Der Ausübungspreis entspricht hier erneut dem Nennwert des Zerobonds. Die Payoffs der Fremd- und Eigenkapitalposition sind in Abbildung 6.1 nochmals dargestellt.

Der Gesamtwert des Unternehmens kann somit als Wert der Kaufoption auf den Unternehmenswert zuzüglich dem Barwert des Zerobonds (risikolos) abzüglich dem Wert der Verkaufsoption auf den Unternehmenswert bestimmt werden. Die Fremdkapitalposition kann also in zwei Bestandteile zerlegt werden, einen risikobehafteten und einen risikolosen. Durch den Einsatz von Kreditderivaten wird gerade der risikobehaftete Anteil der Fremdkapitalposition transferiert, so dass eine separate Bewertung der risikobehafteten und der risikolosen Komponente erforderlich ist.

Da die von Merton getroffenen Modellannahmen bezüglich des Kapitalmarktumfeldes denen von Black und Scholes gleichen, kann die Black / Scholes-Formel angewandt werden. So lässt sich für die Kreditzinsspanne (Credit Spread), also die Differenz zwischen der Rendite der Anleihe R und dem risikolosen Zinssatz folgender Zusammenhang herleiten:[16]

$$R - r = -\frac{1}{\tau}\ln\left(N(h_1) + \frac{1}{d}N(h_2)\right) \qquad (6.18)$$

---

[15] Vgl. bspw. Hüttemann 1997, S. 77-79.
[16] Vgl. Merton 1974, S. 454.

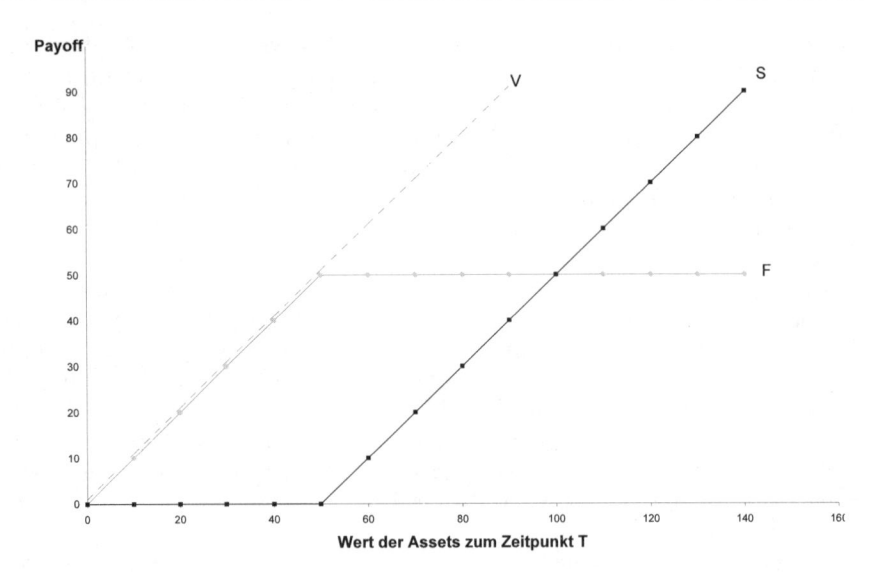

Abb. 6.1. Fremd- und Eigenkapitalposition nach Merton zum Zeitpunkt T mit $B = 50$

Hierbei bezeichnet d das Verhältnis des diskontierten Nennwertes der Anleihe zum Firmenwert, also $d = Be^{-r\tau}/V_T$. Für die Verteilungsfunktion einer standardnormalverteilten Zufallsfunktion steht erneut $N(.)$ und h ist charakterisiert durch:

$$h_{1/2} = -\left[\frac{1}{2}\sigma^2\tau \pm \ln(d)\right] \cdot \frac{1}{\sigma\sqrt{\tau}}$$

Die Größe σ stellt hier die Volatilität des Firmenwertprozesses dar.

Der Credit Spread in Gleichung 6.18 hängt also von der Volatilität σ des Firmenwertprozesses, von dem durch d dargestellten Verhältnis des diskontierten Nennwertes der Anleihe zum Firmenwert und vom Zeithorizont τ ab. In Abbildung 6.2 ist der Zusammenhang zwischen dem Spread und der Laufzeit der Anleihe abgetragen.[17] Es ergibt sich, abhängig von der Ausprägung von d, ein unterschiedliches Bild. Ist $d < 1$, so nimmt die Kurve einen buckelförmigen Verlauf, ist $d \geq 1$, so nimmt sie einen monoton fallenden Verlauf. Ist also der diskontierte Nennwert der Anleihe größer als der Firmenwert, also $d \geq 1$, so schnellt der Spread bei kurzer Restlaufzeit gegen unendlich. Für Werte von $d < 1$ und kurze Laufzeit hingegen geht der Spread gegen null, da das Risiko für ein Ausfallereignis kurzfristig gegen null geht.

---

[17] Vgl. Merton 1974, S. 459.

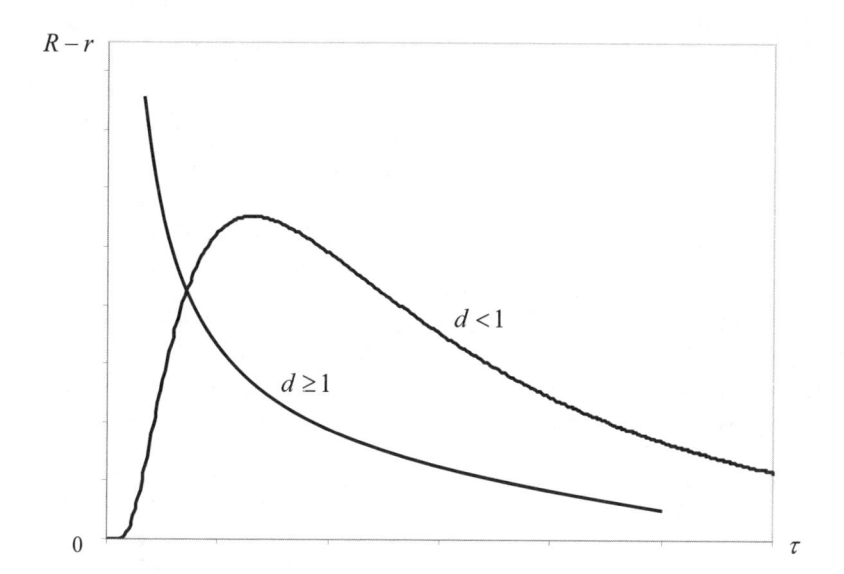

Abb. 6.2. Credit Spread in Abhängigkeit von der Restlaufzeit

6.3.2 Erweiterungen des Grundmodells

Die Annahmen, welche den Modellen von Black / Scholes und Merton zugrunde liegen, sind sehr restriktiv. Hierbei sind drei wesentliche Kritikpunkte herauszuheben. So kann im Merton-Modell lediglich ein Zerobond analysiert werden, die Insolvenz des Unternehmens kann nur zum Fälligkeitszeitpunkt des Zerobonds festgestellt werden. Zudem wird der Verlauf der Zinskurve als flach und bekannt angenommen. Mit der Aufweichung dieser Annahmen haben sich verschiedene Autoren beschäftigt, darunter Black u. Cox 1976, Geske 1977 und Zhou 1997. Black und Cox führen einen unteren Schwellenwert für den Firmenwert ein. Unterschreitet der Firmenwert diese Schwelle, kommt es zum Default. Somit können auch vorzeitige Kreditausfälle modelliert werden. Geske zeigt, wie risikobehaftete Finanztitel mit mehreren Zahlungsterminen (z.B. Kuponanleihen) unter Verwendung von Compound Optionen bewertet werden können. Zhou modelliert den Firmenwertprozess mit Hilfe einer Sprungdiffusion, und umgeht somit ein Problem, welches bei der Modellierung stetiger Firmenwertprozesse besteht.[18] Liegt nämlich der Firmenwert oberhalb der Ausfallschranke, so bedarf es bei einer Modellierung stetiger Firmenwertprozesse einer gewissen Zeit, um diesen Schwellenwert zu erreichen. Hat eine Anleihe also nur noch eine sehr kurze Restlaufzeit muss ihr Ausfallrisiko und somit auch der Credit Spread gegen null tendieren. Dies steht aber nicht im Einklang mit am Markt zu beobachtenden Spreads. Durch

---

[18] Vgl. hierzu auch Schönbucher 1996.

die Modellierung des Firmenwertprozesses durch eine Sprungdiffusion wird das Problem umgangen. Weitere Arbeiten befassen sich zudem mit den Möglichkeiten zur Berücksichtigung stochastischer Zinsbewegungen.

6.3.3 Ermittlung von Ausfallwahrscheinlichkeiten

In Abschnitt 6.1 wurden die Ausfallwahrscheinlichkeit eines Kredites und die Wiedergewinnungsquote für den Fall eines Ausfalles als wesentliche Bestandteile des Kreditrisikos identifiziert. Es soll nun gezeigt werden, wie diese Komponenten des Kreditrisikos im Analyserahmen des klassischen Firmenwertmodells bestimmt werden können. Dazu wird weiterhin ein Unternehmen betrachtet, das einen einzigen Zerobond emittiert hat. Ein Ausfallereignis kann nur zum Fälligkeitszeitpunkt des Zerobonds stattfinden. Auch die übrigen in Abschnitt 6.3.1 getroffenen Annahmen haben weiterhin Bestand.

Der Wert des Eigenkapitals eines solchen Unternehmens lässt sich gemäß Gleichung 6.17 als Kaufoption auf den Unternehmenswert selbst mit dem Rückzahlungsbetrag der Verbindlichkeit als Ausübungspreis (Nennwert der Nullkuponanleihe) darstellen. Die Eigenkapitalposition lässt sich durch die Black / Scholes-Bewertungsformel aus Gleichung 6.14 bestimmen. Hierbei wird der aktuelle Aktienkurs durch den Unternehmenswert (Wert der Aktiva), die Volatilität des Aktienkurses durch die Volatilität des Unternehmenswertes und der Ausübungspreis durch die Höhe der Verbindlichkeiten ersetzt. Unter der Annahme, dass der Wert der Aktiva und dessen Volatilität beobachtet werden können, ergibt sich:

$$V_E = V_A N(d_1) - Be^{-r\tau} N(d_2) \qquad (6.19)$$

Die verwendeten Variablen bezeichnen:

- V_E Wert des Eigenkapitals
- V_A Wert der Aktiva
- B Rückzahlungsbetrag des Fremdkapitals
- τ Laufzeit der Anleihe.

Die Werte von d_1 und d_2 werden analog zum vorherigen Abschnitt bestimmt.

Das risikobehaftete Fremdkapital lässt sich als Kombination aus einem risikolosen Bond verbunden mit einer Short Position in einer Put Option auf den Unternehmenswert mit Laufzeit τ und Ausübungspreis B darstellen. Es ergibt sich somit folgender Wert für die Fremdkapitalposition V_D:

$$\begin{aligned} V_D &= Be^{-r\tau} - put(V_A, \sigma^A, r, B, \tau) \\ &= Be^{-r\tau} - [-V_A N(-d_1) + Be^{-r\tau} N(-d_2)] \end{aligned} \qquad (6.20)$$

Der Wert der Fremdkapitalposition besteht also aus dem Barwert der risikolosen Anleiheposition abzüglich einem Risikoabschlag, dem erwarteten Verlust. Um nun die Ausfallwahrscheinlichkeit und die Wiedergewinnungsquote bestimmen zu können, muss der erwartete Verlust, dargestellt durch die Verkaufsoption, näher betrachtet werden. Die Ausfallwahrscheinlichkeit im Merton Modell bestimmt sich durch die Wahrscheinlichkeit, mit der der Firmenwert unter die Ausfallschranke, den Nennwert des Zerobonds, fällt. Wie oben erläutert bestimmt sich durch $N(d_2)$ die Wahrscheinlichkeit, mit der eine europäische Kaufoption im Geld liegt. Die Wahrscheinlichkeit, dass der Firmenwert unter der Ausfallschranke liegt ist also genau die Gegenwahrscheinlichkeit $1 - N(d_2)$. Dies lässt sich mit

$$1 - N(x) = N(-x)$$

schreiben als $N(-d_2)$. Somit lässt sich der Ausdruck für die Fremdkapitalposition schreiben als:[19]

$$V_D = Be^{-r\tau} - Be^{-r\tau}N(-d_2)\left[-\frac{V_A}{B}\frac{N(-d_1)}{N(-d_2)}e^{r\tau} + 1\right]$$

$$= Be^{-r\tau}\left\{1 - \underbrace{N(-d_2)}_{\substack{Ausfall-\\wahrscheinlichkeit}}\underbrace{\left[1 - \underbrace{\frac{V_A}{B}\frac{N(-d_1)}{N(-d_2)}e^{r\tau}}_{\substack{Wiedergewinnungs-\\quote}}\right]}_{Loss\ Given\ Default}\right\}$$

(6.21)

Der erwartete Verlust im Merton-Modell kann also in die einzelnen Komponenten Ausfallwahrscheinlichkeit und Wiedergewinnungsquote zerlegt werden. Anhand der Wiedergewinnungsquote lässt sich der Loss Given Default ableiten als der prozentuale Ausfallanteil im Fall eines Ausfallereignisses.

Die Ausfallwahrscheinlichkeit lässt sich aber auch analytisch aus dem Modellrahmen des Merton-Modells ableiten. Es gilt also die Wahrscheinlichkeit zu bestimmen, mit der der Firmenwert unter den Rückzahlungsbetrag der Verbindlichkeiten fällt. Die Ausfallwahrscheinlichkeit bis zum Zeitpunkt τ bestimmt sich durch:

$$p_\tau = \Pr\left\{V_A^\tau \leq B \mid V_A^0 = V_A\right\} = \Pr\left\{\ln V_A^\tau \leq \ln B \mid V_A^0 = V_A\right\}$$ (6.22)

Hierbei bezeichnet V_A^τ den Marktwert der Unternehmensaktiva zum Zeitpunkt τ. Für die Entwicklung des Firmenwertes, dessen Wert zum Zeitpunkt $t = 0$ genau V_A beträgt, wird gemäß den Annahmen des Black / Scholes-Modells eine geomet-

---

[19] Vgl. Felsenheimer et al. 2006, S. 254-255.

rische Brownsche Bewegung angenommen. Der stochastische Prozess lässt sich schreiben als:

$$dV_A = \mu V_A dt + \sigma_A V_A dz$$

Hierbei bezeichnet μ die Drift des stochastischen Prozesses, σ die Standardabweichung und z den Wiener Prozess. Der Marktwert der Aktiva V_A^τ zum Zeitpunkt τ lässt sich somit schreiben als:[20]

$$\ln V_A^\tau = \ln V_A + \left(\mu - \frac{\sigma_A^2}{2}\right) \cdot \tau + \sigma_A \sqrt{\tau} \cdot \varepsilon$$

Dieser Ausdruck kann in Gleichung 6.22 eingesetzt werden, es ergibt sich für die Ausfallwahrscheinlichkeit:

$$p_\tau = \Pr\left\{\ln V_A + \left(\mu - \frac{\sigma_A^2}{2}\right) \cdot \tau + \sigma_A \sqrt{\tau} \cdot \varepsilon \leq \ln B\right\}$$

$$= \Pr\left[\varepsilon \leq -\frac{\ln \frac{V_A}{B} + \left(\mu - \frac{\sigma_A^2}{2}\right)\tau}{\sigma_A \sqrt{\tau}}\right]$$

Gemäß den Annahmen des Black / Scholes-Modells ist ε, die stochastische Schwankung des Wiener Prozesses, standardnormalverteilt mit Mittelwert Null und Varianz Eins. Somit kann die Ausfallwahrscheinlichkeit durch die Verteilungsfunktion für standardnormalverteilte Zufallsvariablen ausgedrückt werden:

$$p_\tau = N\left[-\frac{\ln \frac{V_A}{B} + \left(\mu - \frac{\sigma_A^2}{2}\right)\tau}{\sigma_A \sqrt{\tau}}\right] \qquad (6.23)$$

Bisher wurde angenommen, dass der Marktwert der Unternehmensaktiva und dessen Schwankungen beobachtbar und bekannt sind. Hiervon kann im Allgemeinen

---

[20] Vgl. hierzu Crosbie 1999, S.171-176.

jedoch nicht ausgegangen werden. Sind jedoch der Marktwert des Eigenkapitals und dessen Volatilität bekannt, lässt sich hieraus der Wert der Unternehmensaktiva und dessen Volatilität ableiten. Der Marktwert des Eigenkapitals lässt sich durch Anwendung der Black / Scholes-Bewertungsformel für eine europäische Call Option nach Gleichung 6.19 bestimmen. Die benötigten Parameter sind der Marktwert der Unternehmensaktiva, dessen Volatilität, der risikolose Zinssatz, der Rückzahlungsbetrag der Fremdkapitalposition und die entsprechende Laufzeit:

$$V_E = call(V_A, \sigma_A, r, B, \tau) \qquad (6.24)$$

Zugleich kann folgender Zusammenhang zwischen dem Wert des Eigenkapitals und dem Wert der Unternehmensaktiva hergeleitet werden:[21]

$$V_E \sigma_E = V_A \sigma_A \frac{\partial V_E}{\partial V_A} \qquad (6.25)$$

Durch Lösen des Gleichungssystems 6.24 und 6.25 kann der Wert der Unternehmensaktiva und dessen Volatilität bestimmt und folglich die Ausfallwahrscheinlichkeit gemäß Gleichung 6.23 ermittelt werden.

6.4 Intensitätsmodelle

In Intensitätsmodellen gelingt es durch die Modellierung stochastischer Prozesse für den Ausfallzeitpunkt und die Wiedergewinnungsquote eine Bewertung von Kreditderivaten vorzunehmen. Anders als bei den oben beschriebenen Strukturmodellen wird die Verteilung der Ausfallwahrscheinlichkeit in Intensitätsmodellen direkt modelliert. Die so bestimmten Ausfallwahrscheinlichkeiten gehen also als exogene Größe in die Bewertung von risikobehafteten Titeln ein. Eine ökonomische Interpretation der durch stochastische Modellierung gewonnenen Größen erscheint somit nicht möglich.

6.4.1 Modellierung der Ausfallwahrscheinlichkeit

Um risikobehaftete Titel gemäß Gleichung 6.1 bewerten zu können, müssen die Ausfallwahrscheinlichkeit und die Wiedergewinnungsquote modelliert werden. Zunächst soll hierbei die Ausfallwahrscheinlichkeit betrachtet werden. Es gilt einen Prozess zu bestimmen, welcher die Eigenschaften eines Ausfallereignisses möglichst gut darstellt. Ausfälle treten selten und unerwartet auf und verursachen

---

[21] Vgl. Schönbucher 2003, S. 275-276.

hierbei große, sprunghafte Preisänderungen.[22] Der einfachste hierbei verwendete stochastische Prozess ist ein Poisson-Prozess. Ein Poisson-Prozess $f_{Pois}(t)$ mit Intensität (Rate) λ beginnt bei $f_{Pois}(0) = 0$ und nimmt nur ganzzahlige Werte an: $f_{Pois}(t) \in N$. Zu jedem Zeitpunkt t erfolgt entweder ein Sprung um Eins nach oben oder der Prozess bleibt konstant. Die Sprungzeitpunkte seien hierbei mit T_1, T_2,... bezeichnet. Von besonderem Interesse für die Analyse von Ausfallereignissen ist der erste Sprung des Poisson-Prozesses, welcher das Ausfallereignis darstellt. Für diese Spezifikation ergibt sich, dass der Ausfallzeitpunkt τ^* exponentialverteilt ist. Die Ausfallwahrscheinlichkeit bis zum Zeitpunkt τ ergibt sich als:

$$p(\tau) = \Pr(\tau^* \leq \tau) = 1 - e^{-\lambda \tau} \qquad (6.26)$$

Für kleine Intervalle Δt lässt sich die Ausfallwahrscheinlichkeit durch $\lambda \Delta t$ approximieren. Da der Ausfallzeitpunkt einer Exponentialverteilung mit Parameter λ folgt, ergibt sich für dessen Erwartungswert ein Wert von $1/\lambda$. So ergibt sich beispielsweise bei einer konstanten Ausfallintensität von 0,05 für einen Zeitraum von einem Jahr eine Ausfallwahrscheinlichkeit von 4,9 %. Die erwartete Zeitspanne bis zum Ausfallzeitpunkt beträgt 20 Jahre.

Unter Kenntnis des Ausfallprozesses kann nun der Wert eines risikobehafteten Titels gemäß Gleichung 6.1 bestimmt werden. Da noch keine spezifischen Annahmen über die Wiedergewinnungsquote getroffen wurden, wird zunächst von einer Wiedergewinnungsquote von Null für den Fall eines Ausfallereignisses ausgegangen. Es ergibt sich folglich:

$$V^{\text{Risiko}} = pV^{\text{Ausfall}} + (1-p)V^{\text{kein Ausfall}}$$
$$= e^{-\lambda \tau} V^{\text{kein Ausfall}}$$

Der hier beschriebene Poisson-Prozess ist auch als zeithomogener Poisson-Prozess bekannt, da die Intensität im Zeitablauf konstant ist. Neben dem zeithomogenen Poisson-Prozess finden bei der Modellierung von Ausfallwahrscheinlichkeiten zeitinhomogene Poisson-Prozesse und Cox-Prozesse Anwendung, welche die Preisfindung komplexerer Instrumente ermöglichen. Bei einem zeitinhomogenen Poisson-Prozess liegt die Intensität λ als deterministische Funktion der Zeit vor. Bei Cox-Prozessen handelt es sich, vereinfacht ausgedrückt, um Poisson-Prozesse mit stochastischer Intensität.

Als spezifische Form der Intensitätsmodelle können Ratingklassenmodelle aufgefasst werden.[23] Der Ausfallprozess wird hierbei durch einen Ratingprozess ersetzt. Hierzu werden den Kreditmärkten verfügbare Informationen, nämlich die

---

[22] Vgl. im Folgenden Schönbucher 2005, S. 677.
[23] Ratingklassenmodelle werden in der Literatur teilweise auch als eigene Modellklasse geführt. Vgl. bspw. Felsenheimer et al. 2006.

Ratingurteile der Ratingagenturen, herangezogen. Während es in den klassischen Intensitätsmodellen lediglich die Zustände *‚Ausfall'* und *‚kein Ausfall'* gibt, existieren in Ratingklassenmodellen mehrere Zustände, $R = \{1,2,...,K\}$, welche als Ratingklassen aufgefasst werden können. Der Zustand 1 entspricht einem Rating höchster Bonität (AAA), der Zustand $K-1$ der niedrigsten Ratingstufe (C). Der letzte Zustand K entspricht dem Ausfallereignis und ist somit ein absorbierender Zustand - er kann nicht wieder verlassen werden. Es wird nun ein stochastischer Prozess modelliert, welcher zu jedem Zeitpunkt $t = 0,1,2,...$ angibt, in welcher Ratingklasse sich der betrachtete Schuldner befindet. Die mathematische Beschreibung dieses Prozesses gelingt durch eine Markov-Kette. Diese hat die Eigenschaft, dass die Wahrscheinlichkeit, in der Folgeperiode $(t + 1)$ den Zustand j zu erreichen, lediglich von dem in der aktuellen Periode t geltenden Zustand i abhängig ist, jedoch von keinem vorherigen. Ist die Markov-Kette zusätzlich zeithomogen, so ist die Übergangswahrscheinlichkeit zudem konstant über den Zeitablauf. Es gilt:

$$p_{i,j} = \Pr(x_{t+1} = j \mid x_t = i) \quad \text{für alle} \quad i,j \in R \quad \text{und} \quad t = 0,1,2,... \quad (6.27)$$

Die Wahrscheinlichkeit $p_{i,j}$ ist die Wahrscheinlichkeit für eine Ratingmigration. Eine geeignete Darstellungsform für alle möglichen Ratingänderungen bietet die Matrizenschreibweise. Es ergibt sich die unten dargestellte $K \times K$ - Matrix

$$Q = \begin{pmatrix} p_{1,1} & p_{1,2} & \cdots & p_{1,K} \\ p_{2,1} & p_{2,1} & \cdots & p_{2,K} \\ \cdots & \cdots & \ddots & \cdots \\ 0 & 0 & 0 & 1 \end{pmatrix} \quad (6.28)$$

Diese muss folgende Eigenschaften aufweisen:

$$p_{i,j} \geq 0 \quad \text{für alle} \quad i,j = 1,2,...,K$$

$$\sum_{j=1}^{K} p_{i,j} = 1 \quad \text{für alle} \quad i = 1,2,...,K$$

Die jeweiligen Übergangswahrscheinlichkeiten sind nicht negativ, zudem muss die Summe über jede Zeile der Matrix Eins ergeben. Da der Zustand K nicht verlassen werden kann, ergibt sich die besondere Struktur der letzten Zeile der Matrix: die Wahrscheinlichkeit den Zustand K zu verlassen $p_{K,j \neq K}$ ist Null, die Wahrscheinlichkeit im Zustand K zu verweilen $p_{K,K}$ beträgt Eins. Anhand der Übergangsmatrix lassen sich nun Ausfallwahrscheinlichkeiten ablesen. Die Ausfallwahrscheinlichkeit entspricht der Wahrscheinlichkeit in der nächsten Periode den Zustand K zu erreichen, gegeben den aktuellen Zustand i, also genau $p_{i,K}$. Wird eine mehrperiodige Betrachtung vorgenommen, kann die Übergangsmatrix bei Zeithomogenität der Markov-Kette auch für den Mehrperiodenfall spezifiziert werden. Die Übergangsmatrix muss hierfür lediglich gemäß der Anzahl der Perioden mit sich selbst multipliziert werden. Somit lässt sich auch die Überlebenswahrscheinlichkeit über mehrere Perioden bestimmen.

Da Ratingurteile über lange Zeiträume verfügbar sind, lässt sich die Übergangsmatrix gut durch historische Daten befüllen. Allerdings müssen die statistischen Ausfallwahrscheinlichkeiten in risikoneutrale Wahrscheinlichkeiten überführt werden, um Bewertungen vornehmen zu können. Hierbei verliert der Ratingprozess die Zeithomogenität, die Übergangswahrscheinlichkeiten werden zeitabhängig. Dies erhöht den Komplexitätsgrad der Ratingklassenmodelle. Jarrow et al. 1997 führen zur Transformation statistischer Wahrscheinlichkeiten in risikoneutrale Wahrscheinlichkeiten einen deterministischen Proportionalitätsfaktor ein, welcher abhängig vom Ausgangszustand i und der Zeit t ist.[24] Auf eine vertiefende Darstellung der Möglichkeiten zur Transformation von statistischen Wahrscheinlichkeiten in risikoneutrale Wahrscheinlichkeiten wird hier jedoch verzichtet.

6.4.2 Modellierung der Wiedergewinnungsquote

Neben der Ausfallwahrscheinlichkeit stellt die Modellierung der Wiedergewinnungsquote die wesentliche Komponente zur Bewertung ausfallrisikobehafteter Titel in Intensitätsmodellen dar. Das Ziel ist hierbei nicht die Modellierung realer Zahlungsströme eines ausgefallenen Krediles, sondern vielmehr die möglichst präzise Modellierung des Wertes der entsprechenden Position. Zum einen ist hierfür die Recovery Rate als relative Größe zu bestimmen. Um auf einen Geldbetrag schließen zu können, muss zudem ein Referenztitel festgelegt werden, auf welchen sich die Wiedergewinnungsquote bezieht. Hierzu haben sich verschiedene Ansätze herausgebildet:

- *Zero Recovery*: Für den Fall eines Kreditereignisses wird der Totalverlust der betrachteten Position angenommen. Dies ist ein einfacher, jedoch wenig realistischer Ansatz.
- *Fixed Recovery*: Die Recovery wird auf einen bestimmten Geldbetrag festgesetzt.
- *Recovery of Face Value* (auch: *Recovery of Par*): Bei dieser Spezifikation wird angenommen, dass der Gläubiger der betrachteten Position im Falle eines Ausfallereignisses einen fixen Anteil am Nennwert der Position erhält. Notiert der Titel allerdings mit deutlichem Unterschied zu pari, so wird dieses Konzept das ökonomische Risiko der betrachteten Position nicht korrekt wiedergeben.

---

[24] Vgl. hierzu auch Läger 2002, S. 257-258.

- *Recovery of Treasury* (auch: *Equivalent Recovery*): Die Recovery bemisst sich in dieser Variante als Anteil an einer der ausgefallenen Position äquivalenten aber risikolosen Position.
- *Recovery of Market Value*: Die Recovery bemisst sich in dieser Variante als Anteil am Marktwert der betrachteten Position vor dem Ausfallereignis. Diese Konzeption ist nur dann sinnvoll, wenn der Wertverlust der betrachteten Position als unerwarteter Sprung auftritt, wenn sich also der Wert der Position vor und nach dem Kreditereignis signifikant voneinander unterscheiden. Ist das mögliche Kreditereignis bereits im Marktwert verarbeitet, so wird der Titel schon vor dem Ausfallereignis in etwa zur Recovery notieren.

Die Ermittlung der Recovery erfolgt somit je nach Modellvariante in verschiedenen Einheiten: dem Nennwert der betrachteten Titel, in risikobehafteten und risikolosen Titel. Die Gewichtung erfolgt jeweils durch die Wiedergewinnungsquote. Diese lässt sich durch historische Daten spezifizieren und wird durch verschiedene Faktoren beeinflusst. Von wesentlicher Bedeutung ist hierbei die Rangfolge der Ansprüche: Je höher der Rang eines Anspruches, desto höher die Recovery Rate. Tabelle 6.4 zeigt Wiedergewinnungsquoten für den Zeitraum von 1970 bis 2000, geordnet nach Rangstufe der Ansprüche. Diese von Moody's veröffentlichten Daten beziehen sich auf Durchschnittswerte weltweit ausgefallener Corporate Bonds und Bankkredite. Die Wiedergewinnungsquote, ausgedrückt als Prozentsatz auf einen Nennwert von 100 $, wird aus den Marktpreisen der jeweiligen ausgefallenen Titel einen Monat nach dem Ausfallereignis ermittelt. Auffällig ist zudem die starke Schwankung der Werte, welche die mit der Wiedergewinnungsquote verbundene Unsicherheit ausdrückt.

Neben der Rangstufe der Ansprüche gibt es noch weitere Faktoren, welche die Höhe der Recovery Rate beeinflussen. So lässt sich ein starker Zusammenhang zwischen dem Ratingurteil vor dem Ausfallereignis und der Recovery Rate zeigen: je höher das Rating, desto höher die Recovery Rate. Zudem lassen sich Unterschiede nach Branchenzugehörigkeit, vorherrschender Gesetzgebung, dem spezifischen Ausfallereignis und der allgemeinen konjunkturellen Situation feststellen.

Die Verwendung historischer Daten vernachlässigt jedoch die vorliegende Unsicherheit über die Recovery Rate. Diese Risikokomponente kann durch eine stochastische Modellierung der Recovery Rate berücksichtigt werden, wobei die Modellierung durch markierte Punktprozesse implementiert werden kann. Bessere Bewertungsergebnisse werden hierbei vor allem bei komplexeren Kreditderivaten erzielt.

Nach der Wahl der adäquaten Verfahren zur Bestimmung der Ausfallwahrscheinlichkeit und der Recovery kann Gleichung 6.1 parametrisiert und der Wert eines ausfallrisikobehafteten Titels nach dem Intensitätsansatz bestimmt werden.

Tabelle 6.4. Recovery Rates 1970-2000 in %[25]

Seniority/Security	Median	Mittelwert	Standardab-weichung
Senior/ Secured Bank Loans	72,0	64,0	24,4
Senior/ Unsecured Bank Loans	45,0	49,0	28,4
Senor/ Secured Bonds	53,8	52,6	24,6
Senor/ Unsecured Bonds	44,0	46,9	28,0
Senior/ Subordinated Bonds	29,0	34,7	24,6
Subordinated Bonds	28,5	31,6	21,2
Junior/ Subordinated Bonds	15,1	22,5	18,7
Preferred Stock	11,1	18,1	17,2

6.5 Modelle auf Portfolioebene – Korrelationsstrukturen und Bewertung von CDOs

In der Darstellung der vorangegangenen Abschnitte wurde bisher lediglich auf Ausfallrisiken von Einzelpositionen eingegangen. Werden Kreditportfolios betrachtet, so müssen Korrelationsstrukturen zwischen den einzelnen Titeln berücksichtigt werden. So zeigt die Analyse historischer Ausfallereignisse branchenspezifische Häufungen. Dies ist auch intuitiv verständlich. Betrachtet man beispielsweise einen stark von einem einzelnen Automobilhersteller abhängigen Zulieferer, so wird ein Ausfall dieses Automobilherstellers die Ausfallwahrscheinlichkeit des Zulieferers signifikant erhöhen. Zudem lassen sich über alle Branchen hinweg Perioden mit hohen Ausfallraten und Perioden mit niedrigen Ausfallraten beobachten. Auch dies ist intuitiv verständlich: bei einer schlechten gesamtwirtschaftlichen Marktlage wird es zu mehr Ausfallereignissen kommen als in Zeiten eines Wirtschaftsaufschwungs. Um also eine Portfoliosteuerung von Kreditportfolios vorzunehmen und um Kreditrisikotransferinstrumente wie n-th-to-Default Baskets und CDOs bewerten zu können, müssen die vorliegenden Korrelationsstrukturen möglichst gut abgebildet werden. Hierbei liegt der Fokus auf der Abbildung von Ausfallkorrelationen. Darüber hinaus wäre eine Modellierung korrelierter Recovery Rates denkbar, dies wird hier jedoch nicht vertieft.

In den in Abschnitt 6.3 vorgestellten Firmenwertmodellen können Korrelationsstrukturen durch gemeinsame Bewegungen der Firmenwerte der betrachteten Titel modelliert werden. Die Korrelationsstruktur der Firmenwerte kann in einer Varianz-Kovarianz Matrix dargestellt werden. Allerdings ist dies bei Betrachtung größerer Portfolios unpraktikabel, da sich die Anzahl der zu bestimmenden Elemente einer $N \times N$ Matrix auf $\frac{1}{2} N (N-1)$ beläuft. Ein gängiges Verfahren zur Reduktion der Schätzproblematik ist der Einsatz von Faktormodellen. Hierbei werden ein oder mehrere allgemeine Faktoren bestimmt, welche die Wertentwicklung der betrachteten Titel beeinflussen. Die Korrelationsstruktur der Firmenwerte

---

[25] Vgl. Hamilton et al. 2001, S. 44.

verschiedener Unternehmen wird also durch die Faktorsensitivitäten der Firmenwerte gegenüber gemeinsamen Faktoren getrieben. Für die Entwicklung des Wertes der Aktiva wird häufig von einem Einfaktormodell in folgender Form ausgegangen:

$$V_{A,i}(T) = \sqrt{\rho_i} Y + \sqrt{1-\rho_i} \varepsilon_i \quad \text{mit} \quad \rho_i \in [0,1] \tag{6.29}$$

Hierbei bezeichnet $V_{A,i}(T)$ den Wert der Unternehmensaktiva des Unternehmens i zum Zeitpunkt T, ρ_i bezeichnet die Faktorsensitivität gegenüber dem allgemeinen Marktfaktor Y und ε_i bezeichnet einen idiosynkratischen Störterm. Zudem wird von einer Normalverteilung der Firmenwerte, des Marktfaktors und der Störterme ausgegangen. Es müssen also lediglich N Faktorsensitivitäten geschätzt werden, um die Korrelationsstruktur abzubilden. Oftmals wird zusätzlich von einer flachen Korrelationsstruktur ausgegangen, d.h. dass die Faktorsensitivität für alle Titel einheitlich ist, welches die Schätzproblematik weiter stark reduziert.

Die Ausfallwahrscheinlichkeit in Firmenwertmodellen bezeichnet die Wahrscheinlichkeit, mit welcher der Firmenwert unter die Ausfallschranke fällt. Ist eine Ausfallschranke gegeben, kann aus Gleichung 6.29 nun die Ausfallwahrscheinlichkeit eines Titels in Abhängigkeit von der Realisation des Marktfaktors bestimmt werden. Um nun von der jeweiligen Ausfallwahrscheinlichkeit einzelner Titel auf das Gesamtportfolio schließen zu können, sind zwei weitere Schritte notwendig. Zunächst lässt sich die Wahrscheinlichkeit einer bestimmten Anzahl an Ausfällen in einem Kreditportfolio, in Abhängigkeit einer Realisation von Y, durch die Binomialverteilung bestimmen. Diese muss mit der aus Gleichung 6.29 abgeleiteten Wahrscheinlichkeit spezifiziert werden. Um abschließend die Wahrscheinlichkeit einer bestimmten Anzahl an Ausfällen aus dem Kreditportfolio für alle möglichen Zustände des Marktfaktors Y ableiten zu können, muss die zustandsabhängige Wahrscheinlichkeitsfunktion über die Dichteverteilung des Marktfaktors integriert werden.

Auch in Intensitätsmodellen lassen sich Korrelationsstrukturen abbilden. So kann beispielsweise mit korrelierten Intensitätsraten gearbeitet werden, wobei die zu Grunde liegenden Ausfallprozesse unabhängig voneinander bleiben. Eine andere Modellvariante arbeitet mit gemeinsamen Ausfallereignissen für Gruppen von Kreditnehmern. Eine weitere Modellvariante arbeitet mit Ansteckungseffekten: fällt ein Kredit aus, so erhöht dies die Intensitätsrate der Ausfallprozesse der anderen Schuldner für einen bestimmten Zeitraum. Tritt in diesem Zeitraum kein Ausfallereignis ein, so fällt die Intensitätsrate wieder auf ihr ursprüngliches Niveau zurück.

Eine fortgeschrittene Methode zur Modellierung stochastischer Abhängigkeiten verschiedener Zufallsvariablen stellen Copula Funktionen dar. Sie ermöglichen die Darstellung des funktionalen Zusammenhangs zwischen individuellen Ausfallwahrscheinlichkeiten und ihrer gemeinsamen Wahrscheinlichkeitsverteilung.[26]

---

[26] Siehe zu numerischen Approximationsverfahren im Copula Modell für die Bepreisung von CDOs Glasserman u. Suchintabandid 2007.

Wie auch bei den einzelkreditbezogenen Instrumenten basiert die Bewertung von Portfolioinstrumenten wie bspw. einer Tranche einer CDO Transaktion auf einer Einschätzung der Ausfallwahrscheinlichkeit des Instruments. Die Ermittlung der Ausfallwahrscheinlichkeit von Portfolioinstrumenten ist jedoch ungleich komplexer, da die Korrelationsstruktur des betrachteten Forderungspools berücksichtigt werden muss. In einer CDO Struktur hängt die Qualität der einzelnen Tranchen maßgeblich von dem zu Grunde liegenden Assetpool ab. Somit finden die oben genannten Methoden zur Modellierung von Korrelationsstrukturen bei der Bewertung von CDOs Anwendung.

Das Verfahren zur Bewertung einer CDO bzw. einzelner Tranchen einer CDO Transaktion lässt sich in drei Schritte unterteilen:[27]

- Zunächst muss gemäß einem der oben genannten Ansätze eine Verteilungsfunktion für die Wertentwicklung des zu Grunde liegenden Forderungsportfolios simuliert werden. Der Einsatz von Copula Funktionen gewinnt hierbei zunehmend an Bedeutung.
- Die zweite wesentliche Komponente bei der Bewertung einer CDO ist die Zuteilung der Cash Flows aus dem zu Grunde liegenden Portfolio auf die Tranchen der CDO. Diese Allokation wird im zweiten Schritt modelliert und stellt einen festen Verteilungsalgorithmus der Zahlungsströme des Collateral Pool dar. Die Zuteilung der Cash Flows muss sich aus den Spezifika der betrachteten Transaktion ableiten. Hierbei sollten die Ausgestaltungsparameter der Transaktion möglichst genau abgebildet werden. So gilt es zunächst die Subordinationsstruktur als wesentliches Strukturierungsmerkmal zu erfassen. Darüber hinaus müssen die Zuweisung von Gebühren und Absicherungskosten, jegliche Credit Enhancements und mögliche von einer Plain Vanilla-Struktur abweichende Besonderheiten berücksichtigt werden.
- Der dritte Schritt umfasst die Interpretation der resultierenden Ergebnisverteilungen. So lassen sich die Wahrscheinlichkeit, mit welcher eine Tranche von einem Ausfallereignis betroffen sein wird (hitting probability), der erwartete Verlust einer Tranche, erwartete Renditen, Laufzeiten und weitere relevante Größen bestimmen.

Kern der Analyse stellt somit die Modellierung des Forderungsportfolios dar, da die weiteren Schritte hierauf basieren. Auch die Bewertung von n-th-to-Default Baskets und Indextranchen basiert im Wesentlichen auf der Modellierung des betrachteten Assetpools.

Eine weitergehende technische Analyse von Copula Funktionen und der übrigen angesprochenen Modelle zur Modellierung von Korrelationsstrukturen sowie der Verfahren zur Bewertung von CDOs und n-th-to-Default Baskets findet sich in Schönbucher 2003 und in Bluhm u. Overbeck 2006.

---

[27] Vgl. im Folgenden Bluhm u. Overbeck 2006, S. 190-192.

6.6 Modellierung von Kreditrisiken in anwendungsorientierten Modellen

6.6.1 Modellierung von Einzelkreditrisiken

6.6.1.1 Das KMV-Modell von Moody's

Das von Moody's vermarktete KMV-Modell basiert auf dem Strukturmodell von Merton.[28] Im Kern des KMV-Modells steht die Ermittlung der Ausfallwahrscheinlichkeit eines Unternehmens. Die Ausfallwahrscheinlichkeit bestimmt sich hierbei durch drei wesentliche Faktoren: den Wert der Unternehmensaktiva, deren Volatilität und den Verschuldungsgrad bzw. den Anteil an Fremdfinanzierung des Unternehmens. Grundsätzlich wird im Merton-Modell davon ausgegangen, dass ein Ausfall eines Unternehmens genau dann eintritt, wenn der Marktwert der Aktiva den Buchwert der Verbindlichkeiten unterschreitet. Ist ein Unternehmen auch langfristige Verbindlichkeiten eingegangen, so lässt dies dem Unternehmen zusätzlichen Spielraum bei der Erfüllung finanzieller Verpflichtungen. Ein Ausfall muss dann nicht unmittelbar eintreten, sobald der Unternehmenswert die Gesamtverbindlichkeiten unterschreitet. Dies wird im KMV-Modell berücksichtigt, denn der Ausfallpunkt (Default Point) wird zwischen den Gesamtverbindlichkeiten und den kurzfristigen Verbindlichkeiten festgelegt. Somit ergibt sich für ein Unternehmen der Nettounternehmenswert aus dem Marktwert der Aktiva abzüglich dem Ausfallpunkt. Erreicht der Nettounternehmenswert einen Wert von Null, liegt ein Ausfall vor. Um nun die Ausfallwahrscheinlichkeit eines Unternehmens abschätzen zu können, muss der Nettounternehmenswert mit einem Risikofaktor gewichtet werden. Ein solcher Risikofaktor muss das firmenspezifische Risiko des betrachteten Unternehmens abbilden, da ein Ausfall maßgeblich von unternehmensspezifischen Ereignissen determiniert wird. Die Risikokomponente wird im KMV-Modell durch die Volatilität der Aktiva des betrachteten Unternehmens abgebildet. Die Volatilität der Aktiva ist sowohl von der entsprechenden Branche, also von Industriespezifika, als auch von der Unternehmensgröße abhängig. Bewusst wird an dieser Stelle nicht auf Eigenkapitalvolatilitäten zurückgegriffen, da diese vom Leverage des betrachteten Unternehmen abhängen. So würden die in den Assetvolatilitäten enthaltenen branchenspezifischen Informationen durch die in verschiedenen Industrien vorherrschenden Verschuldungsgrade verzerrt. Auf Grundlage dieser Überlegungen wird im KMV-Modell die Distance to Default bestimmt als:

$$\begin{bmatrix} \text{Distance} \\ \text{to Default} \end{bmatrix} = \frac{\begin{bmatrix} \text{Market Value} \\ \text{of Assets} \end{bmatrix} - \begin{bmatrix} \text{Default} \\ \text{Point} \end{bmatrix}}{\begin{bmatrix} \text{Market Value} \\ \text{of Assets} \end{bmatrix} \begin{bmatrix} \text{Asset} \\ \text{Volatility} \end{bmatrix}} \quad (6.30)$$

---

[28] KMV steht hierbei für die Begründer der Methode: Kealhover, McQuown und Vasicek. Vgl. im Folgenden Crosbie 1999, S.159-171.

Der eben erläuterte Nettounternehmenswert (im Zähler) wird mit der Bewegung um eine Standardabweichung Unternehmensaktiva gewichtet. Die Distance to Default stellt eine Entfernung in Einheiten Standardabweichung der Unternehmensaktiva dar. Ergibt sich also für ein Unternehmen eine Distance to Default von 2,3, so tritt ein Ausfallereignis bei einer Verringerung der Aktiva des Unternehmens um 2,3 Standardabweichungen ein. Für den Fall, dass die Verteilungsfunktion für die Aktiva bekannt ist, kann aus der Distance to Default direkt die Ausfallwahrscheinlichkeit bestimmt werden.

Abbildung 6.3 illustriert das Vorgehen des KMV-Modells nochmals. Zunächst muss der Wert der Aktiva zum Zeitpunkt $t = 0$ bestimmt werden (1). Dies geschieht wie oben beschrieben durch simultanes Lösen der Gleichungen 6.24 und 6.25. Hierdurch wird auch die Volatilität der Aktiva bestimmt (2). Des Weiteren muss die Verteilung für die Aktiva (3) zum Zeitpunkt H (4), der Ausfallpunkt (5) und die Wachstumsrate der Assets bekannt sein (6).

Die Ausfallwahrscheinlichkeit lässt sich aus der graphischen Darstellung in Abbildung 6.3 ablesen. Ein Ausfall liegt genau dann vor, wenn der Wert der Aktiva zum Zeitpunkt H unter den Default Point fällt. Ist die Verteilungsfunktion bekannt, so ergibt sich die Ausfallwahrscheinlichkeit als die grau markierte Fläche in Abbildung 6.3. Schwierig gestalten sich hierbei die Annahmen an die Verteilung des Wertes der Aktiva zum Zeitpunkt H. Dieses Problem wird im KMV-Modell umgangen. Es wird zunächst die Distance to Default gemäß Gleichung 6.30 bestimmt. Aus historischen Daten werden den möglichen Distance to Default-Werten Ausfallwahrscheinlichkeiten zugeordnet. Wurde eine Distance to Default ermittelt, so lässt sich die Ausfallwahrscheinlichkeit für die ermittelte Distance to Default-„Klasse" in der aus historischen Werten erstellten Tabelle ablesen.

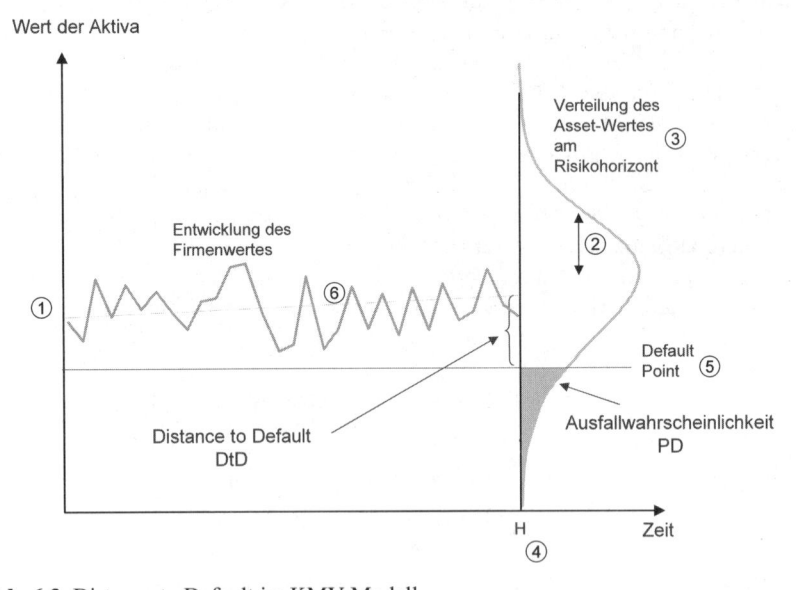

Abb. 6.3. Distance to Default im KMV Modell

6.6.1.2 Credit Grades

Auch das von verschiedenen Institutionen hervorgebrachte Modell Credit Grades gehört der Klasse der Strukturmodelle an, welche Einzelkreditrisiken quantitativ erfassen.[29] Da die möglichst präzise Abbildung von Credit Spreads erklärtes Ziel des Credit Grades-Modells ist, wird die bereits angesprochene Problematik, die durch die Modellierung stetiger Firmenwertprozesse entsteht, berücksichtigt. So kann ein stetig modellierter Unternehmenswert bei sehr kurzer Restlaufzeit nicht unmittelbar die Ausfallschranke erreichen, so dass eine Anleihe kurz vor deren Fälligkeit eine Ausfallwahrscheinlichkeit von Null tragen müsste. Dies würde auch einen Credit Spread von Null zur Folge haben, welchen man allerdings nicht am Markt beobachten kann. Ein Lösungsansatz ist die Modellierung des Firmenwertprozesses durch eine Sprungdiffusion (Zhou 1997, Schönbucher 1996). In Credit Grades wird jedoch nicht auf die Modellierung des Firmenwertprozesses durch eine Sprungdiffusion zurückgegriffen, sondern es werden statistische Schwankungen der Ausfallschranke eingeführt. Ökonomisch wird dies damit begründet, dass die exakte Verschuldung eines Unternehmens schwer ermittelbar ist, die Ausfallschranke also einer Unsicherheit unterliegt. Somit kann ein Unternehmen näher als erwartet an der Ausfallschranke liegen, welches die kurzfristigen Spreads in die Höhe treibt.

Analog zum KMV-Modell unterliegt der Firmenwert im Credit Grades-Modell einer geometrischen Brownschen Bewegung. Die Ausfallschranke wird auf die Wiedergewinnungsquote (Recovery) im Falle eines Ausfalls festgesetzt (als Durchschnittswert über alle Fremdkapitalklassen), welche jedoch selbst statistischen Schwankungen unterliegt. Als Inputparameter werden lediglich Größen benötigt, welche am Markt beobachtet werden können. So fließen auch hier der Aktienkurs zum Zeitpunkt $t = 0$, historische Daten des Aktienkurses, dessen Volatilität und die Höhe der Verbindlichkeiten in das Modell ein.[30] Die im Credit Grades-Modell benötigte durchschnittliche Wiedergewinnungsquote und deren Standardabweichung werden aus historischen Daten bestimmt. Anhand dieser Daten lässt sich nun die Ausfallwahrscheinlichkeit in einer geschlossenen Formel bestimmen. Um von der Ausfallwahrscheinlichkeit auf die Höhe des Credit Default Swap Spreads schließen zu können, werden als Inputparameter zusätzlich der risikolose Zinssatz und die für die spezifisch betrachtete Fremdkapitalklasse geltende Wiedergewinnungsquote benötigt.[31]

---

[29] Vgl. im Folgenden Finger et al. 2002.
[30] Vgl. Finger et al. 2002, S.10-13, zur Parametrisierung des Modells.
[31] Die für die betrachtete Fremdkapitalklasse geltende Wiedergewinnungsquote unterscheidet sich von der allgemeinen Wiedergewinnungsquote, welche als Durchschnitt über alle Fremdkapitalklassen ermittelt wird.

6.6.2 Modellierung von Portfoliokreditrisiken

6.6.2.1 Credit Metrics

Neben den in Abschnitt 6.6.1 beschriebenen Modellen zur Bewertung einzelner Positionen haben sich Modelle zur Bewertung von Kreditportfolios herausgebildet. In diesem Kapitel sollen die methodischen Grundzüge zweier Vertreter dieser Modelle kurz erläutert werden. Credit Metrics ist hierbei den Firmenwertmodellen zuzuordnen, Credit Risk+ den Intensitätsmodellen. Credit Portfolio View ist ein weiteres gängiges Modell auf Portfolioeben, wird aber hier nicht weiter behandelt.[32]

Credit Metrics, das Kreditrisikomodell von JP Morgan, zielt darauf ab, die zukünftige Wertentwicklung eines Kreditportfolios abzuleiten, um einen Credit-VaR ausweisen zu können. Hierbei werden sowohl Wertveränderung auf Grund von Ratingveränderungen als auch auf Grund von Ausfallereignissen berücksichtigt. Der betrachtete Zeithorizont beläuft sich hierbei in der Regel auf ein Jahr. Credit Metrics lässt sich in drei wesentliche Blöcke unterteilen. So muss zunächst für die im betrachteten Portfolio enthaltenen Titel das Exposure bestimmt werden. Anschließend muss die mögliche Wertentwicklung für die betrachteten Einzeltitel ermittelt werden. Um eine Analyse von Kreditportfolios vornehmen zu können, müssen im letzten Schritt Korrelationsstrukturen berücksichtigt werden, um die Wertentwicklung des Gesamtportfolios beschreiben zu können.

Für Kredite und Anleihen ist das Exposure einfach zu bestimmen: es beläuft sich auf den Barwert der ausstehenden Cash Flows, jedoch können auch Instrumente mit variablem Exposure in Credit Metrics berücksichtigt werden.

Die Wertentwicklung der einzelnen Positionen wird in drei Schritten analysiert. Ausgangspunkt stellt hierbei ein Ratingsystem dar. Dabei kann sowohl ein internes System als auch ein System eines externen Anbieters verwendet werden (z.B. Standard & Poor's, Moody's). Für einen Titel, welcher einer bestimmten Ratingklasse angehört, muss nun die Wahrscheinlichkeit für eine Ratingveränderung bestimmt werden. Hierbei kann der Titel entweder sein Rating behalten, hinaufoder herabgestuft werden oder ausfallen. Ein Ausfall stellt einen absorbierenden Zustand dar. Die Übergangswahrscheinlichkeiten werden aus historischen Daten ermittelt und üblicherweise in Matrizenform dargestellt. Aus den Übergangsmatrizen können für Titel aus allen Ratingklassen die Übergangswahrscheinlichkeiten für alle möglichen Zustände abgelesen werden. Im zweiten Schritt müssen für die möglichen Ratingveränderungen die Wertveränderungen der Titel bestimmt werden. Hierbei müssen zwei Fälle unterschieden werden: Fällt ein Titel aus, so wird auf historische Recovery Rates zurückgegriffen. Verändert sich hingegen das Rating eines Titels, so muss dieser neu bewertet werden. Hierzu werden für alle Ratingklassen spezifische Zinskurven abgeleitet, anhand derer die zukünftigen Cash Flows (bezogen auf den Endpunkt der Betrachtungsperiode) diskontiert werden können. Im dritten Schritt werden die Erkenntnisse der ersten beiden Schritte ver-

---

[32] Eine Einführung in Kreditportfoliomodelle findet sich auch bei Hartmann-Wendels et al. 2007, S. 479-497.

knüpft: anhand der Migrationswahrscheinlichkeiten und der möglichen Wertentwicklungen kann für einen Titel einer bestimmten Ratingklasse dessen Erwartungswert zum Ende der Betrachtungsperiode und die dazugehörige Standardabweichung bestimmt werden.

Im letzten Schritt wird die Wertentwicklung eines Portfolios mehrerer Titel analysiert. Hierzu müssen die vorliegenden Korrelationsstrukturen berücksichtigt werden. Diese werden in Credit Metrics durch ein Multifaktormodell abgebildet, wobei die Industrie- und Länderzugehörigkeit als allgemeine Faktoren berücksichtigt werden (vgl. Abschnitt 6.5). Methodisch liegt Credit Metrics also ein Firmenwertmodell zugrunde. Da die Entwicklung der Firmenwerte nicht direkt am Markt beobachtbar ist, wird in Credit Metrics auf Aktienkurse als Näherungsgröße für den Marktwert der Unternehmensaktiva zurückgegriffen. Implizit beinhaltet Credit Metrics somit die Annahme, dass die betrachteten Unternehmen ausschließlich durch Eigenkapital finanziert sind. Unter Berücksichtigung der Korrelationsstruktur wird dann die Wertentwicklung des Portfolios simuliert. Aus den Simulationsergebnissen lässt sich eine Verteilung für die Wertentwicklung des betrachteten Portfolios ableiten. Die resultierende Verteilung wird den für Kreditrisiken typischen rechtsschiefen Verlauf aufweisen. Dies muss bei der Interpretation gängiger Risikomaße, welche von Credit Metrics ausgewiesen werden, berücksichtigt werden.

6.6.2.2 Credit Risk+

Credit Risk+, das Kreditrisikomodell von Credit Suisse, gehört der Klasse der Intensitätsmodelle an. Ziel des Modells ist die Modellierung der Wertentwicklung eines Kreditportfolios. Aus der resultierenden Verteilung kann das ökonomische Kapital (die Differenz zwischen erwartetem und unerwartetem Verlust) abgelesen werden, auch können durch Szenarioanalysen Extremwerte identifiziert werden. Bei der Modellierung werden lediglich Ausfallrisiken berücksichtigt, Spreadveränderungen werden hingegen nicht betrachtet. Die Ergebnisse werden in Credit Risk+ analytisch abgeleitet, es müssen keine Simulationen durchgeführt werden.

Die Wahrscheinlichkeitsverteilung der Anzahl der Ausfälle im Portfolio innerhalb einer Zeitperiode wird in Credit Risk+ durch eine Poisson-Verteilung approximiert. Hierbei wird von einem großen Portfolio und niedrigen sowie zeitkonstanten Ausfallwahrscheinlichkeiten der Einzeltitel ausgegangen. Um die für Kreditrisiken typische Verteilung der Ausfallereignisse abzubilden, wird die Ausfallrate selbst als Zufallsvariable spezifiziert, wobei eine Gamma Verteilung für die durchschnittliche Ausfallrate gewählt wird. Um die tatsächliche Wertentwicklung des Portfolios ermitteln zu können, müssen die entsprechenden Ausfallwahrscheinlichkeiten mit den vorliegenden Exposures, bereinigt um die jeweiligen Recovery Rates (als exogen einfließende Größen), gewichtet werden. Hierzu werden die Netto-Exposures, um den Rechenaufwand zu reduzieren, in nach Volumen geordnete Bänder eingeteilt. Jedes dieser Bänder wird als eigenes Portfolio betrachtet, der jeweilige erwartete Verlust wird ermittelt. Hieraus lässt sich anschließend die Verlustverteilung des Gesamtportfolios bestimmen. Die Korrelationsstrukturen innerhalb des betrachteten Portfolios können in Credit Risk+ (ähnlich der oben geschilderten Vorgehensweise von Credit Metrics) über die Zugehörigkeit einzelner Positionen zu bestimmten Sektoren abgebildet werden. Für die Sektoren werden sektorspezifische Ausfallraten, wiederum als stochastische Größen, ermittelt. Die durchschnittlichen Ausfallraten sind durch diese Modellspezifikation eine lineare Funktion der Hintergrundfaktoren, welche ihrerseits voneinander unabhängig sind.

Als Stärke des Modells kann herausgehoben werden, dass die Lösung analytisch ermittelt wird und dass nur wenige Inputparameter benötigt werden. Da Spreadveränderungen keine Berücksichtigung finden, eignet sich das Modell insbesondere für Buy-and-Hold Portfolios.

6.7 Resümee und Verweis auf Anwendungsbeispiele

Die Grundzüge der oben vorgestellten Modelle zur Bewertung von ausfallrisikobehafteten Titeln lassen sich wie folgt zusammenfassen:

- Die zunächst beschriebenen modellunabhängigen Bewertungsansätze vertiefen das Verständnis der zu Grunde liegenden Instrumente und ermöglichen die Ermittlung von Preisspannen für diese.
- Firmenwertmodelle gehen zurück auf Merton 1974. Die Ausfallwahrscheinlichkeit wird hierbei modellendogen durch die Wertentwicklung des Firmenwertes determiniert – fällt dieser unter eine Ausfallschranke liegt ein Ausfallereignis vor. Der Vorteil der Firmenwertmodelle liegt in der Möglichkeit der ökonomischen Interpretation der Ausfallereignisse. Jedoch ist deren Parametrisierung mit Schwierigkeiten verbunden, da sowohl der Unternehmenswert als auch dessen Volatilität nicht am Markt zu beobachten sind und somit beispielsweise unter Verwendung von Aktienkursen approximiert werden müssen. Auch liefert das Grundmodell für kurze Restlaufzeiten der betrachteten Titel zu niedrige Credit Spreads.
- Intensitätsmodelle dagegen modellieren das Ausfallereignis exogen als ersten Sprung entsprechender stochastischer Prozesse. Somit ist ein Ausfall auch bei kurzen Restlaufzeiten nicht mehr vorhersehbar, auch kurzfristige Credit Spreads können marktgerecht abgebildet werden. Zudem gestaltet sich die Parametrisierung der Intensitätsmodelle einfacher.

Grundsätzlich bleibt die vergleichsweise schlechte Datenhistorie im Bereich des Kreditrisikomanagements jedoch ein Problem für beide Modellansätze (Firmenwert- und Intensitätsmodelle), welches sich allerdings im Zeitablauf abschwächen sollte, da es von den Marktteilnehmern als solches erkannt wurde.[33] Für die in Abschnitt 6.6 vorgestellten kommerziellen Kreditrisikomodelle sind beide Modellansätze von Bedeutung.

Die konkrete Anwendung der Firmenwert- und Intensitätsmodelle wird von verschiedenen Autoren vollzogen. Pierides 1997 nutzt den Modellrahmen der Firmenwertmodelle zur Bewertung von Put Optionen mit einem Zerobond eines

---

[33] Vgl. Läger 2002, S. 378.

Unternehmens als Basiswert und von Kaufoptionen auf den Spread der betrachteten Anleihe. Auch bei Das 1995 findet das Firmenwertmodell bei der Bewertung von Kreditderivaten Anwendung. Hier werden sog. Credit Risk Options bewertet, welche den Käufer einer solchen Option gegen Wertveränderungen einer Kreditposition absichern, wenn der Wert der Kreditposition einen zuvor festgelegten Schwellenwert erreicht. Die Bewertung erfolgt als Compound Option, also als Option auf eine Option, da der Fremdkapitalanspruch selbst eine Option auf den Firmenwert darstellt. Ein numerisches Beispiel zur Ermittlung der Ausfallwahrscheinlichkeit in Firmenwertmodellen enthält Crosbie 1999.[34] Die Bewertung einer Vielzahl von Kreditderivaten anhand von Intensitätsmodellen findet sich in Felsenheimer et al. 2006, eine Beispielrechnung bei Hartmann-Wendels et al. 2007.[35] Auch in Bluhm et al. 2003 finden sich neben der Beschreibung verschiedener Modellierungsansätze Anwendungsmöglichkeiten derselben auf einige Kreditrisikotransferinstrumente. Ein ausführliches Beispiel zur Bewertung von Basket-Kreditderivaten und CLOs formuliert Lehrbass 2005.

---

[34] Vgl. Crosbie 1999, S. 173-175.
[35] Vgl. Felsenheimer et al. 2006, S.303-364 und Hartmann-Wendels et al. 2007, S. 484-495.

7 Regulatorische Aspekte und Bilanzierung

7.1 Bankaufsichtliche Behandlung des Kreditrisikotransfers

7.1.1 Die erste Säule von Basel II

Im Juni 2004 wurde durch den Baseler Ausschuss für Bankenaufsicht der Rahmenvertrag der unter der Bezeichnung Basel II bekannt gewordenen neuen regulatorischen Anforderungen veröffentlicht. Mit diesem Dokument wurden feste Vorgaben zur regulatorischen Beurteilung der Kapitaladäquanz aufgestellt. Eine überarbeitete Version des Dokuments wurde im November 2005 nachgereicht. Die Vorgaben des Baseler Ausschusses haben grundsätzlich nur empfehlenden Charakter. Dennoch sind sie mittlerweile in zahlreichen Ländern in nationales Recht umgesetzt und in die bankenaufsichtlichen Regelungen aufgenommen worden.

In der Europäischen Union wurden die Baseler Empfehlungen in Europäische Richtlinien übernommen, die für alle Kreditinstitute gelten. Dazu erfolgten Änderungen der relevanten EU-Richtlinien 2000/12/EG für Kreditinstitute und 93/6/EWG für Wertpapierhäuser, die im September 2005 durch das europäische Parlament verabschiedet und im Oktober 2005 vom Rat der Wirtschafts- und Finanzminister (ECOFIN) abgesegnet wurden. Durch diese Schritte wurden die Anforderungen für die betroffenen Adressaten rechtlich und inhaltlich verbindlich. Die im Herbst 2005 verabschiedete Capital Requirements Directive dient als Basis für die Umsetzung von Basel II in nationales Recht. Die in der Säule I geregelten quantitativen Eigenmittelanforderungen werden in Deutschland durch die Bundesanstalt für Finanzdienstleistungsaufsicht (BaFin) in Form der Solvabilitätsverordnung (SolvV) in deutsches Aufsichtsrecht übernommen.

Im Rahmen der Beaufsichtigung von Kreditinstituten durch die Finanzaufsicht haben Eigenmittelanforderungen eine zentrale Bedeutung. Eigenkapital hat die Funktion, hohe, selten auftretende Verluste abzufedern, die nicht durch den im normalen Geschäft aufgebauten Risikopuffer gedeckt sind, der durch die Ausgestaltung risikoadjustierter Margen oder bankinterner Risikovorsorge entsteht. Der Eigenkapitalpuffer soll zur Vermeidung von Insolvenzen der Kreditinstitute aufgrund hoher Kreditausfälle beitragen. Eigenmittelanforderungen verringern die Wahrscheinlichkeit existenzgefährdender Verluste auch dadurch, dass die Möglichkeit Risiken einzugehen durch das haftende Eigenkapital begrenzt wird und problembehaftete Kreditinstitute identifiziert werden. Ziel der im aktuellen Rahmenvertrag bzw. der Solvabilitätsverordnung implementierten Neuerungen, insbesondere der vergleichsweise hohen Risikosensitivität der Eigenmittelanforderungen, ist es, zu einer Verbesserung der Regulierung von Kreditinstituten dahingehend beizutragen, dass höhere Risiken auch mit mehr Eigenkapital gedeckt sein müssen.

Als übergeordneter Ansatz des Basel II Regelwerkes steht ein System aus drei sich ergänzenden Säulen. Zentraler Punkt der ersten Säule, die im Fokus dieses Kapitels steht, ist die Ausgestaltung quantitativer Mindesteigenkapitalanforderungen. Ziel dieser Mindesteigenkapitalvorschriften ist es, die Risikoallokation der Banken ex ante zu steuern und Eingriffsmöglichkeiten durch die Bankenaufsicht zu legitimieren.[1] Mit der zweiten Säule sollen darüber hinaus kontinuierliche aufsichtliche Überprüfungsverfahren und in der dritten Säule weitgehende Transparenzanforderungen mit Bezug auf den Kapitalmarkt installiert werden. Die drei Säulen sind nicht isoliert zu sehen, da sie ineinander greifen und gemeinsam einen umfassenden Regulierungsansatz bilden.[2]

Der öffentlich am meisten wahrgenommene Bestandteil der neuen Regelungen ist die unter der ersten Säule subsumierte Ausgestaltung der Mindesteigenmittelanforderungen. 1988 wurden im Rahmen von „Basel I" Mindesteigenkapitalquoten für Kreditrisiken festgelegt, die grundsätzlich für jeden ausgegebenen Kredit 8% der Kreditsumme vorsehen.[3] Diese Eigenkapitalregelungen waren zwar relativ erfolgreich und trugen maßgeblich zu einer Stabilisierung des internationalen Finanzsystems bei. Dennoch regte sich in den letzten Jahren aus verschiedenen Richtungen Kritik an diesem System, da die Anforderungen zu wenig differenziert sind, Kapitalarbitrageaktivitäten fördern und neuere Finanzinstrumente wie z.B. Verbriefungen oder Kreditderivate nur ungenügend erfassen.[4] Um diesen Kritikpunkten gerecht zu werden und um der Entwicklung zunehmend komplexer werdender Risikomessmethoden in den Kreditinstituten Rechnung zu tragen, ist die regulatorische Kapitalunterlegung für Kreditrisiken im Rahmen von Basel II bzw. der Solvabilitätsverordnung stärker am vorhandenen Risiko ausgerichtet.

Die Überarbeitung der Anforderungen vollzog sich in engem Austausch zwischen den Aufsichtsbehörden und der Kreditwirtschaft. Nicht zuletzt aufgrund dieser Zusammenarbeit konnten zahlreiche Probleme rechtzeitig aufgegriffen und möglichst adäquate Lösungsansätze entwickelt werden. Implizites Ziel der Aufsicht im Konsultationsprozess war es, die durchschnittlichen Kapitalanforderungen im Gesamtsystem bei einer risikosensitiveren Ausgestaltung im Vergleich zu den bisherigen Regelungen weitgehend konstant zu halten, jedoch leichte Anreize für einen Übergang in die risikosensitiveren, fortgeschrittenen Risikomessansätze zu schaffen. Insofern sollte die Anwendung der differenzierten IRB-Ansätze trotz der damit verbundenen Implementierungskosten zumindest für größere Kreditinstitute interessant sein.

---

[1] Vgl. Follak 2004, S. 162.
[2] Vgl. Paul 2002, S. 9-10.
[3] Vgl. Basel Committee on Banking Supervision 1988, S. 14, § 44.
[4] Vgl. z.B. Karacadag u. Taylor 2000, S. 5-7.

7.1.2 Die IRB-Ansätze

7.1.2.1 Einordnung der IRB-Ansätze

Auch im aktuellen Regulierungsvorschlag wird ein als Solvabilitätskoeffizient bezeichneter allgemeiner Unterlegungssatz von 8% zugrunde gelegt. Der Solvabilitätskoeffizient wird dabei mit dem ausstehenden Kreditbetrag und dem jeweiligen Risikogewicht multipliziert, um die bankaufsichtlichen Eigenmittelanforderungen zu berechnen. Die Gleichung zur Ermittlung der auch als regulatorisches Kapital bezeichneten Mindesteigenmittelanforderung ergibt sich somit auf folgende Weise:

$$\begin{bmatrix} \text{Eigenmittel} - \\ \text{anforderung} \end{bmatrix} = \begin{bmatrix} \text{Kredit} - \\ \text{betrag} \end{bmatrix} \cdot \begin{bmatrix} \text{Risikogewicht} \\ \text{des Kredits} \end{bmatrix} \cdot 8\%$$

Eine wesentliche Neuerung der Eigenmittelanforderungen für Kreditrisiken nach Basel II ist, dass insbesondere zur Ermittlung des Risikogewichts mehrere Verfahren alternativ verwendet werden können.[5] Kreditinstitute haben in Zukunft die Wahl, Kreditrisiken nach der sogenannten Standardmethode oder nach den auf internen Ratingurteilen basierenden Ansätzen (IRB-Ansätze) zu bestimmen und mit Eigenmitteln zu unterlegen. Es besteht keine Verpflichtung, einen bestimmten Ansatz zu wählen, wobei jedoch ein partieller Einsatz unterschiedlicher Ansätze nicht möglich ist und sich durch die risikosensitiven IRB-Ansätze potentiell eine Absenkung der Eigenkapitalanforderungen erreichen lässt. Zu beachten ist jedoch, dass die IRB-Ansätze höhere Anforderungen an die internen Systeme stellen und somit auch höhere Kosten der Implementierung verursachen.

Der Standardansatz ähnelt stark den bisherigen regulatorischen Anforderungen. Da er auf vorgegebenen festen Risikogewichtungssätzen für bestimmte Kreditarten bzw. für externe Ratingurteile aufbaut, stellt er lediglich geringe Anforderungen an die Weiterentwicklung der bankinternen Risikomess- und Risikosteuerungssysteme. Im Gegensatz dazu greifen die IRB-Ansätze auf eine bankintern ermittelte Risikoeinstufung der Kreditnehmer zurück. Für jeden Kredit müssen bis zu vier Risikoparameter bestimmt werden. Es handelt sich um die Ausfallwahrscheinlichkeit der Kreditnehmer (Probability of Default PD), das erwartete Exposure bei Ausfall (Exposure at Default EAD), d.h. die vermutlich ausstehende Höhe des Kredites zum Ausfallzeitpunkt, die Verlustrate (Loss Given Default LGD), die beschreibt wie viel Prozent des ausstehenden Kreditbetrages verloren gehen, und die Laufzeit (Maturity Ma) des Kreditengagements. Für kleine und mittelgroße Unternehmen ist zusätzlich eine Größenanpassung der Risikogewichte in Form des Parameters S vorzunehmen, der die jeweilige Unternehmensgröße, gemessen als Jahresumsatz in Millionen Euro, berücksichtigt.

Innerhalb der IRB-Ansätze werden der Basis- und der fortgeschrittene Ansatz unterschieden. Im IRB-Basisansatz muss das Kreditinstitut nur die Ausfallwahr-

---

[5] Die detaillierte Beschreibung der im Folgenden skizzierten Baseler Anforderungen findet sich in Basel Committee on Banking Supervision 2005. Eine weitergehende Einführung liefert Hofmann u. Pluto 2005, S. 241-270.

scheinlichkeit je Ratingklasse bestimmen, während *EAD*, *LGD* und *Ma* entsprechend der Kreditart und Besicherung bankenaufsichtlich vorgegeben werden. Für die Maturity wird im Basisansatz z.B. ein Wert von $Ma = 2{,}5$ angesetzt während im fortgeschrittenen Ansatz eine differenzierte Ermittlung notwendig ist. Zentrale Inputgröße des IRB-Basisansatzes ist die in einem internen Ratingverfahren ermittelte Ausfallwahrscheinlichkeit der mit Kapital zu unterlegenden Kreditposition. Im Gegensatz dazu müssen die Kreditinstitute im fortgeschrittenen IRB-Ansatz alle Risikoparameter selbst schätzen und auch Kreditsicherheiten in einem weitgehenden Umfang berücksichtigen. Um sich für die Verwendung des fortgeschrittenen IRB-Ansatzes zu qualifizieren, sind umfangreichere methodische sowie datenbezogene Anforderungen zu erfüllen.[6]

Da sich die IRB-Ansätze bei der Ermittlung der Mindesteigenkapitalanforderungen auf eigene bankinterne Schätzungen von Risikokomponenten stützen, bedürfen sie der Zulassung durch die BaFin. Ohne Zulassung sind die Banken lediglich für die Anwendung des Standardansatzes berechtigt. Für die Zulassung müssen die Banken deshalb einen Antrag stellen, der in enger Abstimmung der Institute mit der Bankenaufsicht, d.h. der BaFin und der Deutschen Bundesbank, geprüft wird.

Schriftliche Anträge auf Zulassung sind einerseits für die erstmalige Zulassung eines Instituts zum IRB-Ansatz nötig. Anderseits müssen auch die Erweiterungen einer bereits bestehenden Zulassung zum Basisansatz um die weiteren Risikokomponenten des fortgeschrittenen Ansatzes sowie bisher noch nicht zugelassene Ratingsysteme für zusätzliche Geschäftsfelder, neue Produkte oder neue Märkte genehmigt werden. Dem Antrag auf Zulassung sind ein Umsetzungsplan, Konkordanzlisten sowie Dokumentationen beizufügen. Unter Konkordanzlisten verstehen die Regulierungsinstanzen dabei bankaufsichtlich vorgegebene Tabellen, in denen die Institute darlegen, wie sie die einzelnen Anforderungen erfüllen. Sämtliche darin angesprochenen Dokumente nebst Anlagenverzeichnis sind zu dokumentieren und zusätzlich zu Organigrammen der bankinternen Aufbauorganisation einzureichen.[7] Darüber hinaus muss der Umsetzungsplan als zentrales Dokument des Zulassungsantrags zu den IRB-Ansätzen eine verbindliche Darstellung der bankinternen Implementierungszeitpunkte für alle zuzulassenden Ratingsysteme beinhalten.

Die Zulassungsprüfung, die weitgehend in den jeweiligen Kreditinstituten vor Ort erfolgt, beinhaltet primär die Überprüfung der Nutzungsvoraussetzungen gemäß § 60 SolvV. Sie wird nur dann initiiert, wenn das Kreditinstitut ausreichende Erfahrung beim Einsatz von Ratingsystemen aufweisen kann und das zur Prüfung vorgelegte Ratingsystem die Anforderungen der Solvabilitätsverordnung erfüllt sowie über einen angemessenen Zeitraum als maßgebliches Instrument zur Messung und Steuerung der Adressrisiken angewandt wurde.

Wesentliche Punkte der Eignungsprüfungen sind die Qualität des Umsetzungsplans, die vollständige Erfassung des Neugeschäfts und des Bestandsgeschäfts, der

---

[6] Vgl. Deutsche Bundesbank 2001, S. 26.
[7] Eine ökonomische Analyse der organisatorischen Ausgestaltung bankinterner Ratingverfahren liefert Hofmann 2006, S. 651-680.

Abdeckungsgrad der Geschäftsbereiche mit geeigneten internen Ratingsystemen, die Eignung der internen Ratingsysteme zur Ermittlung der Mindesteigenkapitalanforderung, die Einbindung der internen Ratingsysteme in die ökonomischen Prozesse des Instituts, die Erfüllung der Offenlegungsanforderungen sowie die Vorbereitung von Stresstests und Validierungsmethoden. In jedem Fall wird sich die Bankenaufsicht einen Überblick über das Gesamtportfolio verschaffen und überprüfen, wieweit die institutsinterne Zuordnung von Forderungen zu den Forderungsklassen mit der Anwendung der Ratingsysteme vereinbar ist.

7.1.2.2 Bestimmung der Risikogewichte in den IRB-Ansätzen

Die Funktionen zur Ermittlung der Kapitalanforderungen im IRB-Ansatz sind differenzierter als im Standardansatz. Die IRB-Gleichungen finden ihre theoretische Fundierung in einem Ein-Faktor-Kreditportfoliomodell, das mit einer von der Aufsicht vorgegebenen Parametrisierung auf ein granulares Portfolio angewandt wird.[8] Das aufsichtliche Kreditrisikomodell beruht somit auf der Annahme, dass große Bankkreditportfolios eine unendliche Diversifikation und Granularität aufweisen und nur noch dem systematischen Risiko des Gesamtportfolios ausgesetzt sind. Als relevantes Risiko des Kreditgeschäfts werden die über den durchschnittlich erwarteten Verlust hinausgehenden unerwarteten Verluste gesehen, die gemäß der regulatorischen Erfordernisse mit Eigenmitteln zu unterlegen sind.

Das bankenaufsichtliche Kreditrisikomodell macht sich den Umstand zu Nutze, dass methodisch unterschiedliche Modelle unter vereinfachenden, identischen Annahmen vergleichbare Ergebnisse liefern. Diese Erkenntnis führte zu der Entwicklung eines einfachen aufsichtlichen Ein-Faktor-Modells, in dem für die Berechnung der Eigenkapitalanforderungen K jeweils ein homogenes Portfolio von Krediten mit einer Laufzeit von einem Jahr, gleichem Exposure und einer Ausfallwahrscheinlichkeit in Höhe der PD unterstellt wird.[9] Um daraus die gewichteten Risikoaktiva RWA zu erhalten, wird K auf das EAD angewendet und mit 12,5 multipliziert:

$$RWA = K \cdot 12,5 \cdot EAD \qquad (7.1)$$

Das Konzept der Ermittlung der Eigenmittelanforderungen ist für Kredite an Unternehmen, Staaten und Kreditinstitute grundsätzlich vergleichbar, wobei jedoch Skalierungsfaktoren und unterschiedliche Korrelationsannahmen verwendet werden, um der unterschiedlichen Risikostruktur der Aktiva gerecht zu werden. Darüber hinaus ist hinsichtlich der bankintern ermittelten bzw. aufsichtlich vorgegebenen Inputfaktoren zwischen fortgeschrittenem und Basisansatz zu unterscheiden. Während die Inputparameter im fortgeschrittenen Ansatz weitgehend intern ermittelt werden, sind mit Ausnahme der PD im Basisansatz feste Werte vorgegeben. So wird für vorrangige unbesicherte Forderungen zum Beispiel $LGD = 0,45$

---

[8] Vgl. Gordy 2003, S. 202-223.
[9] Vgl. Hofmann 2005, S. 181-184, und Gordy 2000, S. 125-143.

fixiert und die Restlaufzeit beträgt grundsätzlich $Ma = 2{,}5$. Im aktuellen Rahmenvertrag erfolgt die Berechnung gemäß:

$$K = \left[LGD \cdot \Phi\left(\frac{\Phi^{-1}(PD)}{\sqrt{1-\rho}} + \sqrt{\frac{\rho}{1-\rho}} \Phi^{-1}(0{,}999) \right) - (PD \cdot LGD) \right] \cdot \frac{(1 + b \cdot (Ma - 2{,}5))}{1 - 1{,}5 \cdot b} \quad (7.2)$$

Neben den Inputparametern *LGD*, *PD* und *Ma* wird in dieser Funktion die Assetkorrelation ρ und eine Restlaufzeitanpassung *b* berücksichtigt.[10]

Der erste Term der Gleichung ergibt sich direkt aus dem dargestellten einfachen Kreditportfoliomodell. Er repräsentiert für einen Betrachtungszeitraum von einem Jahr den mit der *LGD* gewichteten und um den erwarteten Verlust bereinigten unerwarteten Verlust je Krediteinheit für ein Konfidenzniveau von 99,9%. Im zweiten Term der Gleichung wird die Laufzeit berücksichtigt, wobei sich der Parameter *b* unter Rückgriff auf den natürlichen Logarithmus ln folgendermaßen ergibt:

$$b = \left(0{,}11852 - 0{,}05478 \cdot \ln(PD) \right)^2 \quad (7.3)$$

Wesentliche Bedeutung hat die Korrelationsannahme, deren Modellierung ebenfalls aufsichtlich vorgegeben und in Abhängigkeit von der Ausfallwahrscheinlichkeit in folgender Gleichung berücksichtigt wird:

$$\rho = 0{,}12 \left(\frac{1 - e^{-50 PD}}{1 - e^{-50}} \right) + 0{,}24 \left(\frac{1 - (1 - e^{-50 PD})}{1 - e^{-50}} \right) \quad (7.4)$$

Die Funktion ist derart ausgestaltet, dass sich die Assetkorrelation in der Bandbreite zwischen 0,12 und 0,24 bewegen kann und ρ mit steigender Ausfallwahrscheinlichkeit sinkt. Inhaltlich kann dieser Zusammenhang dadurch begründet werden, dass Unternehmen mit besserer Bonität eine höhere Abhängigkeit vom systematischen Faktor haben und dieser Einfluss mit steigender Ausfallwahrscheinlichkeit abnimmt. Empirische Ergebnisse unterstützen diese Annahme jedoch nur eingeschränkt.[11]

Die Korrelationsannahme ρ wird für kleine und mittlere Unternehmen (SME) zusätzlich um einen Größenfaktor $S \in [5; 50]$ erweitert, der den jeweiligen Jahresumsatz der kreditnehmenden Unternehmen in Millionen Euro darstellt, Ausprä-

---

[10] $\Phi(\cdot)$ steht für die Verteilungsfunktion der Standardnormalverteilung.
[11] Empirische Untersuchungen ergeben kritische Ergebnisse hinsichtlich der spezifischen Behandlung von SME, vgl. Dietsch u. Petey 2004 und Jacobson et al. 2004. Der im aktuellen Rahmenvertrag implementierte grundsätzliche Zusammenhang zwischen Korrelationen, Ausfallwahrscheinlichkeiten und Unternehmensgröße wird von Lopez 2002 unterstützt.

gungen zwischen 5 und 50 annehmen kann und die Gleichung zur Ermittlung der Korrelationen entsprechend beeinflusst. Die modifizierte Gleichung stellt sich folgendermaßen dar:

$$\rho = 0{,}12 \left(\frac{1-e^{-50PD}}{1-e^{-50}} \right) + 0{,}24 \left(\frac{1-(1-e^{-50PD})}{1-e^{-50}} \right) - 0{,}04 \left(1 - \frac{S-5}{45} \right) \quad (7.5)$$

Durch die Erweiterung bewegen sich die Korrelationen nun zwischen 0,08 und 0,24 und weisen eine Abhängigkeit von *PD* und *S* auf. Die Erweiterung um den dritten Term ist derart ausgestaltet, dass für $S \geq 50$ die Laufzeitanpassung keine Auswirkungen hat und geringere Ausprägungen von *S* eine Absenkung der Korrelationen um maximal 0,04 für $S \leq 5$ bewirken.

Im Folgenden soll der Verlauf der Kapitalanforderungen für Unternehmenskredite im Basisansatz mit *Ma* = 2,5 und *LGD* = 0,45 graphisch skizziert werden. Unterschieden wird dabei zwischen kleinen Unternehmen mit $S \leq 5$ und großen Unternehmen mit einem Euro Umsatzvolumen von über 50 Millionen Euro.

Abbildung 7.1 zeigt deutlich, dass sich die Eigenkapitalanforderungen risikosensitiv verhalten und mit einem Anstieg der erwarteten Ausfallwahrscheinlichkeit zunehmen. Es wird auch ersichtlich, dass kleine Unternehmen aufgrund der geringeren Korrelationsannahmen durchweg geringere Anforderungen implizieren. Durch diese Modellierung soll der höheren Diversifikationsmöglichkeit kleiner Unternehmen im Bankportfolio Rechnung getragen werden.

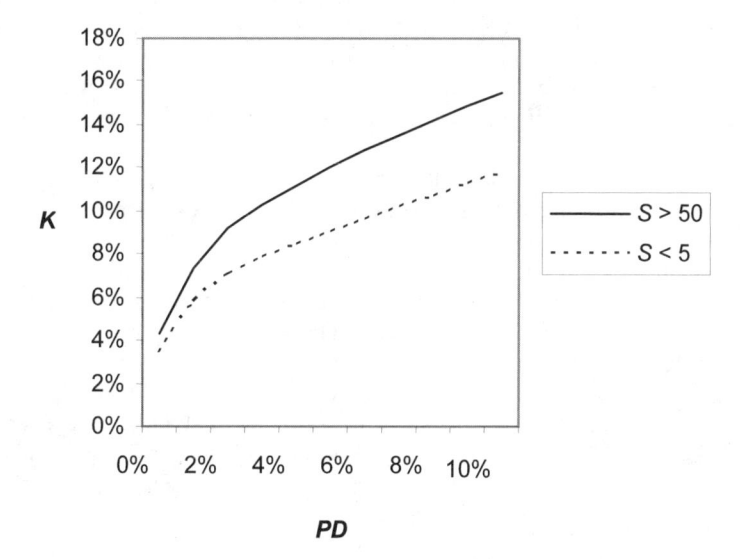

Abb. 7.1. IRB-Eigenmittelanforderungen für Unternehmenskredite

Implizites aufsichtliches Ziel bezüglich der Gesamtheit an Eigenmittelanforderungen ist es, die Anforderungen institutsspezifisch risikosensitiver auszugestalten, jedoch das Kapital im Gesamtfinanzsystem relativ konstant zu halten. Annähernd gleichbleibende Eigenmittelanforderungen im Vergleich zu dem heutigen Kapitalstandard erscheinen sinnvoll, da der Solvenzstandard von 8 % des Baseler Akkords von 1988 zu einer vergleichbar hohen Stabilität der Finanzsysteme geführt hat und übermäßige Veränderungen die internationalen Finanzmärkte zumindest kurzfristig destabilisieren könnten. Daneben sollen jedoch auch Anreize gesetzt werden, die IRB-Ansätze zu verwenden, da deren Einsatz potentiell die bankinterne Risikomessung und Risikosteuerung verbessert. Aus diesem Grund führen die IRB-Ansätze im Durchschnitt zu vergleichbar leicht verringerten Kapitalanforderungen.

7.1.3 Behandlung von derivativen Instrumenten des Kreditrisikotransfers

7.1.3.1 Risikotransfer mit Hilfe von Kreditderivaten

Der Einsatz von Kreditderivaten wird im Rahmen von Basel II aufsichtlich explizit als kreditrisikomindernde (Credit Risk Mitigation) Technik akzeptiert. Gemäß Säule I ist die Kapitalanforderung einer Verbriefungsposition auf Basis des ökonomischen Gehalts und nicht auf Basis der rechtlichen Form zu bestimmen. Um als Risikotransfer anerkannt zu werden, müssen zahlreiche operationelle Anforderungen erfüllt werden.[12] Für den Standardansatz und IRB-Ansatz sind dabei die identischen operationellen Voraussetzungen zu erfüllen. Im Unterschied zu dem grundsätzlichen Regulierungsansatz von Kreditrisiken hat die ansetzende Bank für Verbriefungen auch keine Wahlmöglichkeit zwischen Standard- und IRB-Ansatz, da jeweils dem gewählten allgemeinen Ansatz für den verbrieften Forderungstyp zu folgen ist.[13]

Die zu erfüllenden Mindestkriterien orientieren sich weitgehend an den praxisüblichen Vereinbarungen der Rahmenverträge der ISDA (International Swaps and Derivatives Association). So müssen der Absicherungsumfang klar definiert und die Risiken wirksam auf den Sicherungsgeber übertragen worden sein. Falls das Kreditereignis eintritt, muss daraus eine rechtlich durchsetzbare, unwiderrufliche und unbedingte Forderung gegen den Sicherungsgeber resultieren. Darüber hinaus darf die Vereinbarung keine Erhöhung der Absicherungskosten im Zeitablauf in Abhängigkeit von der Entwicklung, d.h. Verschlechterung der Kreditqualität des zugrunde liegenden Assets, beinhalten. Als Garantie- und Sicherungsgeber werden staatliche und staatsnahe Einrichtungen, Kreditinstitute und Unternehmern anerkannt, die ein externes Rating von A- oder besser aufweisen. Kapitalerleichterun-

---

[12] Vgl. Basel Committee on Banking Supervision 2005, S. 41-43. Die operationellen Anforderungen für Kreditderivate sind detailliert in den § 189 und § 191 beschrieben.
[13] Vgl. Reichardt-Perry 2005, S. 376.

gen werden dabei immer dann gewährt, wenn der Sicherungsgeber ein geringeres Risikogewicht aufweist als die abgesicherte Forderung. Zur Ermittlung des Besicherungsumfangs wird auf die Höhe der maximalen Ausgleichszahlung abgestellt, wobei Währungs- sowie Laufzeitinkongruenzen zwischen Kreditderivat und abzusichernder Position berücksichtig werden müssen.[14] Falls die Restlaufzeit der Absicherung niedriger als die Restlaufzeit der Forderung ist, resultiert aus dieser Situation eine lediglich teilweise Anerkennung. Keine Absicherungswirkung kann angesetzt werden, wenn das Absicherungsinstrument eine Restlaufzeit von unter drei Monaten aufweist. Kreditderivate, die einen Barausgleich (Cash Settlement) vorsehen, werden für Eigenmittelzwecke nur anerkannt, wenn ein geeignetes Bewertungsverfahren für die Referenzforderung vorliegt. Das Bewertungsverfahren muss dabei eine zuverlässige Schätzung des Verlusts innerhalb eines klar definierten Zeitraums nach dem Eintreten eines Kreditereignisses ermöglichen.

Falls einem Kreditderivat mehrere Referenzschuldner zugrunde liegen und die volle Ausgleichszahlung des Kreditderivats erst bei Ausfall des zweiten, dritten, etc. Schuldners resultiert (sog. n-th-to-Default Kreditderivate), werden unterschiedliche Ansätze herangezogen, je nachdem ob der erste Ausfall (First-to-Default) oder weitere Ausfälle, z.B. Second-to-Default, relevant sind. Bei einem First-to-Default Kreditderivat kann in Basel II der Sicherungsnehmer den Substitutionsansatz für die abzusichernden Assets mit dem geringsten risikogewichteten Betrag im Basket heranziehen. Der Risikonehmer hat dagegen das aggregierte Risikogewicht der einzelnen Referenzschuldner (maximal 1.250 %) anzusetzen, wobei in der Berechnung nur die Assets mit dem geringsten Risikogewicht unberücksichtigt bleiben können.[15] Second-to-Default Kreditderivate, die erst bei einem zweiten Ausfall innerhalb des Referenzpools zu einer Ausgleichszahlung führen, bewirken nach Basel II für den Sicherungsnehmer nur dann eine Kapitalerleichterung, wenn bereits ein Kreditereignis eingetreten ist oder zusätzlich ein First-to-Default Kreditderivat erworben wurde. Darüber hinaus können Forderungen im Anlagebuch nur dann durch interne Kreditderivategeschäfte mit dem Handelsbuch abgesichert werden, wenn das Handelsbuchrisiko durch weitere Geschäfte mit anerkennungsfähigen externen Sicherungsgebern abgedeckt wird.

7.1.3.2 Behandlung von Verbriefungen

Im Baseler Akkord wird der Behandlung von Verbriefungen ein eigenes Kapitel gewidmet, das sich im Anschluss an die Darstellung der IRB-Ansätze findet.[16] Grundsätzlich muss für sämtliche Verpflichtungen aus Verbriefungspositionen Kapital vorgehalten werden. Dies gilt insbesondere auch für Verpflichtungen, die aus Kreditrisikominderungen einer Verbriefungstransaktion oder einer zurückgehaltenen nachrangigen Tranche sowie der Bereitstellung von Liquiditätsfazilitäten

---

[14] Vgl. Cramme 2005, S. 335.
[15] Vgl. Basel Committee on Banking Supervision 2005, § 210, S. 47.
[16] Vgl. Basel Committee on Banking Supervision 2005, § 538 bis § 643, S.116-139.

oder Credit Enhancements resultieren. Unter Liquiditätsfazilitäten versteht man dabei Überziehungskredite bzw. Liquiditätslinien, die zur Überbrückung von kurzfristigen Finanzierungslücken bereitgestellt werden. Credit Enhancements sind bonitätsverbessernde Instrumente wie z.B. Sicherheiten oder einbehaltene Gewinne, die im Rahmen einer Verbriefungsstruktur die Kreditwürdigkeit oder das Rating der verbrieften Vermögenswerte verbessern sollen.[17]

Engagiert sich die Bank als Sicherungsgeber, ist die resultierende Absicherungsverpflichtung für die Ermittlung der notwendigen Eigenmittel wie eine direkte Forderung gegenüber dem Referenzschuldner zu behandeln. In der Ermittlung der Risikogewichte für Credit Linked Notes ist darüber hinaus zu beachten, dass die Rückzahlung sowohl von der Bonität des Referenzschuldners als auch von der Bonität des Emittenten abhängt. Zur Bestimmung der vorzuhaltenden Eigenmittel wird deshalb jeweils das höhere der beiden Risikogewichte herangezogen.

Banken, die für das Kreditrisiko den Standardansatz gewählt haben, müssen auch für Verbriefungen diesen Ansatz einsetzen. Die Verbriefungspositionen erfahren die identische Bewertung unabhängig davon, ob sie vom Originator zurückgehalten oder zurückgekauft bzw. von einem Investor gehalten werden. Darüber hinaus wird kein Unterschied zwischen Asset-unterlegten und synthetischen Verbriefungen gemacht. Anreize für einen Risikotransfer durch den Originator werden im Standardansatz dadurch erzeugt, dass Verbriefungspositionen mit einem Rating schlechter als Investment Grade beim Originator vom Kapital abgezogen werden.[18] Der Abzug vom regulatorischen Kapital ist dabei zu 50 % vom Kernkapital und zu 50 % vom Ergänzungskapital vorzunehmen.[19] Im Unterschied dazu haben Investoren die Möglichkeit die Tranchen mit einem externen Rating von BB+ bis BB- mit 350 % Risiko zu gewichten.[20] Aufgeteilt nach langfristigen und kurzfristigen Ratingkategorien sind im Standardansatz die in den Tabellen 7.1 und 7.2 abgetragenen Risikogewichtungen anzusetzen.

Tabelle 7.1. Risikogewichtung von Verbriefungen im Standardansatz (langfristige Ratingkategorien)

Externes Ratingurteil	AAA bis AA-	A+ bis A-	BBB+ bis BBB-	BB+ bis BB-	B+ und schlechter oder nicht geratet
Risikogewicht	20 %	50 %	100 %	350 %*	Kapitalabzug

* nur für Investoren; für Originatoren Kapitalabzug

---

[17] Vgl. Abschnitt 3.4.1.
[18] Vgl. Basel Committee on Banking Supervision 2005, § 570, S. 123
[19] Vgl. Basel Committee on Banking Supervision 2005, § 561, S. 121.
[20] Vgl. Basel Committee on Banking Supervision 2005, § 569, S. 123

Tabelle 7.2. Risikogewichtung von Verbriefungen im Standardansatz (kurzfristige Ratingkategorien)

Externes Ratingurteil	A-1/P-1	A-2/P-2	A-3/P-3	Alle anderen Ratingurteile oder nicht geratet
Risikogewicht	20 %	50 %	100 %	Kapitalabzug

Für nicht geratete Positionen ist somit grundsätzlich ein vollständiger Kapitalabzug nötig. Ausnahmen von dieser Regelung gelten für anrechenbare Liquiditätsfazilitäten sowie die höchstrangige Position der Verbriefung bzw. Positionen, welche die Anforderungen gem. § 574 des Baseler Akkords[21] erfüllen. Im § 574 werden im Detail drei Anforderungen beschrieben, die kumulativ einzuhalten sind:

1. Das Exposure entspricht aus ökonomischer Sicht mindestens einer Second-Loss Position, wobei die First-Loss Position ausreichenden Schutz für die folgenden Positionen bietet.
2. Das der jeweiligen Position zuzuordnende Kreditrisiko entspricht mindestens Investment Grade.
3. Die Bank, die das ungeratete Exposure hält, ist nicht Provider der First Loss Position und hält diese auch nicht zurück.

Außerbilanzielle Verbriefungspositionen werden, wenn sie nicht als anerkannte Liquiditätsfazilität bzw. Barvorschuss des Servicers eingestuft werden können, mit einem Konversionsfaktor von 100% angesetzt.

Kreditrisikominderungen für Verbriefungen werden in §§ 585-589 geregelt. Grundsätzlich können Kreditrisikominderungen für Sicherheiten oder partielle Garantien angesetzt werden. Im Standardansatz für Verbriefungen sind sie für Garantien, Kreditderivate, Sicherheiten und bilanzielles Netting möglich.

Banken, die den IRB-Ansatz anwenden, haben diesen auch für Verbriefungen anzusetzen. Dieser Umstand trifft auch zu, wenn die Bank als Investor auftritt. Der ausschließliche Einsatz des IRB-Ansatz für Verbriefungen ist nur mit expliziter aufsichtlicher Genehmigung möglich. Der IRB-Ansatz für Verbriefungen folgt dabei nicht der allgemeinen Systematik für Kreditrisikounterlegung, da für die einzelnen Tranchen keine Schätzungen der *PD* oder *LGD* durch die Bank herangezogen werden. Darüber hinaus wird auch nicht in Basis- und fortgeschrittenen IRB-Ansatz unterschieden. Vielmehr existieren im IRB-Ansatz für Verbriefungen drei unterschiedliche Methoden zur Ermittlung der Eigenmittelunterlegung.

Der Ratings-Based-Approach (RBA) baut auf externen Ratings auf und kann somit nur dann eingesetzt werden, wenn entsprechende Ratingurteile vorliegen. Daneben ist es in eingeschränktem Ausmaß möglich, einen Ansatz der bankinternen Risikoeinschätzung (in Form einer Risikogewichtung über den RBA), den sogenannten Internal Assessment Approach (IAA), anzuwenden. Schließlich beinhaltet der Baseler Akkord auch eine aufsichtliche Formel, die sogenannte Supervisory Formula (SF), auf die zurückgegriffen werden kann.

---

[21] Vgl. Basel Committee on Banking Supervision 2005, S. 124.

Falls ein Rating vorliegt, muss dieses verpflichtend verwendet werden. In Fällen ohne Rating gilt es die Supervisory Formula bzw. den Internal Assessment Approach (nur für Liquiditätsfazilitäten und Credit Enhancements) anzuwenden. Falls keiner dieser Ansätze eingesetzt werden kann, muss die Verbriefungsposition vollständig vom Kapital abgezogen werden. Die maximale Eigenmittelanforderung ist jeweils auf den Betrag limitiert, der für die unverbriefte Verpflichtung im IRB-Ansatz fällig würde. Liquiditätsfazilitäten haben wie andere Verbriefungspositionen einen Kreditkonversionsfaktor von 100 %.

Im ratingbasierten Ansatz (RBA) werden die risikogewichteten Aktiva ermittelt, indem der relevante Kreditbetrag mit dem Risikogewicht multipliziert wird, das dem jeweiligen Exposure zuzuordnen ist. Das Risikogewicht hängt dabei von der jeweiligen Ratingklasse ab. Sobald eine Position faktisch durch einen erstrangigen Anspruch auf die Forderungen des gesamten Pools gedeckt bzw. besichert ist, wird von einer vorrangigen Position gesprochen. Die Tabellen 7.3 und 7.4 zeigen die Risikogewichte für langfristige und kurzfristige Ratings.

Im RBA werden somit drei Kategorien an Risikogewichten unterschieden. Den Basisfall stellen die in den Tabellen 7.3 und 7.4 jeweils in der mittleren Spalte aufgeführten Basisrisikogewichtungen dar. Vergleichbar höhere Anforderungen fallen für Tranchen an, die eine sehr geringe Granularität aufweisen. Niedrigere Anforderungen sind dagegen für erstrangige Positionen innerhalb der Verbriefungsposition vorzuhalten. Relevant für diese Einordnung ist die Rangfolge der betroffenen Tranchen, wobei grundsätzlich die Most-Senior Tranche als erstrangige Position angesehen wird.

Tabelle 7.3. RBA-Risikogewichte bei langfristigen externen und/oder davon abgeleiteten langfristigen Ratings

Externes Rating Langfristig (z.B. S&P oder Moody`s)	Risikogewichte für erstrangige (senior) Tranchen und erstrangige anerkannte IAA-Positionen	Risikogewichte Basisfall	Risikogewichte für nicht granulare Pools
AAA	7%	12%	20 %
AA	8 %	15 %	25 %
A +	10 %	18 %	35 %
A	12 %	20 %	
A -	20 %	35 %	
BBB+	35 %	50 %	
BBB	60 %	75 %	
BBB-	100 %		
BB+	250 %		
BB	425 %		
BB-	650 %		
Unter BB- und nicht geratet	Kapitalabzug		

Tabelle 7.4. RBA-Risikogewichte bei kurzfristigen externen und daraus abgeleiteten Ratings

Externes Rating (beispielhaft)	Risikogewichte für erstrangige (senior) Tranchen und erstrangige anerkannte IAA Positionen	Risikogewichte Basisfall	Risikogewichte für nicht granulare Pools
A-1/P-1	7%	12%	20 %
A-2/P-2	12 %	20 %	35 %
A-3/P-3	60 %	75 %	75 %
Alle anderen Ratings darunter/ nicht geratet	Kapitalabzug	Kapitalabzug	Kapitalabzug

Bankinterne Einschätzungen zur Beurteilung der Kreditqualität von Liquiditätsfazilitäten und Credit Enhancements, welche die operationellen Anforderungen erfüllen, können grundsätzlich eingesetzt werden und sind auf externe Ratings zu mappen. Unter restriktiven Voraussetzungen kann in diesem Fall für eine ungeratete Tranche ein externes Rating abgeleitet werden, was als sog. Inferred Rating bezeichnet wird. Dies ist jedoch nur dann möglich, wenn die ungeratete Tranche ein Teil einer Verbriefungsstruktur ist, die auch extern geratete Tranchen aufweist, die nachrangig zur ungerateten Tranche sind und keine kürzere Laufzeit als die ungeratete Tranche aufweisen.

Die dritte und letzte Variante zur Ermittlung der Eigenmittelanforderungen ist die Supervisory Formula. Im Rahmen der Supervisory Formula hängt die Eigenmittelanforderung von folgenden fünf Faktoren ab:

1. Referenzkapital (IRB-Eigenmittelanforderung für den zugrunde liegenden Pool ohne Verbriefung zuzüglich dem erwarteten Verlust des Pools K_{IRB})
2. Credit-Enhancement-Level
3. Volumen (Thickness) der Tranche
4. Effektive Anzahl der Forderungen im Pool
5. Gewichtete durchschnittliche Verlustquote des Pools

Das Credit-Enhancement-Level ergibt sich, indem die Summe der Nominalvolumina der (zu der risikogewichteten Tranche) nachrangigen Tranchen im Verhältnis zu dem Gesamtvolumen der Tranchen gebildet wird. Dabei können auch für die Verlustabdeckung gebildete Reserven berücksichtigt werden. Das Volumen der Tranche wird ermittelt, indem das Nominalvolumen der Tranche, für die das Risikogewicht berechnet wird, in Relation zu dem Nominalvolumen des zugrunde liegenden Pools gesetzt wird. Die durchschnittliche Verlustquote des Pools kann entweder exakt oder mit Hilfe eines vereinfachenden Ansatzes ermittelt werden. Da die Formel so ausgestaltet ist, dass die Anforderungen sehr gering werden können, wurde zusätzlich ein Minimum-Risikogewicht in Form eines Floors in Höhe von 7 % implementiert.

Aufsichtlich ist es von hoher Bedeutung, dass explizit keine Wahlmöglichkeiten zwischen den drei Ansätzen bestehen, um ein „Rosinenpicken" von Seiten der Kreditinstitute zu unterbinden. Vielmehr existiert eine Hierarchie der Ansätze, die der Verwendung von externen Ratings höchste Priorität einräumt. Der RBA ist insofern auch dann einzusetzen, wenn der Einsatz eines Inferred Rating möglich ist. Gründe hierfür sind ganz sicher die höhere Flexibilität und vor allem die Transparenz dieses Ansatzes.

Zusammenfassend ist festzustellen, dass mit der neuen Ausgestaltung u.a. das Ziel erreicht wird, die bisher weit verbreiteten Anreize für regulatorische Eigenkapitalarbitrage, d.h. die Reduzierung der regulatorischen Eigenkapitalanforderungen durch die Verbriefung von Forderungen, einzuschränken.[22] Die Verringerung der Anreize zur regulatorischen Eigenkapitalarbitrage ist auf zwei Teileffekte zurückzuführen. Auf der einen Seite verringern sich in zahlreichen Fällen die Eigenkapitalanforderungen für unverbriefte Forderungen. Auf der anderen Seite erhöhen sich in Basel II die Eigenmittelanforderungen für bestimmte verbriefte Positionen. In der Konsequenz bewirken diese beiden Verschiebungen, dass immer weniger Fälle identifiziert werden können, in denen durch Verbriefungstransaktionen eine signifikante Verringerung der regulatorischen Eigenmittelbelastung erfolgt.

7.2 Wesentliche Aspekte der Bilanzierung

7.2.1 Bilanzierung der Instrumente des Kreditrisikotransfers

Mit der Verordnung (EG) 2002/1606 und ihrer Umsetzung durch das Bilanzrechtsreformgesetz in Deutschland sind Konzernabschlüsse kapitalmarktorientierter Unternehmen seit 2005 grundsätzlich nach IFRS (International Financial Reporting Standards) zu erstellen. Das Rechnungslegungssystem IFRS - bestehend aus den Standards (IFRS und IAS) und den Interpretationen (SIC und IFRIC) - wurde dabei vom IASB (International Accounting Standards Board) unter der Trägerorganisation IASCF (International Accounting Standards Committee Foundation) verabschiedet. Letztere zielt mithin auf eine Konvergenz einzelner nationaler Vorschriften auch über die EU hinaus ab. Da IFRS rechtlich oder faktisch in weiten Teilen der Bilanzierungspraxis in Deutschland relevant sind, stehen sie im Mittelpunkt der folgenden Übersicht, die nur ergänzend auf die Regelungen gemäß dem Handelsgesetzbuch (HGB) eingeht.

Der Ansatz und die Bewertung von Derivaten, zu denen natürlich auch die Produkte des derivativen Kreditrisikotransfers gezählt werden, wird im Rahmen der

---

[22] Vgl. Deutsche Bundesbank 2006, S. 56-59.

IFRS durch IAS 39 geregelt.[23] Der IAS 39 subsumiert dabei unter Financial Instruments eine breite Palette von Finanzinstrumenten, so dass die Regelungen keine spezifische Ausgestaltung für derivative Kreditrisikotransferprodukte darstellen.

Für die Rechnungslegung von Kreditderivaten nach HGB bestehen ebenfalls keine spezifischen Vorschriften. Die Bilanzierung und Bewertung der Kreditderivate kann jedoch aus den allgemeinen Grundsätzen ordnungsmäßiger Buchführung (GoB) abgeleitet werden. Nach dem mit dem jeweiligen Geschäft verfolgten Zweck ist grundsätzlich zu unterscheiden, ob die Kreditderivate dem Handelsbuch oder dem Bankbuch zuzuordnen sind. Zu den Handelsaktivitäten sind die Engagements zu zählen, deren Ziel es ist, kurzfristige Erträge aus dem Eigenhandel zu ermöglichen oder Handelsbestände abzusichern. Gemäß einer Negativdefinition sind dem Bankbuch alle Geschäfte zuzuordnen, die nicht Teil des Handelsbuches sind. Zu diesem Bereich sind nach dem Handelsrecht auch die Wertpapierpositionen des Anlagevermögens bzw. der Liquiditätsreserve zu zählen.

Nach IAS 39 sind grundsätzlich alle Finanzaktiva und -passiva, d.h. auch Kreditderivate, bei ihrem Zugang, welcher an die Vertragspartnerschaft anknüpft, anzusetzen und bei erstmaliger Erfassung mit ihrem Fair Value zu bewerten. Es gilt also den Marktpreis anzusetzen, zu dem die Finanzinstrumente zwischen vertragswilligen, voneinander unabhängigen Geschäftspartnern gehandelt werden könnten. Ist der Marktpreis nicht ermittelbar, wird der Fair Value aus vergleichbaren Transaktionen abgeleitet oder der Barwert, der sich durch Diskontierung aller künftigen Zahlungen mit einem Zinssatz für ähnliche Instrumente ergibt, herangezogen. Für die Folgebewertung wird gemäß IAS 39 je nach Kategorie der Finanzinstrumente eine Bewertung zum Fair Value oder zu fortgeführten Anschaffungskosten vorgenommen. Nur in Ausnahmefällen kommt eine Bewertung zu Anschaffungskosten in Betracht.

Finanzaktiva werden gem. IAS 39.9 in vier Kategorien eingeteilt:

- *Financial Assets at Fair Value through Profit or Loss:* Unter diese Kategorie fallen neben den durch die Fair Value Option gewidmeten Finanzinstrumenten solche, die alleinstehend oder als Teil eines Portfolios zur Erzielung von kurzfristigen Handelsgewinnen dienen (*Held for Trading*). Im Regelfall werden Kreditderivate, falls sie nicht im Rahmen des Hedge Accounting als Absicherungsinstrument eingesetzt werden, unter diesen Bereich fallen. Die Zuordnung kann dabei für jede Transaktion individuell getroffen werden. Allerdings ist die zum Zeitpunkt des Erstansatzes getroffene Zuordnung für die Laufzeit der Transaktion bindend.
- *Held to Maturity Investments:* Unter dieser Kategorie können Finanzinstrumente subsumiert werden, die eine feste Laufzeit haben und vom Bilanzierenden nachweisbar bis zur Fälligkeit gehalten werden sollen.

---

[23] Die Vorgaben des IAS 39 sind für alle nach IFRS bilanzierenden Unternehmen, unabhängig von der Rechtsform, Branche, Größe, etc., verpflichtend.

- *Loans and Receivables:* Unter *Loans and Receivables* fallen alle nicht börsengehandelten Finanzwerte mit fixierten Zahlungsströmen, wie z.B. längerfristig gehaltene Kredite und Forderungen.
- *Available for Sale Financial Assets:* Alle Finanzinstrumente, die keiner der drei vorangegangenen Kategorie zugeordnet werden, fallen unter *Available for Sale Financial Assets.*

Umgliederungen von finanziellen Vermögenswerten in eine andere Kategorie sind nur eingeschränkt möglich, ein Wechsel aus der Kategorie *Financial Assets at Fair Value through Profit or Loss* heraus ist nicht möglich.[24]

Derivative Kreditrisikotransferinstrumente sind mit Ausnahme von Hedge-Positionen zunächst als Handelspositionen zu sehen und *Financial Assets at Fair Value through Profit or Loss* zuzuordnen. Gewinne und Verluste aus der Bewertung sind stets in der Periode ihres Entstehens in der Gewinn- und Verlustrechnung zu erfassen.

Finanzinstrumente sind aus der Bilanz auszubuchen, wenn der verbriefte Anspruch realisiert wurde oder anderweitig nicht mehr vorliegt. Falls der Anspruch teilweise erlischt oder in mehrere Instrumente zerfällt, sind die einzelnen Komponenten anzusetzen. Ein potentiell neu entstehender Anspruch ist ebenfalls zum Fair Value anzusetzen. Die Differenz aus den bei der Realisation entstehenden Erträgen und dem angesetzten Buchwert bzw. im Eigenkapital verrechneten Beträgen ist in der Gewinn- und Verlustrechnung erfolgswirksam zu berücksichtigen.

Nach HGB können für Derivate die Regeln für schwebende Geschäfte herangezogen werden, so dass keine Bilanzierung nötig ist. Dagegen sind auch nach HGB Avale vom Sicherungsnehmer bei der Bewertung der besicherten Aktiva und ausgereichte Garantien vom Sicherungsgeber als Eventualverbindlichkeit zu berücksichtigen.

Die Behandlung von Verbriefungsstrukturen nach IFRS begründet sich ebenfalls auf IAS 39. Wesentliche Fragestellung bei Verbriefungstransaktionen aus Sicht des Originators ist, ob die Verbriefung dazu führt, dass die entsprechenden Vermögensgegenstände aus der Bilanz ausgebucht werden können. Dazu ist zunächst zu klären, ob aus der Übertragung der Vermögenswerte auf das Special Purpose Vehicle (SPV) ein konsolidierungspflichtiges Tochterunternehmen entsteht. Falls dies der Fall ist, erfolgt die Beurteilung des Bilanzabgangs ausschließlich im Verhältnis des Konzerns zu Dritten. Falls kein konsolidierungspflichtiges Tochterunternehmen resultiert, muss die Entscheidung, ob eine bilanzielle Ausbuchung der Vermögensgegenstände möglich ist, aus dem Verhältnis des Konzerns zum SPV geklärt werden. Für die Entscheidung, ob das SPV zu konsolidieren ist, steht eine ökonomische Betrachtung im Vordergrund. Dabei ist zu analysieren, inwieweit ein beherrschender Einfluss des Unternehmens auf das SPV identifiziert werden kann.

In der Prüfung, inwieweit die Forderungen aus der Bilanz ausgebucht werden können ist zunächst zu klären, ob die Abgangsregeln auf einen Teil der Vermö-

---

[24] Vgl. zur Bilanzierung von Finanzinstrumenten nach IFRS im Überblick Dobler/Maul (2007), Rn. 51-101 und Rn. 143-148.

7.2 Wesentliche Aspekte der Bilanzierung

genswerte oder die Gesamtheit angewendet werden sollen, wobei die partielle Erfassung von Vermögenswerten nur in eng definierten Fällen möglich ist.[25] Falls die Überprüfung ergibt, dass eine bilanzielle Ausbuchung möglich ist, wird eine Gewinn- bzw. Verlustrealisation unter Berücksichtigung der neu entstandenen Vermögenswerte und Verbindlichkeiten (z.B. Aufwand des Servicings während der Laufzeit) durchgeführt. Ist kein Abgang möglich, muss in der Bilanz des Originators eine Verbindlichkeit in Höhe des empfangenden Betrages eingebucht werden.[26]

Für die bilanzielle Erfassung von Verbriefungsstrukturen nach HGB greifen die allgemeinen Vorschriften nach §§ 238 ff. HGB. Die entsprechende Auslegung der Vorschriften findet sich in der Stellungnahme des Instituts der Wirtschaftsprüfer IDW „Zweifelsfragen der Bilanzierung von asset-backed securities-Gestaltungen und ähnlichen Transaktionen", die am 01.10.2002 erstmals publiziert und am 09.12.2003 überarbeitet wurde.[27] Diese als IDW RS HFA 8 veröffentlichte Verlautbarung bezieht sich allerdings nur auf True Sale Transaktionen, da sich bei synthetischen ABS Verbriefungen die Frage des Bilanzabgangs der betroffenen Vermögensgegenstände nicht stellt.

Um Forderungen bzw. Vermögensgegenstände aus der Bilanz des Übertragenden auszubuchen ist zunächst eine zivilrechtlich wirksame Veräußerung notwendig. Das wirtschaftliche Eigentum an den Forderungen geht dabei grundsätzlich auf denjenigen über, der das Bonitätsrisiko aus den Forderungen trägt. Darüber hinaus muss es sich um eine endgültige Veräußerung handeln, so dass es einer genauen Analyse etwaiger Rücknahmebedingungen, Clean-up Calls, etc. bedarf und z.B. zu klären ist, ob es sich um ein unechtes Pensionsgeschäft gem. § 340b Abs. 3 HGB handelt. Um den True Sale bilanzwirksam umsetzen zu können, muss schließlich auch ermittelt werden, ob ein potentieller Kaufpreisabschlag angemessen ist.[28]

Falls ein Reservekonto eingerichtet wird, das Forderungsausfälle während der Laufzeit abdecken soll, muss jeweils geklärt werden, ob die Ausgestaltung geeignet für eine bilanzielle Aktivierung beim Originator ist. Diese Möglichkeit besteht unter Umständen bei revolvierenden Transaktionen und wenn statt eines Kaufpreisabschlags eine betraglich begrenzte Garantie des Verkäufers vereinbart wird.

Für die Frage nach der Konsolidierung des SPVs greift die Regelung des § 290 HGB für Mutter-Tochter-Verhältnisse. Da die ABS-Strukturen im Regelfall keine Beteiligung des Mutterunternehmens am SPV vorsehen, ist auch keine Konsolidierung beim Originator nötig. Ausnahmen von dieser Aussage wären lediglich dann zu prüfen, wenn Stimmrechtsmehrheiten oder vertragliche Regelungen vorliegen würden, die satzungsmäßig einen beherrschenden Einfluss implizieren.

---

[25] Für die zu beachtenden Aspekte der Überprüfung vgl. IAS 39.15 ff.
[26] Vgl. Lotz 2005b, S. 32-36.
[27] Weitere Informationen zu dieser und anderen Verlautbarungen des Instituts der Wirtschaftsprüfer (IDW) finden sich unter www.idw.de.
[28] Vgl. Lotz 2005a, S.21-26.

7.2.2 Besonderheiten des Hedge Accounting

Hedge Accounting nach IAS 39 unterscheidet in *Fair Value Hedges*, *Cash Flow Hedges* und *Hedges of a Net Investment in a Foreign Entity*, die jeweils eine unterschiedliche Behandlung von Fair Value-Änderungen implizieren.[29] Für derivative Kreditrisikotransferinstrumente sind vor allem die ersten beiden Varianten relevant. Mit Hilfe der Vorschriften sollen Wertänderungen der Sicherungsinstrumente und der abgesicherten Geschäfte je nach Struktur entweder kompensierend oder ergebniswirksam bzw. ergebnisunwirksam erfasst werden.[30] Um ein Hedge Accounting grundsätzlich anzusetzen, muss der Hedge effektiv sein und das auch zu jedem potentiellen Zeitpunkt bleiben; ferner muss verlässliche Bewertbarkeit gegeben sein. Voraussetzungen für die Anerkennung sind, dass bei Abschluss des Hedges eine Dokumentation des Grundgeschäftes und des abzusichernden Risikos sowie des Sicherungsinstruments, des Risikomanagementziels und der Sicherungsstrategie vorliegen. Darüber hinaus muss die Methode der vergangenen und zukünftigen Effektivitätsmessung in Bezug auf das Sicherungsgeschäft formal dokumentiert werden. Gem. IAS 39.88(a) sind dazu das abzusichernde Grundgeschäft und Risiko sowie das Sicherungsinstrument eindeutig kenntlich zu machen.[31] Hinsichtlich der Methodenwahl zur Messung der Effektivität bestehen relativ große Freiräume. Einerseits ist es sowohl möglich mathematische als auch statistische Verfahren zu wählen. Andererseits kann die Überprüfung sowohl periodengenau als auch auf kumulierter Basis erfolgen. Von einer hohen Effektivität der Sicherungsbeziehung spricht man immer dann, wenn zu erwarten ist, dass Veränderungen des Fair Values oder Cash Flows des abzusichernden Grundgeschäfts durch entsprechende Änderungen des Sicherungsinstruments kompensiert werden. Als Indikator dafür gelten vergangene Ergebnisse in einer Spannbreite zwischen 80 % und 125 %.[32]

Hedge Accounting kann auf einen Risikofaktor bezogen werden, wenn dieser eindeutig bei der Dokumentation des *gesicherten Risikos* definiert ist. Das Wiederanlagerisiko aus der vorzeitigen Rückzahlung von Finanzaktiva kann jedoch nicht als Risiko einbezogen werden. Wenn bilanzierte Vermögensgegenstände oder Schulden zumindest partiell mit Derivaten gegen Marktwertänderungen abgesichert werden, spricht man von einem *Fair Value Hedge*. Es handelt sich also um die Absicherung gegen Wertschwankungen, die einem bestimmten Risikofaktor zuzuordnen sind. In dieser Kategorie sind Fair Value-Veränderungen des Sicherungsinstruments und des gesicherten Instruments in der Entstehungsperiode in der GuV zu berücksichtigen.

Cash Flow Hedges dienen dagegen der Absicherung zukünftiger risikobehafteter Zahlungsströme. Aus dem Hedge potentiell entstehende Bewertungsergebnisse sind als Eigenkapitalbestandteil auszuweisen.

---

[29] Vgl. Kuhn u. Scharpf 2006.
[30] Vgl. IAS 39.85.
[31] Vgl. IAS 39.88(a).
[32] Vgl. IAS 39.AG 105.

Problematisch ist die Anerkennung von Makrohedges, da grundsätzlich nur einzelne Vermögenswerte bzw. Schulden sowie Portfolios mit gleichartigem Risiko als Sicherungsgegenstand in Betracht kommen. Schließlich sind derivative Geschäfte mit dritten Parteien abzuschließen, damit sie überhaupt als Sicherungsinstrument anerkannt werden.

Auch gemäß HGB werden hohe Anforderungen an die Anerkennung von Hedges gestellt. Lediglich in Bezug auf die geforderte Laufzeitkongruenz zwischen Kreditderivat und abzusicherndem Asset können vergleichbar geringere Anforderungen gelten, da sich die handelsrechtliche Absicherung auf den Bilanzstichtag bezieht. Nach den handelsrechtlichen Vorschriften gilt gemäß § 252 Abs. 1 Nr. 3 HGB zunächst der Grundsatz der Einzelbewertung, d.h. das Imparitätsprinzip wäre isoliert auf Grund- und Sicherungsgeschäft anzuwenden, so dass Erfolgsbeiträge rechnungslegungstechnisch nicht aufgerechnet werden könnten. Jedoch können Grund- und Sicherungsgeschäft als Bewertungseinheit, d.h. als Gesamtheit wirtschaftlich zusammenhängender Geschäfte gesehen werden, so dass sich dann der Grundsatz der Einzelbewertung auf die Einheit als Bewertungsobjekt bezieht.

7.2.3 Die Behandlung derivativer Instrumente nach HGB und IFRS

Im folgenden Abschnitt soll am Beispiel von Total Return Swaps exemplarisch aufgezeigt werden, dass sich die Behandlung derivativer Kreditrisikotransferinstrumente nach HGB und IFRS in verschiedenen Aspekten unterscheidet, aber auch Gemeinsamkeiten bestehen.

Aus handelsrechtlicher Sicht entsteht durch Abschluss eines Total Return Swaps kein wirtschaftlicher Eigentumserwerb, da der Sicherungsgeber über das Referenzaktivum nicht selbst verfügen kann, sondern nur einen Differenzausgleich erhält. Eine ökonomisch denkbare Realisierung vorhandener stiller Reserven ist darüber hinaus nach HGB ausgeschlossen, da nur realisierte Gewinne bilanziert werden dürfen. Dagegen sind nach IFRS Kreditderivate grundsätzlich zum Fair Value voll erfolgswirksam zu bewerten.

Der Abschluss eines Hedges führt nach IFRS noch nicht zu einer Neubewertung der besicherten Forderung. Erst ab dem Stichtag des Hedges sind Wertänderungen zu berücksichtigen. Der Marktwert des Derivats bei Abschluss des Geschäfts ist dabei regelmäßig Null. In der Folgebewertung sind die marktpreisbedingten Wertänderungen der Forderungen sowie die marktpreisinduzierten Wertänderungen des Total Return Swaps bilanziell erfolgswirksam zu berücksichtigen. Nach HGB ist der Abschluss eines Total Return Swaps bilanzunwirksam, und auch der Bilanzansatz und -ausweis einer abgesicherten Forderung wird nicht verändert. Ebenso haben Zinsniveauänderungen während der Laufzeit des Hedge Accounting nach HGB grundsätzlich keine Auswirkung auf den Bilanzansatz der Forderung. Von Seiten der Wirtschaftsprüfer wird argumentiert, dass es für Total Return Swaps nicht einfach ist, die Anforderungen des Hedge Accounting zu erfüllen.[33] Ein kurzes Beispiel soll das verdeutlichen: Ein der Kategorie *Held to Ma-*

---

[33] Vgl. PriceWaterhouseCoopers 2004, S. 3-4.

turity zugeordnetes Referenzaktivum (z.B. ein erworbenes Schuldscheindarlehen) wird im Regelfall zu pari fällig, so dass nur das Kreditrisiko und das Wechselkursrisiko sicherungsfähig sind. Dagegen ist durch das Hedge Accounting keine Absicherung des Zinsänderungsrisikos möglich. Da ein Total Return Swap nur mit der gesamten Fair Value-Änderung für die Absicherung eingesetzt werden kann, wird es in der Praxis schwierig die Effektivitätsanforderungen des IAS 39 zu erfüllen.

Nach IFRS und HGB hat die aufsichtsrechtlich geforderte Laufzeitkongruenz zwischen Sicherungsgeschäft und besichertem Aktivum geringere Bedeutung. Die gemessene Effektivität ist jedoch grundsätzlich umso höher, je besser die Laufzeiten übereinstimmen. Schließlich sind die laufenden Zinszahlungen nach IFRS und HGB wie laufende Zahlungen aus Zinsswaps im Zinsergebnis zu erfassen und am Bilanzstichtag abzugrenzen.

In der Bilanzierung des Sicherungsgebers sind nach IFRS Total Return Swaps wie auch andere Derivate den Handelsaktivitäten zuzuordnen, da die Risikoübernahme zwangsläufig nicht als Hedge angesehen werden kann. Nach HGB ist danach zu unterscheiden, ob sie eher dem Kreditgeschäft oder dem Marktrisiko einer Handelsposition zugeordnet werden können.

Die exemplarische Betrachtung verschiedener Aspekte der bilanziellen Behandlung von Total Return Swaps zeigt sowohl Unterschiede als auch Gemeinsamkeiten zwischen HGB und IFRS auf. Vergleichbares kann auch für die anderen derivativen Instrumente des Kreditrisikotransfers festgehalten werden. So sind z.B. Credit Default Swaps, die ausschließlich als Absicherung gegen Ausfallrisiken erworben werden, sowohl nach IFRS als auch nach HGB als Garantien einzustufen, so dass sich für Bilanzierung und Bewertung keine merklichen Unterschiede ergeben.

Das in diesem Kapitel skizzierte grundsätzliche Bild der Regulierung und Bilanzierung von Instrumenten des Kreditrisikotransfers wurde nur an ausgewählten Stellen um relevante Aspekte vertieft. Für spezifische weiterführende Informationen wendet sich der geneigte Leser am besten an die relevanten Gesetzestexte und Verlautbarungen. Für Fragen der Regulierung sind vor allem der Baseler Akkord in der aktuellen Ausgestaltung[34] bzw. die deutsche Umsetzung in der Solvabilitätsverordnung (SolvV)[35] als geeignete Primärquellen zu empfehlen. Im Bereich der Sekundärliteratur finden sich verschiedene Arbeiten, die sich der Thematik aus unterschiedlichen Blickwinkeln nähern. Exemplarisch seien für einen allgemeinen Überblick Hofmann u. Pluto 2005, für eine Betrachtung der regulatorischen Aspekte von Kreditderivaten und Verbriefungen insbesondere Emse 2005 und aus Sicht des Praktikers Cramme 2005 sowie Reichardt-Perry 2005 erwähnt. Die Sichtweise des Regulators zum Thema Verbriefungen findet sich z.B. im Monatsbericht März 2006 der Deutschen Bundesbank.

Hinsichtlich der Bilanzierung von Kreditrisikotransferinstrumenten soll ebenfalls zunächst auf die Primärliteratur, wie IFRS/IAS, das HGB oder auch die Verlautbarungen des IDW hingewiesen werden. Daneben ist auch in diesem Bereich eine breite Auswahl an zusätzlicher Sekundärliteratur verfügbar. Einen aktuellen

---

[34] Vgl. Basel Committee on Banking Supervision 2005.
[35] Vgl. Solvabilitätsverordnung - SolvV 2006.

Überblick über die Bilanzierung von Finanzinstrumenten nach HGB, IFRS und US-GAAP bieten Dobler u. Maul 2007. Eine detaillierte Analyse der Rechnungslegung von Finanzinstrumenten nach IFRS liefern Kuhn u. Scharpf 2006. Mit der Bilanzierung von Kreditderivaten aus handelsrechtlicher Sicht beschäftigt sich Rehbein 2005. Einen guten Überblick über die Bilanzierung von ABS-Transaktionen findet sich schliesslich u.a. in den zwei Beiträgen von Lotz 2005a, 2005b.

8 Risikosteuerung mit Hilfe der Kreditrisikotransferinstrumente

Eine Darstellung der modernen Instrumente des Kreditrisikotransfers muss sich mit der Frage beschäftigen, unter welchen ökonomischen Bedingungen der Einsatz von Kreditderivaten oder Asset Backed Securities sinnvoll bzw. wertschaffend sein kann. Darüber hinaus stellt sich die Frage, welche Probleme durch die Etablierung dieser Märkte für Kreditrisikotransferprodukte in den Unternehmen, aber auch an den Finanzmärkten bzw. in der Gesamtwirtschaft neu entstehen können und wie sich diese Probleme möglicherweise lösen lassen.

8.1 Irrelevanz des Risikotransfers bei vollkommenem Kapitalmarkt

In einer „idealen" Welt ohne Transaktionskosten, Marktmacht und Informationsprobleme erübrigt sich eine Beschäftigung mit Risikotransferinstrumenten. Der Einsatz solcher Instrumente kann keinen Wert schaffen, schadet aber auch nicht. Das wesentliche Ergebnis der sog. neoklassischen Finanzierungstheorie für den Fall des *vollkommenen und vollständigen Kapitalmarktes* besteht in dem Beweis, dass die Kapitalstruktur eines Unternehmens für seinen Marktwert und seine durchschnittlichen Kapitalkosten irrelevant ist. Da bei vollkommenem und vollständigem Kapitalmarkt nicht nur die Kapitalstruktur, sondern auch die Risikoverteilung auf die verschiedenen Anspruchsberechtigten im Unternehmen von diesen selbst in jedes gewünschte Profil umgeformt werden können, ist auch der Einsatz von Risikomanagementaktivitäten auf der Unternehmensebene für den Marktwert und die Kapitalkosten des Unternehmens irrelevant.[1] Die Kapitalkosten werden allein durch die Ertrags-Risiko-Charakteristika der durchgeführten und noch durchführbaren Realinvestitionsprojekte bestimmt.

Eine weitere Konsequenz der Annahme eines vollkommenen und vollständigen Kapitalmarktes besteht darin, dass es keiner Finanzintermediäre zwischen den die Realinvestitionen durchführenden Unternehmen und den Sparern als Anlegern bedarf, die den Unternehmen ihre Mittel zur Verfügung stellen. Alle Finanzmarkttransaktionen sind bei vollkommenem Kapitalmarkt wertneutral. Sie schaffen weder neue noch günstigere Finanzierungsmöglichkeiten und sie generieren auch keine zusätzliche Liquidität. Schließlich entfallen bei vollkommenem und voll-

---

[1] Vgl. Rudolph 2006a.

ständigem Kapitalmarkt auch alle Probleme der Bilanzierung oder bankaufsichtlichen Regulierung. Dementsprechend kann es auch keine ökonomische Rechtfertigung für die Etablierung eines Kreditsekundärmarktes geben. Letztlich sind in einem solchen Kontext aber auch die Eigenkapital- und Kreditpositionen der Unternehmen nicht erklärbar. Das Modell des vollkommenen und vollständigen Kapitalmarktes verbietet sich daher für eine Analyse von Instrumenten, die zur Überwindung der Friktionen der Finanzmärkte entwickelt worden sind.

8.2 Risikotransfer bei unvollkommenem Kapitalmarkt

8.2.1 Gesamtwirtschaftliche Funktionen des Kreditrisikotransfers

An allen realen Finanzmärkten sind Kapitalanlagen und Kapitalaufnahmen durch Marktunvollkommenheiten wie Steuern und Transaktionskosten, durch exogen gegebene Restriktionen der Kapitalaufnahme sowie durch asymmetrische Informationsverteilungen zwischen den Kapitalanlegern und den Realinvestoren als Kapitalnachfragern gekennzeichnet. Daher besitzt in der Realität die These von der Irrelevanz der Kapitalstruktur und des Risikomanagements für den Marktwert der Unternehmen keine Gültigkeit.

Bei unvollkommenem und unvollständigem Kapitalmarkt können die Aktivitäten im Risikomanagement zu einer Steigerung des Marktwertes des Unternehmens beitragen.[2] In der Übertragung dieser Überlegung kann man aus der Existenz spezieller Marktunvollkommenheiten an den Kreditmärkten folgern, dass auch der Einsatz von Kreditrisikotransferinstrumenten eine den Marktwert der Unternehmen steigernde Wirkung haben kann.[3] Statt nun die mögliche Vorteilhaftigkeit des Einsatzes von Kreditrisikotransferinstrumenten im Rahmen eines theoretischen Modells quantitativ nachzuweisen, erscheint es im Rahmen einer breiteren Perspektive sinnvoll aufzuzeigen, welche *Funktionen* die *Risikotransferinstrumente bei der Vervollkommnung und Vervollständigung des Kapitalmarktes* übernehmen können, die in einer Marktwertsteigerung und einer Verringerung der Kapitalkosten resultieren:

- Risikotransferinstrumente können zur *Vervollkommnung* des Kapitalmarktes beitragen, indem sie die an den Kreditmärkten als Primärmärkten bestehenden Transaktionskosten senken helfen, Handlungsrestriktionen der Kreditgeber und Kreditnehmer abbauen und den Märkten zu Liquidität verhelfen können. Ein Kapitalmarkt wird vollkommener, wenn Transaktionshemmnisse, Transaktionskosten, Insolvenzkosten sowie Steuern vermindert werden und der Marktzugang für die Marktteilnehmer erleichtert wird. Am Markt für Risikotransferinstrumente handeln überwiegend Finanzintermediäre wie Banken, Versicherungen oder Hedgefonds, deren Handlungsspielraum durch die Einsatzmöglich-

---

[2] Vgl. Bartram 1999, S. 28 ff., und Seidenspinner 2006, S. 55 ff., sowie die dort angeführten weiteren Literaturhinweise.
[3] Vgl. Poppensieker 2002, S. 199 ff.

keiten der neuen Instrumente verbessert wird: Ihre Refinanzierung wird erleichtert, zur Risikosteuerung steht ihnen ein breiteres Instrumentarium zur Verfügung und ihre regulatorischen Eigenkapitalanforderungen können vermindert werden. Risikotransferinstrumente können auch dahingehend einen Beitrag zur Vervollkommnung der Kreditmärkte leisten, dass Arbitragemöglichkeiten geschaffen werden, welche die Preisunterschiede für Risiken zwischen den verschiedenen Segmenten der Kreditmärkte ausgleichen.

- Kreditrisikotransferinstrumente können zur *Vervollständigung* des Kapitalmarktes beitragen, weil sie Zahlungscharakteristika erzeugen, die sich mit den Finanztiteln der Primärmärkte allein nicht generieren lassen. So kann es beispielsweise vorteilhaft sein, „extreme" Risiken auf andere Kapitalmarktteilnehmer zu verteilen, die nur äußerst selten, in diesen seltenen Fällen aber mit sehr großen Verlustbeträgen eintreten. Dadurch können auch einer größeren Anzahl an zukünftigen Umweltzuständen Marktpreise zugeordnet werden und es wird leichter, eine paretoeffiziente Verteilung der Risiken zwischen den Kapitalmarktteilnehmern zu erreichen. Zur Vervollständigung der Märkte kann man auch die Möglichkeiten rechnen Marktsegmentierungen zu überwinden. Diese können durch regionale Geschäftsschwerpunkte, Anlagebeschränkungen der Marktteilnehmer oder regulatorische Vorschriften entstehen und zu Preisunterschieden für vergleichbare Risikoprofile führen.[4] Mit Hilfe der Instrumente des Kreditrisikotransfers können dann die Handlungsspielräume der Anleger und Finanzintermediäre vergrößert und Arbitragemöglichkeiten genutzt werden. Darüber hinaus können sich auch für die Privatanleger Vorteile ergeben, die zumindest im Bereich der Asset Backed Securities einen Zugang zu Finanztiteln mit für sie ansonsten nicht verfügbaren Zahlungscharakteristika erhalten.
- Risikotransferinstrumente können auch zur Verbesserung der *Informationseffizienz* der Märkte beitragen, weil die Organisation und der Betrieb dieser Märkte die Generierung und den Transport von Informationen ermöglichen, die an den Primärmärkten selbst nicht oder nur langsamer oder kostenintensiver gebildet werden können. Diese Verbesserung kann zum einen dadurch begründet sein, dass bisher nicht gehandelte Assets einer Marktbewertung unterzogen werden. Zum anderen können aber auch Bewertungsprobleme dadurch vermindert werden, dass aus dem Bankportfolio bestimmte Assets herausgelöst werden und die verbrieften Pools ebenso wie das Restportfolio nun überschaubarer sind.[5] Falls die Informationen über Risiken ungleich verteilt sind können die Risikotransfers dazu genutzt werden, Informationsasymmetrien zwischen den Originatoren und den Investoren bzw. zwischen den Investoren abzubauen oder deren Folgen abzumildern.[6] Kreditrisikotransferinstrumente erfüllen insoweit auch eine Informationsfunktion, die sich in der Erzeugung und Aggregation von Informationen über erwartete Preisentwicklungen niederschlägt. Risikotransferinstrumente sind als kapitalmarktbezogene Instrumente in der Lage, die Einschätzung

---

[4] Vgl. Mitchell 2004, S. 10.
[5] Vgl. De Servigny u. Renault 2004, S. 283.
[6] Vgl. Mitchell 2004, S. 3, sowie Riddiough 1997, DeMarzo u. Duffie 1999, DeMarzo 2005.

des Marktes über die Wertentwicklungen der Referenzkredite frühzeitig zu indizieren und können daher auch dem Primärkreditgeschäft Impulse geben.

Alle drei Funktionen der Vervollkommnung, der Vervollständigung und der Verbesserung der Informationsversorgung der Kapitalmärkte lassen sich für die Kreditrisikotransferinstrumente dadurch spezifizieren, dass ihre Wirkung auf die unternehmerischen Motive, auf die Bedeutung für die Banksteuerung und auf die Effizienz der Finanzmärkte aufgezeigt wird, was in den nachfolgenden Abschnitten erfolgen soll. Dabei muss beachtet werden, dass der Einsatz der Risikotransferinstrumente seinerseits neue Transaktionskosten und neue Informationsasymmetrien hervorrufen kann.

8.2.2 Unternehmerische Motive des Kreditrisikotransfers

Weisen die verschiedenen Finanzmarktsegmente spezifische Unvollkommenheiten und Unvollständigkeiten auf, dann wird das Risikomanagement eines Unternehmens auch spezifische Funktionen übernehmen, um den Wert des Unternehmens dadurch positiv zu beeinflussen, dass die Unvollkommenheiten und Unvollständigkeiten bzw. deren Auswirkungen begrenzt oder abgebaut werden.

Das Risikomanagement der Unternehmen kann dann für alle Marktteilnehmer einen positiven Wertbeitrag leisten, wenn der Marktwertzuwachs höher ist als die mit der Verbesserung einhergehenden möglichen Kosten. Für ein einzelnes Unternehmen kann das Risikomanagement positive Wertbeiträge generieren, wenn die durch den Einsatz der Risikomanagementinstrumente bewirkten Marktwertsteigerungen die Kosten des Risikomanagements übersteigen, so dass ein positiver Nettomarktwertbeitrag verbleibt.

Ausgehend von einigen typischen Marktunvollkommenheiten und der möglichen Marktunvollständigkeit werden in der Literatur verschiedene Erklärungsansätze für ein unternehmerisches Risikomanagement identifiziert, die in Abbildung 8.1 zusammengestellt sind.[7] Neben der Verbesserung der Steuerung des Managementverhaltens dient das Risikomanagement insbesondere der Reduzierung verschiedener Kosten sowie der Verbesserung der strategischen Wettbewerbsposition der Unternehmen.

---

[7] Vgl. die Abbildung bei Hommel u. Pritsch 2001, S. 4.

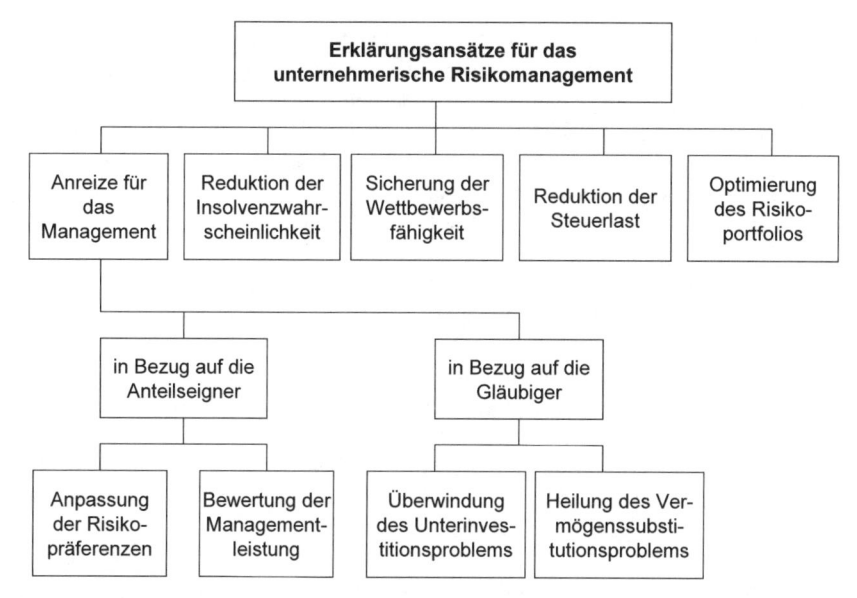

8.2 Risikotransfer bei unvollkommenem Kapitalmarkt

```
                    Erklärungsansätze für das
                    unternehmerische Risikomanagement
    ┌──────────┬─────────────────┬──────────────┬──────────────┬──────────────┐
 Anreize für   Reduktion der    Sicherung der   Reduktion der  Optimierung
 das           Insolvenzwahr-   Wettbewerbs-    Steuerlast     des Risiko-
 Management    scheinlichkeit   fähigkeit                      portfolios

              ┌──────────────────┬──────────────────┐
              in Bezug auf die                in Bezug auf die
              Anteilseigner                    Gläubiger
         ┌─────────────┬──────────┐      ┌──────────────┬──────────────┐
      Anpassung    Bewertung der       Überwindung      Heilung des Ver-
      der Risiko-  Management-         des Unterinves-  mögenssubsti-
      präferenzen  leistung            titionsproblems  tutionsproblems
```

Abb. 8.1. Ansatzpunkte des unternehmerischen Risikomanagements

Berücksichtigt man zunächst, dass die aus der Unsicherheit der pünktlichen Rückzahlung der Kreditpositionen resultierende Gefahr der Zahlungsunfähigkeit eines Unternehmens mit Kosten verbunden ist, so hat dieses Unternehmen neben den direkten Kosten einer Insolvenz in Form von Liquidations- bzw. Reorganisationskosten sowie den Verfahrenskosten auch indirekte Insolvenzkosten zu tragen, die bereits im Vorfeld des eigentlichen Insolvenzverfahrens anfallen und beispielsweise durch einen möglichen Reputationsverlust der Gesellschaft bedingt sind. Auch auf eine Verschlechterung des Ratings des Unternehmens zurückführbare höhere Finanzierungskosten können zu den indirekten Insolvenzkosten gerechnet werden. Ein Reputationsverlust und höhere Finanzierungskosten aus der kritischen Bewertung ausstehender Forderungen können vermieden werden, wenn beispielsweise durch die Absicherung der Kreditpositionen die betreffenden Abschreibungen durch die Zahlungen aus einem Credit Default Swap ausgeglichen werden und somit die Ergebnisrechnung und den Cashflow nicht belasten.

Eine Steuerung von Risiken auf Unternehmensebene kann die mögliche Höhe der Insolvenzkosten im Allgemeinen selbst nicht verändern. Da die erwarteten Insolvenzkosten jedoch sowohl durch ihre absolute Höhe beim Eintritt einer Insolvenz als auch durch die Wahrscheinlichkeit eines solchen Ereignisses bestimmt werden, reduziert eine Verringerung der Volatilität der Cashflowüberschüsse im Zeitablauf die Wahrscheinlichkeit, dass das Unternehmen seinen festen Zahlungsverpflichtungen nicht mehr fristgerecht nachkommen kann. Die Verminderung der Insolvenzwahrscheinlichkeit senkt wiederum den Erwartungswert der Insolvenzkosten und wirkt sich daher positiv auf den Unternehmenswert aus.

Anleger und Unternehmen verfügen in der Regel nicht über die gleichen Zugangsmöglichkeiten zu den Finanzmärkten. Insbesondere fallen bei vielen Transaktionen erhebliche fixe Kosten an, so dass Unternehmen im Risikomanagement gegenüber ihren Kleinaktionären komparative Kostenvorteile wahrnehmen können. Daher ist zu vermuten, dass vor allem kleinere Investoren nur sehr begrenzte Aktivitäten im Rahmen des Risikomanagements professionell durchführen können und damit vor dem Hintergrund der Transaktionskosten an einem Hedging auf Unternehmensebene interessiert sein müssen. So kann beispielsweise eine Auslagerung bzw. Versicherung von Kreditrisiken den Risikopräferenzen der Aktionäre des Unternehmens entsprechen.

Neben Insolvenz- und Transaktionskosten kann auch die Berücksichtigung der Besteuerung von Unternehmensgewinnen eine Risikobeeinflussung vorteilhaft erscheinen lassen. Ist der Grenzsteuersatz eines Unternehmens wegen eines progressiven Steuertarifs eine konvexe Funktion des Unternehmenswertes vor Steuern, so folgt daraus, dass eine Reduzierung der Gewinnschwankungen durch ein geeignetes Risikomanagement den Marktwert des Unternehmens erhöhen kann.[8] Eine Reduktion der Gewinnschwankungen ist dann möglich, wenn mögliche große Einzelausfälle vermieden und durch laufende Prämienzahlungen im Rahmen eines geeigneten Kreditderivats zeitlich geglättet werden.

Verzichtet ein Unternehmen auf Maßnahmen zur Steuerung seiner Risiken, so wird dies zu einer hohen Volatilität der Cashflows führen, die entweder durch externe Finanzierungsmaßnahmen oder durch Anpassungen der Investitionsauszahlungen aufgefangen werden müssen. Da externe Finanzierungsmittel in der Regel nur bei Bereitstellung zusätzlicher Informationen beschafft werden können, wird eine Finanzierung gerade bei wettbewerbssensitiven Projekten wie z.B. Forschungs- und Entwicklungsvorhaben nur eingeschränkt möglich sein. Ein die Volatilität der Cashflows reduzierendes Risikomanagement kann dagegen über die Vermeidung zusätzlicher Kosten zu einer Wertsteigerung beitragen, weil dies die Möglichkeiten der Fremdfinanzierung verbessert.[9]

Gelingt es dem Risikomanagement, durch eine geeignete Einflussnahme auf die Unternehmensstrategie den Zusammenhang zwischen der Veränderung des Wettbewerbsumfeldes und wichtigen finanziellen Einflussgrößen herauszuarbeiten, so kann dies dazu beitragen, das Unternehmen flexibler und wettbewerbsfähiger zu machen und auch im leistungswirtschaftlichen Bereich neue Potentiale zu erschließen. So lassen sich beispielsweise durch geeignete Absicherungsstrategien zusätzliche Cashflows generieren, wenn die Unternehmen in der Lage sind, ihre besonderen Verbindungen zu einzelnen Abnehmern in ein größeres Kundengeschäft und damit verbundene größere Kreditausreichungen umzusetzen und damit die vergrößerte Flexibilität zur Stärkung der eigenen Wettbewerbsposition zu nutzen.

Die bessere Kenntnis bestimmter Risikoarten und Risikotypen spricht im Übrigen dafür, dass Unternehmen die Risiken der Realgütermärkte in ihrem eigenen Portfolio halten sollten, während sie andererseits Finanzpreisrisiken an die Banken

---

[8] Dies gilt nur solange, wie die Kosten des Risikomanagements die Wertsteigerung nicht überkompensieren.

[9] Vgl. zur Bedeutung der Hackordnungshypothese (Pecking Order Theory) für das Risikomanagement von Unternehmen Froot et al. 1993.

abgeben sollten, weil deren Einbindung in die Finanzmärkte es ihnen leichter macht, die entsprechenden Risiken zu managen. Da mit der Durchführung unternehmerischer Investitionen in der Regel eine Fülle realwirtschaftlicher und finanzwirtschaftlicher Risiken verbunden ist, kann das Risikomanagement einen Mehrwert erzeugen, in dem es die verschiedenen Risikoarten und Risikotypen voneinander separiert und einem getrennten Management zugänglich macht.

Werden bedeutende Kreditrisiken mit Hilfe geeigneter Risikotransferinstrumente ausgelagert, so kann dies im Übrigen auch die Anreizsteuerung im Unternehmen verbessern helfen. Eine Beurteilung der Leistung der Manager kann nämlich dadurch beeinträchtigt sein, dass das Unternehmensergebnis durch verschiedene Umweltbedingungen und Ereignisse wie z.b. durch den Ausfall von Kundenforderungen an Großabnehmer beeinflusst wird. Solche Ereignisse, die nicht im Einflussbereich des jeweiligen Managements liegen, können das vom Management zu verantwortende Unternehmensergebnis überlagern. Durch einen geeigneten Risikotransfer kann dann die Nachvollziehbarkeit der Leistungen und Fähigkeiten der Manager verbessert werden. Die auf diese Weise generierte höhere Korrelation der Ergebnisbeiträge und der Managerleistung kann zum Abbau von Agency-Kosten beitragen.

Neben den positiven Auswirkungen des Risikomanagements auf das Managementverhalten in Bezug auf die Anteilseigner können auch die positiven Auswirkungen auf die Unternehmensgläubiger in Betracht gezogen werden. So besteht für die Gläubiger nach der Überlassung ihrer Kreditmittel das Problem, dass das Unternehmen zu einer risikoreicheren Unternehmenspolitik wechselt und an sich kapitalwertpositive Investitionsprojekte wegen ihres niedrigen Risikogehalts nicht durchführt, da die Anteilseigner von dieser Entscheidung nicht profitieren würden (Unterinvestitionsproblem). In eine ähnliche Richtung kann die Politik zielen, stabile Assets abzubauen und in stärker risikobehaftete Vermögensgegenstände zu investieren, um Vermögensansprüche von den Gläubigern auf die Anteilseigner zu transferieren (Vermögenssubstitutionsproblem). Beide Möglichkeiten können von den Gläubigern antizipiert werden und entweder zu hohen Risikoprämien oder zu Kreditvertragsklauseln führen, die den Marktwert steigernde Entscheidungen verhindern. Geeignete Hedgingtransaktionen im Rahmen des Risikomanagements können dagegen bewirken, dass die mögliche Steigerung des Gesamtunternehmenswertes vollständig realisiert und zugleich das Unterinvestitions- bzw. das Vermögenssubstitutionsproblem gelöst wird.[10]

8.2.3 Bedeutung des Risikotransfers für die Bankensteuerung

Bei unvollkommenem Kapitalmarkt bieten die Risikotransferinstrumente gerade den Kreditinstituten noch weitergehende Möglichkeiten als die Erfüllung der im vorausgegangenen Abschnitt beschriebenen generellen finanzwirtschaftlichen Funktionen. Die spezielle Bedeutung des Kreditrisikotransfers für die Kreditinstitute bezieht sich insbesondere auf die verbesserten Möglichkeiten der Risikostreu-

---

[10] Vgl. Hommel u. Pritsch 2001, S. 8 ff.

ung, auf die Verminderung der Eigenkapitalanforderungen und auf die Möglichkeiten der Durchführung von Arbitragetransaktionen.[11]

8.2.3.1 Risikotransferinstrumente zur Diversifikation

Die besondere Bedeutung der Risikotransferinstrumente für die Kreditinstitute resultiert insbesondere aus der bereits in Kapitel 1 ausführlich geschilderten Beschränkung der Steuerungsmöglichkeiten der Banken im Primärkreditgeschäft unmittelbar bei der Kreditvergabe. Im Gegensatz zu Wertpapierportfolios, in die zur Risikodiversifikation prinzipiell alle Wertpapiere, die weltweit gehandelt werden, aufgenommen werden können, richtet sich die Kreditnachfrage der Kreditnehmer als Kunden der Bank nach deren eigenen Zielvorstellungen und Entscheidungen, so dass die Bank die Kreditnachfrage nur indirekt beeinflussen kann. Daraus erwachsen mangelnde Risikostreuungsmöglichkeiten und Größenklassenrisiken, die sich im Primärkreditgeschäft nur begrenzt über eine *Vergrößerung des gesamten Kreditportfolios diversifizieren* lassen. Über die Märkte für Kreditrisikotransferinstrumente können Kreditrisiken allerdings nicht nur vermindert, sondern auch neu aufgebaut, d.h. „eingekauft" werden, so dass sich der Portfoliosteuerung zusätzliche Diversifikationsmöglichkeiten bieten. Kreditrisikotransferinstrumente sind im Rahmen der Gesamtbanksteuerung in der Lage, die instrumentellen Defizite der Steuerung des Primärkreditgeschäfts ganz oder zumindest teilweise auszugleichen:

- Der Kundenkreis im Primärkreditgeschäft der Banken ist entweder aufgrund extern vorgegebener Marktgegebenheiten (z.B. bei Gültigkeit des Regionalprinzips) oder aufgrund der intern definierten strategischen Ausrichtung (z.B. bei einer Spezialisierung auf bestimmte Kundengruppen) auf bestimmte Marktsegmente fokussiert. Daraus entstehen Kreditnehmerkonzentrationen für bestimmte Regionen, Branchen oder Abhängigkeiten des Wertes der Kredite von makroökonomischen Entwicklungen. Risikotransferinstrumente bieten demgegenüber die Möglichkeit, den Wert der Kreditportfolios gegen regionale oder branchentypische Verbundeffekte oder andere Risiken abzusichern, ohne dass die Kreditstrategie im Primärgeschäft beschränkt werden muss. Als Diversifikationsstrategien bietet sich dabei einerseits die *naive Diversifikation* an, weil dadurch Klumpenrisiken mit hoher Wahrscheinlichkeit vermieden werden können, und andererseits eine *gezielte Diversifikation*, die dem Ausgleich regionaler oder branchenmäßiger Konzentrationen dienen kann. Eine gezielte, d.h. auf einen typischen Risikofaktor ausgerichtete Diversifikation setzt allerdings einen *hohen Informationsstand* über die bestehenden wie über die neu übernommenen Risiken voraus, der aus verschiedenen Gründen nicht leicht zu realisieren ist. Beispielsweise erfolgt ein Kreditrisikotransfer in der Mehrzahl der Fälle ohne Überlassung der Kreditakte an den Risikokäufer und CLOs führen zu schwer überschaubaren Abhängigkeiten der Risikoprofile der Tranchen von den durchschnittlichen Ausfallwahrscheinlichkeiten und Korrelationen der

---

[11] Vgl. Poppensieker 2002, S. 93 ff.

Kreditrisiken im Pool. Daher bietet es sich bereits bei der Konstruktion von Verbriefungsprogrammen an, typische branchenmäßige oder regionale Schwerpunkte abstrakt herauszustellen, die dann von den Risikokäufern als Anhaltspunkte für ihre Kaufentscheidungen herangezogen werden können.

- Darüber hinaus ist im Primärkreditgeschäft im Gegensatz zur Wertpapieranlageplanung von Koordinationsproblemen bei der Umsetzung der Kreditpolitik aufgrund der notwendigerweise dezentralen Vertriebsstruktur auszugehen. Demgegenüber lassen sich Sekundärmarktaktivitäten gegenüber Primärmarktaktivitäten zentral steuern, so dass geringere Koordinationsprobleme bestehen. Der Zwang zu einer *dezentralen Kreditvergabe* bleibt zwar bestehen, die negativen Auswirkungen lassen sich nun aber begrenzen, weil die dezentral aufgebauten Forderungsbestände selbst durch Asset Backed Securities bzw. die Risiken dieser Bestände mit Hilfe von Kreditderivaten weitergegeben werden können.
- Im Portfoliomanagement für Wertpapiere besteht die Möglichkeit, über Leerverkäufe oder den Einsatz derivativer Instrumente auch *Short Positionen* einzugehen, um eine optimale Portfoliozusammensetzung zu generieren. Dagegen können Kredite nicht leer verkauft werden. Mit Kreditderivaten können die Investoren allerdings auch auf eine sinkende Bonität von Kreditnehmern spekulieren, wenn sie beispielsweise die Verkäuferposition in einem entsprechenden Total Return Swap einnehmen. Der Markt wird in diesem Fall vervollständigt.
- Im Bereich der Wertpapieranlage gelingt eine Vervollständigung des Kapitalmarktes insbesondere durch die Inanspruchnahme neuer Marktsegmente wie beispielsweise die Emerging Marktes und den Einsatz derivativer Finanztitel auf Indizes dieser Märkte. Vergleichbar lässt sich an den Kreditmärkten mit Hilfe von Kreditrisikotransferinstrumenten eine Vervollständigung des Kapitalmarktes herstellen, indem einerseits der Zugang zu Kreditrisiken gelingt, die nicht im Spezialisierungsbereich der Bank liegen, und indem andererseits beispielsweise durch geeignete Tranchenbildungen von Asset Backed Securities *neuartige Risikoprofile* als Anlagemöglichkeiten am Markt geschaffen werden.[12]
- Die Ertrags-Risiko-Charakteristika einzelner Wertpapiere werden im Portfoliomanagement als exogen gegebene Größen betrachtet, die über technische Analysen, Fundamentalanalysen und statistische Methoden abgeschätzt werden. Die *Ertrags-Risiko-Charakteristika* von Krediten sind auch von der Screeningqualität sowie der Professionalität der Einwirkung der Banken auf die Geschäftspolitik und das Verhalten der Kreditnehmer abhängig und damit auch endogene Größen der Kreditportfoliostrategie der Banken. Das gilt für die Preisstellung der Kredite ebenso wie für die bereit gestellten Kreditlinien. Risi-

---

[12] Das Management von Kreditrisiken lässt sich wie das Management der Marktrisiken in aktiven und passiven Strategien realisieren, wobei sich zur Umsetzung passiver Strategien insbesondere Engagements in entsprechenden Indexprodukten anbieten. Vgl. Abschnitt 5.3 und Felsenheimer et al. 2006, S. 386 ff. Für die Rentenindizes, die u.a. auch Unternehmensanleihen im Investment Grade enthalten, vgl. International Index Company 2005.

kotransferinstrumente eröffnen hier die Möglichkeit, die Ertrags-Risiko-Charakteristika des Kreditportfolios zu optimieren.

Institutsgruppenspezifische Lösungen des Kreditrisikotransfers zielen darauf ab, mit Hilfe geeigneter Instrumente die besonderen Ziele der Sparkassen und Genossenschaftsbanken zu fördern oder zu unterstützen, weil das Regionalprinzip durch die Kredithandelstransaktion nicht verletzt wird. Schumacher u. Eberhard 2001 weisen insbesondere darauf hin, dass durch den Kreditrisikotransfer und die damit gegebene Möglichkeit des Abbaus von Klumpenrisiken in den beteiligten Instituten sogar eine gleichmäßigere Förderung der wirtschaftlichen Entwicklung der Region erreicht werden kann. „Die fehlende Kenntnis des lokalen Marktes wird durch die laufende Bonitätsprüfung der lokalen Sparkasse sowie entsprechende Informationspflichten ausgeglichen."[13]

Die angesprochenen neuen Einsatzgebiete zeigen, dass die vielfältigen Möglichkeiten der Risikosteuerungswirkungen der neuen Transferinstrumente für Kreditrisiken kaum überschätzt werden können. Die Literatur hat sich in einigen Arbeiten mit den möglichen Vorteilen der Diversifikation und Spezialisierung von Kreditinstituten beschäftigt. Der Großteil der Arbeiten konzentriert sich jeweils auf einen Aspekt, d.h. entweder die Spezialisierung oder die Diversifikation, wie z.B. die Arbeiten von Diamond 1984 oder Dell'Ariccia et al. 1999. Winton 1999 berücksichtigt in seinem Ansatz sowohl Diversifikation als auch Spezialisierung. Die Modellergebnisse zeigen, dass die optimale Strategie, d.h. die Diversifikations- bzw. Fokussierungsstrategie vom jeweils bestehenden Risiko des Kreditportfolios und dem dadurch beeinflussten Konkursrisiko der Bank abhängt. Wesentlicher Nachteil dieser Arbeiten ist aber, dass zwar der Eintritt in neue Märkte analysiert wird, jedoch die Möglichkeit des Kreditrisikohandels ausgeblendet bleibt.

Gann u. Hofmann 2005 zeigen, dass eine Spezialisierung zwar die Ausnutzung von Kostenvorteilen erlaubt, dass es dadurch aber gleichzeitig zu einer geringen Diversifikation des Kreditportfolios kommt, weil sich die Kreditproduktion nun auf jenen Markt konzentriert, in dem die Bank über Wettbewerbsvorteile verfügt. Die geringere Diversifikation ist jedoch verglichen mit dem Fall hoher Diversifikation für risikoaverse Investoren nutzenmindernd. Moderne Finanzinstrumente wie Asset Backed Securities und Kreditderivate ermöglichen es nun den spezialisierten Kreditinstituten, die Konzentrationsrisiken in ihrem Kreditportfolio zu reduzieren und gleichzeitig neue Kreditrisikopositionen in fremden Märkten einzugehen, ohne dort umfangreiche Investitionen in den Aufbau einer Kreditvergabeinfrastruktur tätigen zu müssen. *Die Risikokonzentration einer Bank wird damit zur Diversifikationsmöglichkeit einer anderen Bank.* Dadurch wird trotz Spezialisierung des Instituts eine Diversifikation des Kreditportfolios realisierbar, wodurch die Bank ihre Risiko-Ertrags-Relation verbessern kann. Die durch die verbesserte Diversifikation induzierte Nutzensteigerung impliziert folglich eine Marktwertsteigerung der die Kreditrisiken handelnden Institute. Das Modell zeigt darüber hinaus, dass ohne Transaktionskosten eine Portfoliodiversifikation durch

---

[13] Schumacher u. Eberhard 2001, S. 494.

Kreditrisikohandel immer dann den Marktwert eines Kreditinstitutes steigert, wenn keine vollständige Ausfallkorrelation zwischen beiden Märkten zu verzeichnen ist. Insbesondere ist Kreditrisikohandel jeweils vorteilhafter als der eigene Markteintritt der Bank.

8.2.3.2 Absenkung der Eigenkapitalerfordernisse

Durch die Weitergabe oder die Absicherung von Kreditaktiva mit einem hohen regulatorischen Kreditrisikobeitrag können die bankaufsichtlichen Eigenkapitalerfordernisse abgebaut werden, so dass für das Neugeschäft zusätzliche Spielräume geschaffen werden. Durch die Weitergabe oder Versicherung von Krediten können aber ebenso die ökonomischen Eigenkapitalanforderungen gesenkt werden. Bei einem Verkauf der Kredite kann sich die Bank insgesamt von ihrer Risikobelastung befreien.

Die verschiedenen Methoden der *Banksteuerung* gehen ebenso wie die regulatorischen Eigenkapitalvorschriften der Kreditinstitute davon aus, dass übernommene Kreditrisiken mit Eigenkapital zu unterlegen sind.[14] Die Notwendigkeit zur Deckung übernommener Risiken durch Eigenkapital basiert auf der Annahme, dass einmal vergebene Kredite einschließlich ihrer Kreditrisiken grundsätzlich im Portfolio der Bank verbleiben. Die Zurechnung eines Eigenkapitalbetrages schränkt dann die zukünftigen Möglichkeiten der Bank ein, weitere Kredite zu vergeben. Wenn die neuen Märkte für Kreditrisikotransferinstrumente es nun aber ermöglichen, Kreditportfolien so zu strukturieren bzw. zu restrukturieren, dass keine Zusatzbelastungen beispielsweise wegen einer mangelnden Granularität des Kreditportfolios oder der Konzentration der Mittel auf bestimmte Einzelkredite berücksichtigt werden müssen, dann lässt sich daraus die Möglichkeit einer Steuerung der Eigenkapitalerfordernisse ableiten. Im Hinblick auf die regulatorischen Eigenkapitalerfordernisse sind dabei selbstverständlich die jeweiligen aufsichtsrechtlichen Bestimmungen maßgeblich.

8.2.3.3 Ausnutzen von Arbitragemöglichkeiten

Risikotransferinstrumente können auch dadurch einen Beitrag zur Vervollkommnung der Kreditmärkte leisten, dass Arbitragemöglichkeiten geschaffen werden, welche die Preisunterschiede für Risiken an nationalen und internationalen Märkten abbauen sowie Preisunterschiede zwischen den verschiedenen Marktsegmenten ausgleichen können.

Da die neuen Märkte für den Transfer von Kreditrisiken die Möglichkeit bieten, Kreditrisiken von anderen Marktrisiken separiert zu handeln, liegt die Hypothese nahe, dass auf diesen Märkten auch die Informationen über mögliche Veränderungen der Kreditrisiken schneller verarbeitet und umgesetzt werden als auf den Kassamärkten. Diese Hypothese wird von der Deutschen Bundesbank anhand empiri-

---

[14] Die Anforderungen der regulatorischen Eigenkapitalanforderungen für Kreditrisiken ergeben sich aus dem Regelwerk von Basel II. Vgl. hierzu die Ausführungen im siebten Kapitel, sowie Rudolph 2004 und Hofmann u. Pluto 2005.

scher Daten bestätigt, wonach der europäische Credit Default Swap-Markt dem Anleihemarkt bezüglich der Reaktion auf neue Informationen zeitlich vorausläuft.[15] Identische Ergebnisse berichten Blanco et al. 2005 in einer umfassenden empirischen Analyse von Bond und CDS Spreads. Loy u. Jostarndt 2006 zeigen, dass sich auf Portfolioebene Arbitragegewinne aus der Investition in die Aktien, die Fremdkapitalpositionen und die dazugehörigen CDS-Positionen der Unternehmen erzielen lassen.[16]

In der Realität ist ein Kreditrisikotransfer nicht ohne Transaktionskosten durchführbar, deren Höhe die Vorteilhaftigkeit von Arbitragetransaktionen determiniert. So fallen auf Seiten des Risikoverkäufers Kosten im Zusammenhang mit der Vorbereitung und Durchführung der Transaktion an. Auf Seiten des Käufers der Risiken existieren darüber hinaus Informationskosten und „Participation Costs". Auch der Einsatz von Kreditderivaten verursacht Transaktionskosten, deren Höhe nicht nur vom Ausmaß der Informationsasymmetrie zwischen Risk Seller und Risk Buyer bezüglich des zu handelnden Kreditrisikos abhängt. Aufgrund steigender Standardisierung und weiter fortschreitender Entwicklung in der Preiskalkulation und Abwicklung dürften zumindest die reinen Transaktionskosten des Kreditrisikohandels zukünftig noch sinken.[17]

8.3 Risikomanagement der Banken und Risikotransfer

8.3.1 Organisation des Risikomanagements im Kreditgeschäft

Das Risikomanagement der Banken weist prinzipiell die gleichen Elemente und Ansätze wie das Risikomanagement anderer Unternehmen auf. Im Mittelpunkt der Bankrisiken stehen aber das Kreditrisiko, das Marktrisiko aus den Positionen im Zins-, Devisen- und Aktienbereich sowie die verschiedenartigen operationellen Risiken.[18] Der Einsatz von Risikotransferinstrumenten in einem Kreditinstitut

---

[15] Vgl. Deutsche Bundesbank 2004b, S. 51. In der empirischen Untersuchung der Bundesbank wird auch festgestellt, dass der CDS-Markt Ratingänderungen vorwegnimmt. In der Tendenz weisen die CDS Spreads nicht nur einen Vorlauf vor Herabstufungen auf, sondern reagieren auch schneller auf die Bekanntgabe der Überprüfung einer Herabstufung.

[16] Diese Möglichkeit steht mit der sog. Marktsegmentierungshypothese im Einklang, wonach viele Teilmärkte des Rentenmarktes institutionell segmentiert erscheinen, so dass prinzipiell bestehende Arbitragemöglichkeiten nicht oder nicht vollständig ausgenutzt werden.

[17] So entwickelte die International Swaps and Derivatives Association (ISDA) eine Standarddokumentation für Kreditderivate, die einem Großteil der abgeschlossenen Kontrakte als Grundlage dient. Zu den Einzelaspekten der ISDA-Dokumentation vgl. Abschnitt 4.2 und Nordhues u. Benzler 2005, S. 219-234.

[18] Von den Industrieunternehmen übernommene Kreditrisiken weisen insbesondere deshalb einige Besonderheiten gegenüber den Kreditrisiken der Banken auf, weil sie übli-

muss in die Gesamtbanksteuerung eingebaut sein. Risikomanagement im Rahmen der Gesamtbanksteuerung stellt sich als Prozess dar, in dem ausgehend von der Identifikation und Messung der Risiken in der Bank eine Aggregation der gemessenen Risiken zum Gesamtrisiko vorgenommen wird. Auf der Basis dieser Messungen erfolgen die Planung und Steuerung der Risiken des Kreditinstituts sowie die Risikokontrolle. Statt von einem Prozess kann man auch von einem Regelkreis sprechen, wobei nicht nur die Risikokontrolle Anlass gibt, die verschiedenen Prozessstufen jeweils erneut zu durchlaufen, sondern jede Änderung in einer der Stufen des Prozesses und jeder relevante Informationszugang dazu genutzt werden kann, die Methodik und Umsetzung aller anderen Prozessstufen konzeptionell zu überdenken und gegebenenfalls anzupassen.

Ohne klare Einbettung in ein Gesamtkonzept entstehen aus der Sicht des Risikomanagements beispielsweise dann Schwierigkeiten, wenn innerhalb eines Instituts die Zuständigkeiten für die Durchführung einer Verbriefung unklar sind. Dann kann es dazu kommen, dass die Verbriefung eines bestimmten Kreditportfolios durchgeführt wird, die aus dem Blickwinkel des Geschäftsbereichs sinnvoll erscheint, sich aber vor dem Hintergrund des Gesamtportfolios als kontraproduktiv herausstellt. Ebenso kann es auch dazu kommen, dass ein Geschäftsbereich ein Teilportfolio unter Inkaufnahme von Transaktionskosten verbrieft oder durch ein Kreditderivat absichert und andererseits der Handel in diese Positionen investiert, indem er entsprechende ABS in sein Portfolio aufnimmt.

8.3.2 Einzel- und Gesamtrisiken im Kreditrisikomanagement

Das Kreditrisiko einer Bank resultiert aus möglichen Verlusten im Kreditgeschäft. Es ist üblich, die Verlustpotentiale im Kreditgeschäft in erwartete Verluste und unerwartete Verluste zu unterteilen.[19] Die Begriffsbildung beruht darauf, dass eine pünktliche Verzinsung und Tilgung der Kredite als Messlatte dient, von der aus nur negative Abweichungen möglich sind. Der *erwartete Verlust* (*Expected Loss*) ergibt sich aus der Ausfallwahrscheinlichkeit des Kredits, der erwarteten Höhe des Kredits bei dem möglichen Ausfall sowie dem bei einem solchen Ausfall erwarteten Verlust. Der Ansatz des Erwartungswertes eines zukünftigen Verlustes aus einem Kredit wird die Durchschnittsverluste vergangener Verluste einer vergleichbaren Gruppe von Krediten reflektieren, sofern sich die Umwelt und die Geschäftsstrategie der Bank nicht wesentlich geändert haben. Der erwartete Verlust, der im Bankcontrolling als *Standardrisikokosten* angesetzt und bei der Kalkulation der Preisuntergrenze als Risikoprämie verrechnet wird, kann auch in Abhängigkeit von der erwarteten Branchenkonjunktur oder vermuteten Strukturänderungen der Märkte angesetzt werden und spiegelt dann nicht nur vergangene Erfahrungen wider.

---

cherweise im Kontext einer Lieferung oder Leistung übernommen werden und nicht Ausdruck eines eigenständigen Geschäftsfeldes sind.
[19] Vgl. Henking et al. 2006, S. 17 ff.

Ein *unerwarteter Verlust* entsteht durch Abweichungen der tatsächlich eintretenden Verluste von ihrem durchschnittlichen Wert und indiziert in der Vergangenheitsbetrachtung die Streuung der Kreditverluste um ihren Durchschnittswert. Für unerwartete Verluste gibt es verschiedene Messmethoden wie beispielsweise die Varianz bzw. die Standardabweichung der Kreditverluste oder den *Value-at-Risk* VaR bzw. *Credit-at-Risk* als Verlust in Euro, der nur mit einer sehr kleinen vorgegebenen Wahrscheinlichkeit noch überschritten wird. Der VaR eines Kredits wird als möglicher Verlust bestimmt, der innerhalb eines bestimmten Zeitraums mit einer vorgegebenen Häufigkeit (in der Vergangenheit) bzw. Wahrscheinlichkeit (in der Zukunft) nicht überschritten wurde bzw. wird (z.B. mit 5 %, mit 1 % oder sogar nur mit 0,1 %).[20] Mit Hilfe von Simulationsrechnungen oder anderen Techniken kann der zukünftige VaR einer Kreditposition aus der Fortschreibung der Erfahrungswerte der Vergangenheit abgeleitet werden.[21]

Das *Risikomanagement* befasst sich nicht nur mit den Risiken einzelner Engagements, sondern auch mit den *Risiken des gesamten Kreditportfolios*. Zur Erfassung dieses Risikos bedient man sich in der Praxis wieder des Erwartungswertes des Verlustes sowie des unerwarteten Verlustes. Die Bestimmung des erwarteten Portfolioverlustes erfolgt durch einfache Addition der erwarteten Verluste der Einzelpositionen. Wenn im Kreditbereich A also mit durchschnittlich 15.000 € Verlusten im Jahr und im Bereich B mit 20.000 € Verlusten gerechnet wird, dann ist der erwartete Verlust beider Bereiche zusammen 35.000 € im Jahr. Eine einfache Addition der unerwarteten Verluste der Einzelpositionen führt dagegen im Allgemeinen nicht zum unerwarteten Verlust der Gesamtposition, weil die Kredite nicht gemeinsam und auch nicht zum gleichen Zeitpunkt ausfallen. Hier müssen also die *Granularität des Portfolios* und seine *Diversifikation* berücksichtigt werden, da die Kredite bezüglich der Branchen und Regionen der Kreditnehmer bzw. anderer Risikofaktoren mehr oder weniger stark korrelieren. Der unerwartete Verlust eines Kreditportfolios (z.B. gemessen durch seinen Value-at-Risk) hängt insoweit wesentlich von der Konzentration des Kreditportfolios ab, das durch die Anzahl der Kreditnehmer, die Verteilung der an die verschiedenen Kreditnehmer ausgereichten Kreditvolumina und durch die Korrelationen der Kreditrisiken der Einzelkredite determiniert ist. Eine Diversifikation des Kreditpotfolios bewirkt jedenfalls, dass der unerwartete Verlust des Gesamtportfolios geringer ist als die Summe der unerwarteten Verluste der Einzelkredite.

---

[20] Bei Ergebnissen, die einer Normalverteilung folgen, lässt sich der VaR aus dem Erwartungswert und einem Vielfachen der Standardabweichung berechnen. Bei nicht normalverteilten Risikopositionen kann die Risikomessung mittels der Standardabweichung, aber auch mit dem VaR unzureichend sein. Vgl. Johanning 2000, S. 259 ff.

[21] Zu den Vor- und Nachteilen der verschiedenen Risikomaße für Kreditrisiken, insbesondere den VaR sowie den Incremental VaR und den Marginal VaR für Kreditrisiken vgl. Johanning 1998, De Servigny u. Renault 2004, S. 236 ff., sowie Felsenheimer et al. 2006, S. 365 ff.

8.3.3 Verknüpfung des Risikomanagements mit dem Wertmanagement

Kreditrisikosteuerung im Primärkreditgeschäft bedeutet, dass die Risikopositionen in den verschiedenen Teilbereichen des Kreditportfolios bereits vor dem Abschluss möglicher Kundengeschäfte limitiert werden, damit Diversifikationseffekte erzielt, Kumulationen von Risiken vermieden und die Risikostrukturen des Kreditportfolios in die gewünschte Richtung bewegt werden. Die Art der Limite hängt u.a. auch von der Geschäftsbereichsorganisation und von der Größe der Kreditnehmer ab, die für ein Kreditsegment typisch sind. Die Limitierung kann auf einzelne Kreditnehmer bezogen erfolgen, die Limite können in einer dezentral geführten Bank, aber auch für eine ganze Klasse kleinerer Kreditnehmer pauschal festgelegt werden. Alle Limite werden nur für eine gewisse Zeit festgesetzt und müssen dann erneut überprüft werden. Es kann auch Überlegungen geben, ob Limite rigoros vom Risikocontrolling durchgesetzt werden sollen oder ob sie im Zeitablauf bei Vorliegen der konkreten Kundennachfrage in gewisser Weise flexibel gehandhabt werden können, weil beispielsweise mit Hilfe geeigneter Risikotransfergeschäfte kurzfristige Ausgleichsmaßnahmen ergriffen werden können. Limite werden jedenfalls für eine bestimmte Zeit verbindlich gesetzt, so dass Geschäftsabschlüsse, welche die Limite überschreiten würden, unzulässig sind. Ein Neugeschäft kann aber dann wieder möglich werden, wenn auf das Limit angerechnete Kredite ordentlich getilgt, verkauft, im Rahmen von Asset Backed Transaktionen weitertransferiert oder durch Kreditderivate gesichert sind.

Traditionell orientiert sich das Risikomanagement von Banken im klassischen Firmenkundengeschäft an *Nominalwerten bzw. Volumina*. Die Kreditvergabekompetenz liegt dann je nach Größe des beantragten Kreditvolumens bei der Niederlassung vor Ort, bei einer übergeordneten, evtl. für eine bestimmte Region zuständigen Kreditabteilung oder sie liegt, auch weil dies gesetzlich so vorgeschrieben ist, bei Großkrediten bei der Geschäftsleitung der Bank. Durch ein System von Nominallimiten entsteht eine erhebliche Unübersichtlichkeit in der Limitstruktur, die notwendigerweise erstens zu Ineffizienzen führt und Diversifikationspotentiale in den Teilportfolios wie auf Gesamtbankebene ungenutzt lässt und die zweitens keine zwingenden Hinweise auf Absicherungsmöglichkeiten durch den Einsatz der Risikotransferinstrumente geben kann.

Auch hinsichtlich der Risikokontrolle weisen Nominallimite erhebliche Defizite auf. Verschlechtert sich die Bonität eines langfristigen Kredits im Zeitablauf und steigt somit das Ausfallrisiko, so führt dies in einem Nominallimitsystem zu keiner Limitüberschreitung, da sich das Exposure nicht ändert.

Eine risikobezogene *Limitsetzung auf der Basis von Value-at-Risk Vorgaben* kann die Absicherungsbedarfe deutlicher machen und ermöglicht auch eine Risikokontrolle, weil sich die Limitauslastung bei einer Bonitätsverschlechterung laufender Engagements erhöht. Risikolimite auf der Basis des VaR-Ansatzes können herunter gebrochen werden zu

- Produkt-, Geschäftsfeld-, Länder- und Branchenlimiten,
- Risikoklassenlimiten,

- Blankoanteilslimiten und
- Einzelkundenlimiten.

Wenn auch die Risikosteuerung auf der Basis eines VaR-Ansatzes nicht unumstritten ist, so vermeidet sie doch zunächst einmal die ins Auge stechenden Defizite einer Steuerung mit Hilfe von Nominallimiten.

Wenn Risiken von den Banken bewusst übernommen werden, so immer mit der Zielsetzung, durch die Übernahme und das Management dieser Risiken Erträge zu generieren. Daher müssen alle Entscheidungen über risikobehaftete Anlagen auch auf ihren möglichen Ertrag hin ausgerichtet sein. Die Abstimmung der übernommenen Risiken auf den angestrebten Ertrag erfolgt regelmäßig über eine oder mehrere risikoadjustierte Ergebnis- oder Performancekennzahlen (*Risk Adjusted Performance Measure RAPM*).[22] Die formale Zielsetzung einer Bank bzw. eines Teilbereichs besteht danach in der Maximierung der risikoadjustierten Rendite eines Geschäfts, eines Geschäftsbereichs oder der Bank. Aus der Controllingperspektive erfolgt dabei eine möglichst konsequente Verknüpfung des Wert- und Risikomanagements auf allen Ebenen der Organisation.

RAPM-Kennzahlen geben als ex post Größen Anhaltspunkte für eine *Ergebnisbeurteilung* und ex ante *Steuerungsimpulse*, damit die Renditeansprüche der Kapitalgeber in Zukunft erreicht und mit möglichst geringen Risiken realisiert werden können bzw. die übernommenen Risiken mit einem maximalen Wertzuwachs für die Eigentümer verbunden sind. Jene Geschäftsbereiche sollen vorrangig Eigenkapital als Risikoträger zugeordnet bekommen, die einen möglichst hohen erwarteten Wertbeitrag für die Bank generieren. Zielsetzung der Eigenkapitalzuordnung ist darüber hinaus auch die Begründung von Entscheidungen im operativen Bereich wie beispielsweise bei der Kreditvergabe über die Ermittlung der Preisuntergrenze für Kredite im Zuge einer risikoadjustierten Preisstellung (Risk Adjusted Pricing RAP).

Das im Kreditgeschäft allgemein bzw. mit einer einzelnen Kreditvergabeentscheidung übernommene Risiko im Sinne des unerwarteten Verlustes bestimmt die Unterlegung der Risiken durch Eigenkapital. Die Höhe der Unterlegung richtet sich entweder nach den aufsichtlichen Erfordernissen (Regulatorisches Kapital) oder nach dem selbst formulierten Anspruch an die *Risikotragfähigkeit* (Ökonomisches Kapital). Daraus folgt, dass das Eigenkapital, das einem Geschäftsbereich bzw. Einzelgeschäft aufgrund des damit verbundenen Risikos zugerechnet wird, ein möglichst hohes Nettoergebnis (Ergebnis nach Abzug der direkt zurechenbaren Kosten) bzw. einen möglichst hohen Überschuss des Geschäftsbereichs erwirtschaften soll, ohne dass die gesamte Risikotragfähigkeit der Bank darunter leidet. Es liegt daher nahe, als Zielgröße für den RAPM-Ansatz für jedes zu bewertende Geschäft den Quotienten aus dem Erwartungswert des Nettoergebnisses des Geschäfts i und dem als Risikodeckungspotenzial zugeordneten Eigenkapital, dem ökonomischen Kapital heranzuziehen:

---

[22] Vgl. Lehar et al. 1998 sowie Schierenbeck 2003, S. 43.

$$RAPM_i = \frac{\text{Erwartungswert des Nettoergebnisses des Geschäfts } i}{\text{dem Geschäft } i \text{ zugeordnetes Eigenkapital}}$$

Dabei stellt sich das erwartete *Nettoergebnis* als Differenz der erwarteten Erträge des Geschäfts sowie dem erwarteten Verlust und den Kosten dar und das zugeordnete Eigenkapital als Risikopuffer, mit dem mögliche unerwartete Verluste aus diesem Geschäft abgedeckt werden können. Die so definierte Mess- bzw. Zielgröße wird auch als RORAC (Return on Risk Adjusted Capital) bzw. als ROEC (Return on Economic Capital) bezeichnet, sofern das ökonomische Kapital dem Geschäft zugeordnet wird.

Den einzelnen Geschäftsbereichen wird als ökonomisches Kapital in der Regel ein VaR-Betrag als Limitvorgabe zugewiesen. Dieser Betrag wird dann entsprechend der Attraktivität der RORAC-Werte auf die verschiedenen Geschäftsmöglichkeiten verteilt, so dass ein möglichst hoher Wertbeitrag erzielt werden kann. Die Vorgabe einer Mindestrendite (Hurdle Rate) soll garantieren, dass keine Projekte durchgeführt werden, die ihre Kapitalkosten nicht decken. Aus der ex ante Perspektive geht man davon aus, dass die Geschäftsbereiche ihre Risikolimite bzw. das ihnen zugeteilte Risikokapital voll ausschöpfen werden. Bei der ex post Betrachtung untersucht man die tatsächlich übernommenen Risiken und ihre Wertbeiträge, so dass ex ante und ex post Werte auseinander fallen können.[23]

Das Kapital, das den einzelnen zu beurteilenden Geschäften bzw. Geschäftsfeldern zugerechnet wird, wird in der Regel durch den VaR konkretisiert. Nicht nur an dieser Form der Risikomessung wird Kritik geübt. Die Kritik greift auch über die verschiedenen Messprobleme hinaus und stellt die finanzierungstheoretische Logik der Erfolgsmaße und insbesondere des RORAC in Frage: „RAROC compares a risk measure that has its foundations in the neoclassical world, and hence under very different assumptions. Whereas RAROC only considers the risk contribution to the total risk of the (existing) bank portfolio, the neoclassical theory is only concerned with the systematic risk to a broad market portfolio. Obviously, this discrepancy should lead to the development of new approaches to capital budgeting in banks."[24] Die Diskussion um die zweckmäßige und zieladäquate Steuerungsmethode der Banken kann noch keineswegs als abgeschlossen gelten, so dass auch die Integration der Steuerung des Kreditrisikotransfers in das Risikocontrolling noch viele offene Probleme beinhaltet.

---

[23] Zur Rationalität und den Vorzügen und Schwächen der verschiedenen Ansätze vgl. Lehar et al. 1998, S. 949 ff., und zur Einbindung des Konzepts in die Kapitalstrukturdiskussion der Finanzierungstheorie vgl. Rudolph 2006b. Auf gemeinsame Schwächen der Sharpe Ratio und des RAROC-Konzepts weisen Wilkens et al. 2004 hin.

[24] Schröck u. Steiner 2005, S. 64, vgl. auch die Überlegungen zu einer neoinstitutionalistischen Perspektive der Kapitalallokation in Banken bei Rudolph 2006b.

8.3.4 Wertgenerierung durch Kreditrisikotransfer

Neue Kreditengagements stellen für die Banken nur in jenen Fällen eine attraktive Handlungsalternative dar, wenn sie sich als kapitalwertpositive Projekte bzw. als Projekte mit einem positiven RAROC identifizieren lassen. Umgekehrt entstehen Wertverluste, wenn die vergebenen Kredite keine kapitalwertpositiven Investitionsprojekte darstellen. Es ist fraglich, ob die derzeitigen *Kalkulationsschemata der Banken* im Kreditgeschäft bei der Ermittlung von Preisuntergrenzen mit der Zielsetzung der Feststellung eines positiven oder negativen Kapitalwertes kompatibel sind. Derzeit geht das Kalkulationsschema der Banken vom bestehenden risikolosen Zins für eine bestimmte Periode aus und addiert dazu einen von der Risikoklasse der Bank abhängigen Aufschlag, so dass insgesamt der Refinanzierungssatz des Kreditinstituts als Basis der Kalkulation dient. Dieser Basis werden die Sachkosten zugeschlagen und dann bestimmte Elemente, die den erwarteten Verlust (Expected Loss) sowie den unerwarteten Verlust (ökonomisches Eigenkapital) zum Ausdruck bringen sollen. Darüber hinaus kann im Kalkulationsschema natürlich auch eine vorgesehene Marge addiert werden.[25]

Diese Art der Kalkulation muss aber überdacht werden, sobald es einen *liquiden Markt für den Transfer von Kreditrisiken* gibt. Durch einen Kreditrisikotransfer wird das durch ein Kreditengagement gebundene Eigenkapital gegebenenfalls rasch und in voller Höhe wieder frei. „Once tradable risks are hedged, their underlying assets incur no capital charge."[26] Der erwartete und der unerwartete Verlust werden mehr oder weniger durch eine Prämienzahlung ersetzt, die sich beispielsweise aus den Marktsätzen für Credit Default Swaps ergibt. Gibt es für den betrachteten Kreditnehmer keinen Marktsatz, so kann die Bonitätsprämie unter Umständen auch als Durchschnittswert aus den Marktsätzen vergleichbarer Kreditnehmer abgeleitet werden.[27]

Ist der Markt für den Kreditrisikotransfer durch hohe Transaktionskosten gekennzeichnet oder illiquide oder können nur Teile des Risikos an den Markt abgegeben werden, dann müssen in der Kalkulation die entsprechenden Transaktions- und Liquiditätskosten berücksichtigt werden.[28] Gegebenenfalls ist es auch notwendig, für das zurückzubehaltende Risiko eine entsprechende Eigenkapitalvorsorge zu treffen. Das ist z.B. dann der Fall, wenn die Bank bei der Emission einer

---

[25] Vgl. Grunert et al. 2002.
[26] De Servigny u. Renault 2004, S. 295.
[27] So ermittelt die Deutsche Bank die Risikoprämie für Kredite an Mittelständler neuerdings aus den Marktpreisen für Credit Default Swaps. Da es noch keine Credit Default Swaps für Mittelstandsunternehmen gibt, ermittelt die Bank aus den verfügbaren Preisen die Zuordnung der Swap-Prämien zu den einzelnen Bonitätsstufen. Das mittelständische Unternehmen wird dann einem Rating unterzogen und die Risikoprämie für den Kreditnehmer in Höhe jener Marktrisikoprämie angesetzt, die für einen Kredit mit gleichartigem Risiko aktuell gezahlt wird.
[28] Zu den verschiedenen Motiven eines Risikomanagements auf Grund von Kapitalmarktfriktionen und Informationsasymmetrien vgl. Froot u. Stein 1998, Bartram 1999, Dresel 2003 sowie Hartmann-Wendels et al. 2004, S. 597 ff.

Collateralized Loan Obligation die Equity Tranche in ihr eigenes Portfolio nehmen muss und dieses Investment mit einem entsprechenden ökonomischen Kapital unterlegt. Für die Steuerung und Kalkulation des Kreditgeschäfts bedeutet das, dass die Vorgabe von Risikolimiten und die Berechnung der Mindestmargen auch davon abhängig sein wird, welche Transaktionen zum Ausgleich des mit der Kreditvergabe übernommenen Kreditrisikos durchgeführt werden können oder sollen.

8.4 Auswirkungen des Risikotransfers auf die Stabilität der Finanzmärkte

8.4.1 Positive Effekte der Transferinstrumente für Kreditrisiken

Ähnlich wie bei den derivativen Instrumenten der etablierten Termin- und Optionsmärkte stellt sich auch bei den neuen Risikotransferinstrumenten im Kreditbereich die Frage nach ihrer einzel- und gesamtwirtschaftlichen Bedeutung für die Effizienz der Finanzmärkte. Die Beschreibung und Analyse der Instrumente des Kreditrisikotransfers hat gezeigt, dass auch im Bereich des Kreditrisikotransfers vergleichbar den derivativen Finanztiteln die

- Identifikation und Separierbarkeit bestimmter Risiken,
- die erweiterten Möglichkeiten zur Transformation dieser Risiken auf andere Wirtschaftssubjekte sowie
- die Marktfähigkeit und Handelbarkeit der präzise eingegrenzten finanzwirtschaftlicher Risiken

im Mittelpunkt des Interesses stehen und zur Vervollkommnung und Vervollständigung der Finanzmärkte sowie zu ihrer Informationseffizienz beitragen.[29] Durch die Möglichkeiten einer weitergehenden Streuung der Risiken innerhalb des Kreises der Kreditinstitute, die Auslagerung von Risiken auf Nichtbanken, die Umverteilung spezieller Risikokomponenten sowie die Umwandlung von Forderungen in liquide Finanztitel können die Positionen insgesamt schneller und besser den speziellen Präferenzen und der Risikotragfähigkeit der verschiedenen Marktteilnehmer angepasst werden, was zu einem Wertzuwachs bei allen Beteiligten führen kann. Die verbesserte Risikoallokation kann auch die Fähigkeit des gesamten Bankensystems erhöhen, außergewöhnliche Anspannungen (Schocks) zu absorbieren.[30]

Eine ganze Reihe von Untersuchungen hat sich mit den konkreten Auswirkungen der neuen Instrumente auf die Effizienz der Finanzmärkte auseinandergesetzt. Die Untersuchungen betonen durchweg die *Vorteile einer weitergehenden Diversifikation,* weisen aber zum Teil auch auf mögliche *Risiken für einzelne Institute wie für die Stabilität der Finanzmärkte* hin. So haben beispielsweise Wagner u. Marsh 2004 einen Modellrahmen zur Analyse der Effizienz- und Risikowirkungen

---

[29] Vgl. Rudolph u. Schäfer 2005, S. 357 ff.
[30] Vgl. Deutsche Bundesbank 2004a.

der Kreditrisikotransferinstrumente entwickelt, der davon ausgeht, dass Kreditrisikotransferinstrumente die Stabilität und Effizienz des Finanzsystems in unterschiedlicher Weise beeinflussen können. Zunächst einmal gibt es einen offensichtlichen Diversifikationseffekt, der zur Stabilität des Finanzsystems beitragen sollte. Risikotransferinstrumente können die Risiken auf andere Wirtschaftssubjekte verlagern und so das Bankensystem stabilisieren. Die Möglichkeit eines Risikotransfers wird allerdings die Banken dazu ermuntern, ihre Kreditvergabe auszuweiten und damit zusätzliche Risiken zu übernehmen. Es könnte auch sein, dass das Risiko der Banken zunimmt, weil diese wegen des Risikotransfers in ihrem Monitoring nachlassen. Schließlich können durch die neuen Instrumente Verschiebungen im Verhältnis von Bankfinanzierung und Kapitalmarktfinanzierung stattfinden, woraus Ansteckungsgefahren und Systemrisiken im Finanzsektor entstehen können.[31]

Bei näherer Untersuchung der genannten Wirkungen abstrahieren Wagner u. Marsh 2004 von einer Reihe wichtiger Probleme, die für die derzeitigen Risikotransfermärkte durchaus Bedeutung haben, wie beispielsweise die starke Konzentration der Risiken auf wenige Marktteilnehmer, die geringe Transparenz über die Transaktionen und Bestände sowie mögliche Bewertungsfehler beim „Marking to the Model". In der Modellentwicklung wird davon ausgegangen, dass die Marktteilnehmer rational handeln und dass die Marktunvollkommenheiten keine wesentliche Bedeutung haben. Darüber hinaus wird unterstellt, dass Unternehmen sowohl die Banken als auch den Kapitalmarkt als Finanzierungsquelle in Anspruch nehmen können. Eine Bankfinanzierung kann nun zur Reduktion der asymmetrischen Informationsverteilung zwischen Geldgeber und Geldnehmer beitragen und signalisiert bei Vertragsabschluss dem Kapitalmarkt zum Vorteil der Unternehmen eine ausreichende Bonität des Unternehmens. Die Risikoübernahme durch Banken ist mit höheren Finanzierungskosten als bei einer Kapitalmarktfinanzierung verbunden, da die Banken eine Kompensation für die übernommenen Risiken benötigen. Die Unternehmen als Kreditnehmer profitieren also von den Transfergeschäften ihrer Kreditgeber, weil sie dadurch mit einer niedrigeren Risikoprämie belastet werden können.

Die *Effizienz des Bankensystems* steigt durch den Risikotransfer, weil die Banken ihre Risikoprämien senken können, sich damit die Finanzierungsmöglichkeiten für die Unternehmen verbessern und von den Unternehmen mehr kapitalwertpositive Investitionsprojekte durchgeführt werden können. Die *Stabilität des Finanzsystems* steigt, weil ein Teil der Risiken außerhalb des Bankensystems in weniger krisenanfälligen Bereichen platziert werden kann. Also ist die Inanspruchnahme der neuen Märkte für den Kreditrisikotransfer mit einer Verbesserung der Effizienz und der Stabilität des Finanzsystems verbunden.[32]

---

[31] Vgl. Wagner u. Marsh 2004 sowie Allen u. Carletti 2005.
[32] Zu einem vergleichbaren Ergebnis gelangt Krahnen 2005, wenn er betont, dass bei einem Verkauf der Senior Tranchen an Nichtbanken das systemische Risiko außerhalb des Bankensektors platziert werden kann. Folgen wären, dass sich erstens die Ausfallwahrscheinlichkeit des Kreditinstituts, das dieses Risiko an den Markt weitergibt, vermindert und dass zweitens die Ansteckungsgefahr zwischen den Instituten vermindert wird.

Dieser im Ergebnis klare Befund ist allerdings in Frage gestellt, wenn neue Risiken oder Defizite beim Abschluss oder der Abwicklung der Verträge zusätzlich berücksichtigt werden müssen. So stehen den Banken zum Management ihrer Kreditrisiken im Wesentlichen zwei Wege offen. Einerseits können sie über ihre *Monitoringaktivitäten* das Verhalten ihrer Kreditnehmer beeinflussen und damit Verhaltensrisiken vermindern. Andererseits können sie über einen *Transfer von Kreditrisiken* versuchen, die Nachteile unvollkommener und segmentierter Märkte zu überwinden. Nun spricht eine ökonomische Betrachtung dafür, dass ein ausgeprägter Kreditrisikotransfer die Anreize zu einem Monitoring der Kreditnehmer vermindern oder sogar zerstören kann.[33] In einer Arbeit von Behr u. Lee 2005 wird dagegen gezeigt, dass die Risikotransferinstrumente die Monitoringanreize sogar unterstützen bzw. stärken können, weil der Kreditrisikotransfer zu niedrigeren Kapitalkosten der Banken führt und damit die Möglichkeit einer Ausweitung des Kreditgeschäfts bewirkt. Die verbesserten Kreditbedingungen vergrößern die Anzahl kapitalwertpositiver Investitionsprojekte, steigern die Nachfrage nach Krediten und eröffnen damit der Bank zusätzliche Ertragschancen.

Auch Arping 2004 kommt zu einer positiven Gesamtwirkung der Risikotransferinstrumente. Dabei geht er von der Beobachtung aus, dass die Finanzierungsfunktion der Banken daraus resultiert, dass die Kreditnehmer und die Banken als Kreditgeber über unterschiedliche Fähigkeiten verfügen. Insbesondere ist es die Aufgabe der Banken, finanzielle Mittel bereit zu stellen und die Kreditnehmer in ihren Aktivitäten zu überwachen. Die zunächst positive Arbeitsteilung gibt allerdings Anlass zu Agencykonflikten. Stehen nun den Banken geeignete Risikotransferinstrumente zur Verfügung, dann lässt sich die Effektivität des Monitoring noch verbessern. Die Banken weisen nämlich nach der Kreditvergabe eine geringere Abhängigkeit von ihren Kreditnehmern auf und verfügen damit über eine wirksame Exit-Option, die die Kosten einer möglichen Kreditkündigung vermindert. Damit wird aber die Funktion der Banken beim Monitoring ihrer Kreditnehmer gestärkt.

8.4.2 Auswirkungen auf die gesamtwirtschaftliche Risikoverteilung

Während die Möglichkeit der Weitergabe von Kreditrisiken häufig als wesentliches Motiv für die Emission von Asset Backed Securities genannt wird, gehen Krahnen u. Wilde 2006 davon aus, dass in einer typischen Transaktion mit Collateralized Debt Obligations nur ein begrenzter Risikotransfer erfolgt, weil im Zuge des „non-proportional sharing of risk" nur spezifische Risikokomponenten an andere Marktteilnehmer weitergegeben werden. Das Tranchieren des Pools, die Ausstattung der Finanztitel nach dem Subordinationsprinzip und die Übernahme bzw. Teilübernahme der Equity Tranche als *Erstverlustposition* durch den Originator führen dazu, dass ein Großteil der erwarteten Verluste wieder in das Portfolio des Emittenten zurückgeschleust wird. Typischerweise werden die Extremrisiken wei-

---

[33] Vgl. Gorton u. Pennacci 1995, Duffee u. Zhou 2001 sowie die Weiterentwicklung der Modelle bei Henke 2002.

tergegeben, während die „normalen" Risiken beim Emittenten verbleiben.[34] Das gilt insbesondere für Kreditpools, bei denen das Zurückbehalten der Equity Tranche als First Loss Piece FLP dazu dient, dem Markt zu zeigen, dass der Risikoverkäufer weiterhin Interesse am Monitoring der verkauften Kredite haben muss. Die unterstellte typische Form der Securitization von Bankkrediten beinhaltet drei Aspekte, denen Krahnen und Wilde im Rahmen einer Simulationsstudie nachgehen: Erstens wird die Verteilungsfunktion der Kreditrisiken im Hinblick auf ihre Extremwerte abgeschnitten, zweitens werden durch die Tranchiertechnik neue Risikoverteilungen und Risikokorrelationen erzeugt, und drittens wird durch den Verkauf der „extremen" Risiken das systematische Risiko der Bank verändert.

Krahnen und Wilde betrachten eine Bank, die laufend ihr Bankportfolio poolt, verbrieft, tranchiert und CDOs emittiert, wobei sie das FLP selbst in den Bestand nimmt bzw. im Bestand behält. Im Umfang der abgegebenen Risiken werden jeweils neue Bankkredite vergeben. Die Verteilungsfunktion der Kreditausfälle wird mit Hilfe einer Monte Carlo Simulation hergeleitet, wobei ein Kreditausfall aus dem Firmenwert abgeleitet und der Firmenwert jedes Schuldners anhand eines Makrofaktors und einer idiosynkratischen Komponente generiert wird. Die Tranchen werden so gebildet, dass sie den typischen Anforderungen der Ratingagenturen entsprechen.

Zur Durchführung der Simulationen muss festgelegt werden, welche Eigenschaften das Kreditportfolio aufweist und auf der Basis welcher Regeln aus diesem Portfolio die verschiedenen Tranchen der CDO konstruiert werden. Die Zuordnung der Risiken zu den einzelnen Tranchen erfolgt nicht proportional, sondern nach dem Subordinationsprinzip. Das von Krahnen und Wilde konstruierte Referenzportfolio besteht aus 10.000 Krediten, die alle die gleiche Ausfallcharakteristik haben, einen Zins von 6 % ausweisen und in einem Jahr fällig sind. Die Ausfallwahrscheinlichkeit beträgt 20 %, die Recovery Rate 47,5 %. Die Rückzahlung hängt insbesondere von einem Makrofaktor ab, die Korrelation zwischen den Rückzahlungsverteilungen und dem Makrofaktor beträgt 0,3. Die Wahrscheinlichkeitsverteilung der Portfolioausfälle weist die typische Eigenschaft einer signifikant positiven Schiefe auf. Die Verluste verteilen sich nicht symmetrisch um ihren Mittelwert, sondern fallen von ihrem Mittelwert langsam zu den möglichen größeren Verlusten ab.

Nun wird das Portfolio in 7 Tranchen zerlegt, für die untereinander das Subordinationsprinzip gilt. In der Praxis richtet sich die Anzahl der Tranchen nach verschiedenen Gesichtspunkten, insbesondere danach, dass alle Tranchen ein unterschiedliches Rating erhalten. Bei gegebener Laufzeit der Tranchen spiegelt das Rating die Ausfallwahrscheinlichkeit der Tranche wider, wobei die maximale Ausfallwahrscheinlichkeit bei dem 1 %, 2 %, 5 %, 10 %, 20 % und 30 % Quantil der Wahrscheinlichkeitsfunktion festgesetzt werden.

---

[34] Das Motiv der Transaktion braucht gar nicht in dem Risikotransfer zu liegen, sondern kann der mit der Transaktion verbundene Finanzierungseffekt, eine Bilanzverkürzung oder ein Absenken bankaufsichtlicher Eigenmittelanforderungen sein. Das kann auch dazu führen, dass selbst die Senior Tranche wieder in das Portfolio des Originators zurückkehrt.

8.4 Auswirkungen des Risikotransfers auf die Stabilität der Finanzmärkte

Tabelle 8.1. Simulationsergebnisse nach Krahnen u. Wilde 2006

Tranchen	Größe der Tranchen	Erwarteter Verlust	Standard-abweichung	Ausfall-wahrschein-lichkeit	Loss Given Default
1	61.61 %	0,07 %	0,84 %	1 %	6,68 %
2	3,70 %	1,48 %	11,35 %	2 %	73,92 %
3	5,54 %	3,32 %	16,46 %	5 %	66,48 %
4	5,14 %	7,23 %	24,25 %	10 %	72,30 %
5	6,02 %	14,53 %	32,79 %	20 %	72,66 %
6	3,93 %	24,69 %	41,15 %	30 %	82,29 %
7	14,06 %	60,96 %	34,28 %	99,996 %	60,97 %
Summe	100,00 %	11,07 %	8,93 %	99,996 %	11,07 %

Die Tranche 7 ist das First Loss Piece, das zunächst alle anfallenden Verluste trägt, Tranche 1 ist dagegen die höchstrangige Tranche, die dazwischen liegenden Tranchen können als Mezzanine Tranchen bezeichnet werden. Das Tranchieren erfolgt bei gegebener Anzahl der unterschiedlichen Abschnitte sowie der durch die Ratingvorgaben gewählten Schwellenwerte mit dem Ziel der Minimierung des FLP. Tabelle 8.1 zeigt die Größe und weitere Charakteristika der verschiedenen Tranchen. Die Senior Tranche ist bei weitem die größte Tranche, die immerhin 61,61 % des Portfoliovolumens umfasst. Der erwartete Verlust ist nur 0,07 %, während der erwartete Verlust unter der Voraussetzung, dass ein Default Event eintritt, 6,68 % beträgt. Die durchschnittliche Verlustrate steigt mit dem Grad der Subordination monoton auf den maximalen Wert von 60,96 % für das Equity Piece an. Die Wahrscheinlichkeit eines Defaults beträgt für diese Tranche fast 100 %, da es unter den 50.000 Simulationsläufen nur zwei Läufe gegeben hat, in denen im Gesamtportfolio kein einziger Verlust zu verzeichnen war.

Die Ergebnisse der Simulationsstudie machen auf einige bemerkenswerte Eigenschaften der Risikoverteilung bei einer CLO-Transaktion aufmerksam. Insbesondere zeigt sich, dass sich durch die Technik des Tranchierens Wertpapiere mit völlig unterschiedlicher Qualität konstruieren lassen. Aus dem Referenzportfolio mit einer sehr niedrigen Durchschnittqualität werden eine große Senior Tranche mit höchstem Rating und verschiedene Mezzanine Tranchen konstruiert sowie ein relativ kleines FLP, das allerdings mit den erwarteten Verlusten den Großteil der Risiken beinhaltet.[35] Die modellhafte Generierung der Kreditrisiken des Portfolios durch einen Makrofaktor und eine idiosynkratische Komponente der Einzelkredite wird nun dazu genutzt, die Risiken der verschiedenen Tranchen und ihre Korrelationen zu untersuchen. Dabei zeigt sich beispielsweise, dass Verluste in der Senior Tranche mit dem Eintritt des Makrorisikos einhergehen, während das FLP auch bei einer positiven Entwicklung des Makrofaktors Verluste aufweisen kann. Den-

---

[35] Vgl. Rudolph 2005 zu neueren Konstruktionen, die aus einem Portfolio von Mezzanine-Forderungen wie beispielsweise Genussscheinen marktgängige Tranchen und eine Senior Tranche ableiten (PREPS).

noch besteht eine Abhängigkeit des FLP vom Makrofaktor als systematischem Risiko, während das systematische Risiko der Senior Tranche gegen Null geht.[36]

Die Autoren versuchen in ihrem Beitrag auch, aus den Simulationsrechnungen mögliche Muster des Aufbaus von Systemrisiken abzuleiten. Dazu betrachten sie einen Markt mit mehreren Banken, wobei das Risiko der Kreditpositionen wieder durch einen gemeinsamen Makrofaktor und einen idiosynkratischen Faktor modelliert wird. Werden die Daten so gewählt, dass sich eine relativ hohe Insolvenzwahrscheinlichkeit für eine einzelne Bank ergibt, dann ist die Wahrscheinlichkeit für eine Insolvenz des gesamten Bankensystems nur geringfügig kleiner, da die Risiken aller Banken von dem gleichen Makrofaktor abhängen. In vielen Fällen bricht daher, wenn eine einzelne Bank insolvent wird, gleich das gesamte Bankensystem zusammen, ohne dass dafür ein Ansteckungseffekt innerhalb des Bankensystems wirksam wird. Verkauft eine der Banken ihre Kredite über eine CLO-Transaktion, kauft das FLP zurück und reinvestiert die freien Mittel in neue Kreditausleihungen, dann steigt die Wahrscheinlichkeit, dass die Bank insolvent wird, deutlich an, so dass also bereits der Risikotransfer einer einzelnen Bank das Systemrisiko im Bankensektor vergrößert.

Die Ergebnisse der Simulationsstudie von Krahnen und Wilde hängen kritisch von der Annahme ab, dass das FLP jeweils bei der verkaufenden Bank verbleibt und die Bank den erzielten Verkaufserlös in vergleichbare Kreditpositionen reinvestiert, die dann ihrerseits wieder als Grundlage eines Kreditrisikotransfers dienen. Nun deutet vieles darauf hin, dass mit der Fortentwicklung der Märkte sehr häufig auch die Equity Tranche als FLP bzw. der wesentliche Teil der Equity Tranche an andere Marktteilnehmer weitergegeben wird. Käufer sind beispielsweise Hedgefonds auf der Suche nach hohen Renditen, die dazu bereit sind, die mit dem FLP verbundenen hohen Risiken zu übernehmen. Die Bank als Verkäufer des FLP verliert dennoch nicht ihr Interesse am Monitoring der Kreditpositionen, weil sie ihre Reputation am Markt für CLOs nichts aufs Spiel setzen will und darüber hinaus einen Teil des FLP ins eigene Portfolio übernimmt. Unabhängig davon gilt aber, dass sich das systematische Risiko der Banken im Zuge der Securitization vergrößern wird und damit auch die Abhängigkeit des Bankensystems von der Entwicklung des Makrofaktors, also von der Entwicklung des gesamtwirtschaftlichen Umfeldes.

8.4.3 Mögliche Probleme und Risikopotentiale

Die Bundesbank vermutet, dass die durch den Risikotransfer erzielbare breitere Streuung von Kreditrisiken bereits während des weltweiten Konjunkturabschwungs zu Beginn des Jahrhunderts zur Widerstandsfähigkeit des globalen Finanzsystems beigetragen hat.[37] Auch die Bank von England stellt die möglichen positiven Effekte des Marktes für Kreditderivate heraus: „Markets in credit risk transfer have the potential to contribute to a more efficient allocation of credit risk

---

[36] Vgl. Krahnen u. Wilde 2006, S. 13-15.
[37] Vgl. Deutsche Bundesbank 2004a, S. 44.

in the economy. They could enable banks to reduce concentrations of exposure and diversify risk beyond their customer base. Liquid markets could also provide valuable price information, helping banks to price loans and other exposures. They might allow institutions other than banks to take on more credit risk, so that the immediate relationship banks have with end-borrowers need not mean they are excessively exposed to them."[38] Trotz dieser positiven Einschätzungen dürfen allerdings vorhandene Schwachstellen und Risikopotentiale nicht übersehen werden:[39]

- Auf der *Ebene der Einzelinstitute* stellen die Instrumente des Kreditrisikotransfers erhöhte Anforderungen an das Risikomanagement, da eine komplexe *Beurteilung des Kreditrisikos* in der Einzelposition wie auf Portfolioebene vorgenommen werden muss und gegebenenfalls Ausfallrisiken und Liquiditätsrisiken der Positionen zu berücksichtigen sind. Schwierigkeiten bei der Beurteilung komplexer Risikotransfermechanismen resultieren beispielsweise aus den Dokumentationsrisiken, da die vertraglich definierten Kreditereignisse hinsichtlich der realen Kreditentwicklung nicht selten Auslegungsprobleme aufwerfen. Insoweit lassen sich die Verlustrisiken insbesondere von weniger erfahrenen Marktteilnehmern schwer einschätzen. Dazu trägt bei den Transaktionen des Kreditrisikotransfers die grundsätzlich anonymisierte Form der Informationsübermittlung bei.
- Die bei den Transaktionen zur Verfügung gestellten Informationen sollten ausreichend sein, um die mit der Transaktion verbundenen Risiken umfassend einschätzen zu können. Eine genauere Betrachtung der Risikostruktur der Mezzanine-Titel zeigt, dass dies ein schwieriges Unterfangen ist, weil das Aufteilen in „Scheiben" die Einschätzung der Risiko-Ertrags-Merkmale der einzelnen Tranchen erschwert.[40] So weist beispielsweise Gibson 2004 darauf hin, dass der Wert dieser Tranchen stark von der Korrelation der Ausfallrisiken im zugrunde liegenden Kreditportfolio abhängt. Das kann dazu führen, dass „insbesondere nachrangige Tranchen von strukturierten Finanzprodukten risikoreicher sind als Portfolios von Anleihen mit dem gleichen Rating."[41] Liegt beispielsweise die Korrelation der Poolforderungen nahe bei Null, dann weist die Verlustverteilung eines typischen CDO eine verzerrte Glockenform auf. Bei einer höheren Korrelation verändert sich allerdings die Form der Verlustverteilung, da sich mehr Ereignisse in die Randbereiche verlagern. In vielen Fällen verbleibt den Anlegern allein die Möglichkeit einer naiven Diversifikation ihrer Kreditrisiken.
- Die Abschätzung des Gesamtrisikos der Transaktionen ist auch deshalb problematisch, weil die Risikotransfermärkte noch keine angemessene Transparenz aufweisen. So sind auf der Ebene des *Gesamtmarktes* Umfang und Ausgestaltung der Transaktionen und damit die Verteilung der Risiken über die letzten

---

[38] Rule 2001, S. 117.
[39] Vgl. Deutsche Bundesbank 2003, S. 22, und Rudolph 2007.
[40] Vgl. Fender u. Mitchell 2005, S. 78 ff.
[41] Fender u. Mitchell 2005, S. 78.

Träger mehr oder weniger unbekannt. Daher gibt es auch keinen ausreichenden Einblick in die Neuverteilung der Kreditrisiken und mögliche Risikokonzentrationen. Zur Stärkung der Marktdisziplin wird daher eine Verbesserung der Offenlegungspraxis bei den Marktteilnehmern angemahnt, wobei die statistischen Berichtspflichten der wichtigsten Marktteilnehmer gegenüber den Notenbanken bzw. Aufsichtsbehörden ausgeweitet werden sollen.[42]

- Es stellt sich die grundsätzliche Frage, ob die „Endabnehmer" des Risikos besser geeignet sind, die ausplatzierten Kreditrisiken zu tragen als die Originatoren, die aufgrund ihrer Kundenkontakte über einen erheblichen Informationsvorsprung über systematische wie idiosynkratische Risiken verfügen. Darüber hinaus stellt sich die Frage, ob die Endabnehmer ausreichend diversifiziert sind und über ein angemessenes Eigenkapitalpolster verfügen. Verbriefungstransaktionen, die darauf abzielen, die Kreditrisiken möglichst außerhalb des Sektors der Finanzintermediäre und insbesondere der Kreditinstitute zu platzieren, sind insoweit mit Skepsis zu betrachten, als prinzipiell die Originatoren die größere Expertise hinsichtlich der Einschätzung der Ursachen und des Verlaufs von Kreditrisiken haben sollten. Die Risiken werden häufig an Marktteilnehmer wie Versicherungen oder Hedgefonds weitergegeben, deren spezielles Know-how nicht unbedingt darin besteht, Kreditrisiken zu analysieren, zu bewerten und zu managen, die sich aber bei Anspannungen am Markt schnell aus dieser Anlageform zurückziehen können.
- Der Kreditderivatemarkt ist - wie andere Derivatemärkte - durch eine hohe *Konzentration* der Intermediäraktivitäten auf eine kleine Gruppe global tätiger Institute gekennzeichnet.[43] Dies geht mit einer Konzentration von Geschäftspartnerrisiken einher und macht den Markt für Spill-over-Effekte oder für Marktstörungen anfällig, wenn sich beispielsweise wichtige Marktteilnehmer in kritischen Situationen aus diesem Markt zurückziehen. Da zumindest auf internationaler Ebene keine genauen aggregierten Daten über die Nutzung der neuen Risikotransferinstrumente zur Verfügung stehen, ist die Einschätzung des Konzentrationsrisikos schwierig, zumal die großen Marktteilnehmer auch die Gegenparteien im normalen Derivategeschäft darstellen.[44]
- Wichtige Vertragspartner können unter Umständen ausfallen, so dass die Verträge unerfüllt bleiben. Die Bundesbank weist daher darauf hin, dass die Interdependenzen des Eintritts des Kreditereignisses mit dem Ausfallrisiko des Kontrahenten (Double default) berücksichtig werden müssen. Die Teilnehmer an den Risikotransfermärkten sollten daher eine weitgehende *Diversifikation unter den Kontrahenten* anstreben.[45] Von den Notenbanken werden Ineffizien-

---

[42] Vgl. Deutsche Bundesbank 2003, S. 22. Hänsel und Krahnen 2007 untersuchen in einer empirischen Studie für eine größere Zahl von Verbriefungstransaktionen die Auswirkungen auf das systemische Risiko der Emittenten und kommen zum Ergebnis, dass systemische Risiken in Folge von Verbriefungen tendenziell zunehmen.
[43] Vgl. auch Rule 2001, S. 140, Scheicher 2003 und Effenberger 2004.
[44] Vgl. Weiss u. Redak 2004.
[45] Vgl. Deutsche Bundesbank 2004a, S. 39.

zen bei der Abwicklung von Kreditderivaten beklagt, die zu Pannen im Back-Office führen können, die bei Finanzkrisen eine wichtige Rolle spielen.[46]

- Eine hohe Marktkonzentration bewirkt darüber hinaus, dass es für *weniger liquide Transferinstrumente* schwierig sein kann, geeignete Transaktionspartner zu finden. Diese Schwierigkeit kann in angespannten Marktsituationen zum Problem werden, weil dann keine verlässliche Preisbildung mehr gewährleistet und ein effektives Risikomanagement behindert ist.[47] Neben dem üblichen Liquiditätsrisiko können Rechts- und Dokumentationsrisiken insbesondere in angespannten Marktsituationen die Liquidität des Marktes zusätzlich beschränken.

- Gefragt werden kann auch, ob nicht ein Teil des derzeitigen Erfolgs der Geschäfte auf Mess- und Wahrnehmungsprobleme der übernommenen Risiken zurückzuführen ist. Senior Tranchen in CLO-Transaktionen oder Super Senior Tranchen oberhalb der Tripple A-Anleihen weisen mehr oder weniger kein gemessenes Risiko auf und entsprechen damit einer Präferenz für Ergebnisverteilungen, die nur in äußerst seltenen Umweltzuständen zu einem Verlust führen.[48] Die absolute Höhe des Verlustes wird dann in vielen Fällen unberücksichtigt gelassen, sofern nur die Wahrscheinlichkeit eines Verlustes sehr niedrig ist. Wendet man diese Beobachtung auf den Fall von Collateralized Debt Obligations (CDOs) an, so ergibt sich ein möglicher Erklärungsansatz für den Erfolg solch strukturierter Produkte. Wenn hoch geratete Tranchen von CDO-Strukturen nur mit einer sehr geringen Wahrscheinlichkeit zu Verlusten führen und diese Verluste trotz ihrer Höhe aus dem vorgegebenen Risikomessstandard herausfallen, so kann dieses Defizit im Messverfahren mit der Neigung der Wirtschaftssubjekte korrespondieren, solche Ergebnisse bei der Präferenzbildung eher zu unterdrücken. Als Folge können aber Risikopositionen aufgebaut werden, die in wenigen (aber keineswegs ausgeschlossenen) Umweltzuständen zu extremen Verlusten führen. Für das Risikomanagement mit solchen Positionen folgt daraus, dass zumindest noch andere Risikomesszahlen jenseits des VaR herangezogen werden sollten, damit Hinweise auf die tatsächliche Risikolage vermittelt werden können.[49]

Der Überblick über verschiedene neue, mit dem Kreditrisikotransfer verbundene Schwachstellen und Risikopotentiale zeigt, dass eine Gesamtbeurteilung der Risikotransfermärkte vielfältige Gesichtspunkte berücksichtigen muss.

---

[46] Vgl. diese Aussage des Vize-Gouverneurs des US-Zentralbankrates FED in einer Rede, o.V. 2006a.
[47] Vgl. Effenberger 2004, S. 8, der auch auf die daraus resultierenden gesamtwirtschaftlichen Bewertungsmängel hinweist.
[48] Vgl. Abschnitt 2.4.2.4.
[49] Man kann aus diesem Sachverhalt die Gefahr einer Risikoakkumulation im Finanzsystem ableiten. Zu Gründen, warum das gemessene Risiko der Banken zu Beginn des Jahres 2004 weltweit angestiegen ist, vgl. o. V. (2004). Der Aufbau von VaR-Optionen könnte eine weitere Möglichkeit darstellen, die Ertragssituation über die Übernahme hoher Risiken zu stabilisieren.

8.5 Zukunftsperspektiven des Transfers von Kreditrisiken

Der Markt für Kreditrisiken ist durch eine hohe Innovationsrate geprägt. Der Fortschritt in der Bewertung von einzelnen Kreditrisikopositionen sowie Kreditportfolios und in der Konstruktion anreizkompatibler Verträge erweitert das Spektrum handelbarer Kreditrisiken und damit die Menge der Produkte des Kreditrisikomanagements. Diese Entwicklungen wirken sich nicht nur auf die an liquiden Märkten gehandelten Instrumente aus, sondern auch auf bilaterale Verträge und hybride, d.h. in einer Grauzone zwischen bilateralen und atomistischen Beziehungen anzusiedelnde Verträge, wie etwa syndizierte Kredite und privat platzierte Collateralized Loan Obligations.

Der grundlegende Widerspruch des Kreditrisikomanagements zwischen einer Optimierung der Handlungsanreize der Bank und einer möglichst guten Diversifizierung des Bankportfolios kann auch mit einer Weiterentwicklung der Märkte für Kreditrisiken nicht vollständig aufgelöst werden. Eine flexiblere Gestaltung des Kreditrisikos durch den Einsatz moderner Instrumente sollte allerdings eine bessere Annäherung an eine gedachte Second-best-Lösung ermöglichen. So lässt sich das Gesamtrisiko einer Kreditbeziehung in einzelne Risikokategorien aufspalten, die teilweise durch geeignete Produkte separat handelbar werden. Damit ist ein gezielterer Rückbehalt derjenigen Risiken möglich, auf welche die Bank tatsächlich durch ihre Monitoring-Aktivitäten Einfluss nehmen kann. Für die anderen Risiken, soweit handelbar, kann eine optimale Diversifikation über den Einsatz von Risikomanagement-Produkten angestrebt werden. Die Bank-Kunde-Beziehung bleibt damit in ihrem Kern erhalten. Die Bank setzt sich als Finanzintermediär weiterhin gegenüber dem Kapitalmarkt durch ihre besonderen Monitoring-Leistungen ab, nutzt aber gleichzeitig die Marktmöglichkeiten zur Diversifikation optimal aus.

Eine weitere Dimension dieses neu gewonnenen Handlungsspielraums ist die Wahl eines optimalen Grades an Transparenz und Öffentlichkeit auf einem gedachten Kontinuum, welches ein Gegenbild zu der traditionellen Dichotomie von Kapitalmarkt und bilateraler Kunde-Bank-Beziehung bildet. Die Tendenz zur Disintermediation wird ersetzt durch einen Trend zur Differenzierung auf diesem Kontinuum in Abhängigkeit von dem Bedürfnis der jeweiligen Schuldbeziehung. Nicht die Bank an sich wird überflüssig, sie muss nur in der Lage sein, ihre Rolle zu modifizieren. Angesicht der wachsenden Komplexität der Produkte muss sie fähig sein, Finanzierungen zu strukturieren und die richtigen Produkte auszuwählen oder selbst zu schaffen. Neben die Monitoring-Leistung tritt also eine zusätzliche Leistung, die aber über Synergien aus der Informationsbeschaffung eng mit der Monitoring-Leistung verknüpft ist und damit ebenfalls in der Institution der Bank zu implementieren ist. Die Aufspaltung der Wertschöpfungskette unterstützt den Trend von einer Originate-and-hold-to-maturity-Praxis zu einer Originate-and-distribute-Strategie im Kreditgeschäft.

Schließlich ist die Weiterentwicklung des Marktes für den Transfer von Kreditrisiken auch von der aufsichtsrechtlichen Behandlung beim Käufer und Verkäufer abhängig. So wird auch die Reform der Mindestanforderungen an das Eigenkapital der Banken im Zuge von Basel II den Markt für den Transfer von Kreditrisiken beeinflussen. Zum einen wird durch die Weiterentwicklung und Verbesserung der Risikomanagementsysteme die Basis für solche Transaktionen verbessert und zum anderen wird die bislang bestehende unzureichende Differenzierung der aufsichtlichen Eigenkapitalanforderungen korrigiert. „Die heutige Diskrepanz zwischen ökonomisch und regulatorisch notwendiger Eigenkapitalunterlegung bietet Banken einen Anreiz, tendenziell die guten Risiken aus der Bilanz herauszulösen und an den Markt zu geben sowie umgekehrt die schlechten Risiken einzubehalten. Die Einführung von Basel II sollte demnach zwei Tendenzen an den Märkten für Kreditrisikotransfer fördern: eine höhere Anzahl an Banken als Marktteilnehmer auf der Basis leistungsfähiger Risikomanagementsysteme sowie einen wachsenden Anteil geringerer Bonitäten an den zu transferierenden Kreditrisiken."[50]

Die zukünftige Entwicklung des Marktes für den Transfer von Kreditrisiken wird auch davon abhängen, ob die Marktteilnehmer ihre Mess- und Steuerungsinstrumente weiter verfeinern und die Rückwirkungen der neuen Transaktionsmöglichkeiten auf ihr Kreditgeschäft beachten.

---

[50] Deutsche Bundesbank 2004a, S. 45.

Literaturverzeichnis

Acharya VV, Hasan I, Saunders A (2002) Should Banks Be Diversified? Evidence from Individual Bank Loan Portfolios. BIS Working Papers No. 118, Basel

Adam-Müller AFA (1997) Merkmale und Einsatz exotischer Optionen. In: Franke G (Hrsg) Sonderheft 38 der Zeitschrift für betriebswirtschaftliche Forschung. Düsseldorf, Frankfurt, S 89-125

Albrecht P, Schradin HR (1998) Alternativer Risikotransfer: Verbriefung von Versicherungsrisiken. In: Zeitschrift für die gesamte Versicherungswissenschaft 87: 573-610

Allen F, Carletti E (2005) Credit Risk Transfer and Contagion. Center for Financial Studies - CFS Working Paper 2005/25, Frankfurt a. M.

Amato JD, Remolona EM (2003) Das Rätsel der Bonitätsaufschläge. In: BIZ-Quartalsbericht, Dezember 2003, S 57-71

Amato JD, Gyntelberg J (2005) Indextranchen von Credit Default Swaps und die Bewertung von Kreditrisikokorrelationen. In: BIZ-Quartalsbericht, März 2005, S 83-98

Arbeitskreis Finanzierung der Schmalenbach-Gesellschaft/Deutsche Gesellschaft für Betriebswirtschaft e.V. (1992) Asset-backed Securities - ein neues Finanzierungsinstrument für deutsche Unternehmen? Zeitschrift für betriebswirtschaftliche Forschung 44: 495-530

Armstrong J (2003) The Syndicated Loan Market: Developments in the North American Context. Working Paper, Bank of Canada

Arping S (2004) Playing Hardball: Relationship Banking in the Age of Credit Derivatives. Working Paper, Amsterdam

Bakalar N, Prince JT (2003) Synthetic CDOs Come of Age: An Investor's Guide. Working Paper, Wachovia Securities

Baldwin D (1999) Business is booming - Credit Derivatives Survey. In: Risk, Credit Risk Special Report, April 1999, S 8

Bank for International Settlements (1992) Asset Transfers and Securitisation. Working Paper, Basel

Bank für Internationalen Zahlungsausgleich (2003) 73. Jahresbericht. Basel

Bär HP (1997) Asset Securitisation, Bern et al.

Bartram SM (1999) Corporate Risk Management. Eine empirische Analyse der finanzwirtschaftlichen Exposures deutscher Industrie- und Handelsunternehmen. Bad Soden / Ts.

Basel Committee on Banking Supervision (1988) International Convergence of Capital Measurement and Capital Standards. Basel

Basel Committee on Banking Supervision (2005) International Convergence of Capital Measurement and Capital Standards - A Revised Framework. Basel, Updated Version November 2005

Becker C (2006) Transfer mittelständischer Kreditrisiken. Zeitschrift für das gesamte Kreditwesen 59: 1151-1153

Behr P, Lee S (2005) Credit Risk Transfer, Real Sector Productivity, and Financial Deepening. Working Paper Series: Finance & Accounting, Johann Wolfgang Goethe-Universität, No. 153, Frankfurt a. M.

Bigus J (2000) Finanzierung über Asset Backed Securities - Ansatzpunkte für eine finanzierungstheoretische Analyse. Zeitschrift für Bankrecht und Bankwirtschaft 12: 33-44

Black F, Cox J (1976) Valuing Corporate Securities: Some Effects of Bond Indenture Provisions. Journal of Finance 31: 351-367

Black F, Scholes M (1973) The Pricing of Options and Corporate Liabilities. Journal of Political Economy 81: 637-654

Blanco R, Brennan S, Marsh I (2005) An Empirical Analysis of the Dynamic Relation between Investment-grade Bonds and Credit Default Swaps. Journal of Finance 60: 2255-2281

Bluhm C, Overbeck L (2006) Structured Credit Portfolio Analysis, Baskets & CDOs. New York et al.

Bluhm C, Overbeck L, Wagner C (2003) An Introduction to Credit Risk Modelling. New York et al.

Böhringer M, Lotz U, Solbach C, Wentzler J (2001) Conventional versus Synthetic Securitisation - Trends in the German ABS Market. Deloitte & Touche , Düsseldorf

Boot A, Thakor A (1993) Security Design. Journal of Finance 48: 1349-1278

Brewis J (1999) Loan Market Shows Surprising Resilience. Corporate Finance 5: 15-18

British Bankers' Association (1998) BBA Credit Derivatives Report 1997/98. London

Brütting C, Weber N, Heidenreich M (2003) Einsatz von Kreditderivaten durch deutsche Banken. Finanz Betrieb 5, Teil I u. II: 754-763 u. 867-875

Bund S (2000) Collateralized Debt Obligations: Die Formel 1 unter den Asset Backed Securities. Die Bank: 196-201

Bund S (2002) Die Asset-Backed-Finanzierung unter dem Rückgriff auf Handelsforderungen: Charakteristika, Vorteile und Ratingprozess. In: Juncker K, Priewasser E (Hrsg) Handbuch Firmenkundengeschäft. 2. Aufl. Frankfurt a. M., S 480-491

Bundesanstalt für Finanzdienstleistungsaufsicht (2002) Anlagen in Asset-Backed-Securities und Credit-Linked Notes. Rundschreiben 1/2002

Burghof HP (2004) Bankkredit und Kreditrisikotransfer. Frankfurt a. M.

Burghof HP, Henke S (2000) Perspektiven des Einsatzes von Produkten des Kreditrisikomanagements auf Bankkredite. In: Johanning L, Rudolph B (Hrsg) Handbuch Risikomanagement. Bad Soden / Ts., S 351-375

Burghof HP, Henke S (2005a) Entwicklungslinien des Marktes für Kreditderivate. In: Burghof HP et al. (Hrsg) Kreditderivate - Handbuch für die Bank- und Anlagepraxis. 2. Aufl. Stuttgart, S 31-52

Burghof HP, Henke S (2005b) Alternative Produkte des Kreditrisikotransfers. In: Burghof HP et al. (Hrsg) Kreditderivate - Handbuch für die Bank- und Anlagepraxis. 2. Aufl. Stuttgart, S 105-120

Burghof HP, Henke S , Rudolph B (1998) Kreditderivate als Instrumente eines aktiven Kreditrisikomanagements. Zeitschrift für Bankrecht und Bankwirtschaft 10: 277-286

Burghof HP, Paul S, Rudolph B (2005) Kreditrisiken und Kreditmärkte. In: Burghof HP et al. (Hrsg) Kreditderivate - Handbuch für die Bank- und Anlagepraxis. 2. Aufl. Stuttgart, S 3-31

Cebenoyan AS, Strahan PE (2001) Risk Management, Capital Structure and Lending at Banks. Hofstra University und Carroll School of Management

Cramme T (2005) Behandlung Kreditderivate in GroMiKV, Grundsatz I und Basel II. In: Gruber J, Gruber W, Braun H (Hrsg) Praktiker Handbuch Asset-Backed-Securitisation und Kreditderivate. Stuttgart, S 306-348

Crosbie PJ (1999) Using Equity Price Information to Measure Default Risk. In: Francis JC, Frost JA, Whittaker JG (Hrsg) The Handbook of Credit Derivatives. New York, S 157-192

Culp CL, Neves AM (1998) Financial Innovations in Leveraged Commercial Loan Markets. Journal of Applied Corporate Finance 11: 79-94

Das SR (1995) Credit Risk Derivatives. Journal of Derivatives 2: 7-23

Das SR (1998) Credit Derivatives - Trading & Management of Credit & Default Risk. Singapur

Das SR (2000) Credit Derivatives and Credit Linked Notes. 2. Aufl. Singapore et al.

De Servigny A, Renault O (2004) Measuring and Managing Credit Risk. New York

Dell'Ariccia G, Friedman E, Marquez R (1999) Adverse Selection as a Barrier to Entry in the Banking Industry. Rand Journal of Economics 30: 515-534

DeMarzo P (2005): The Pooling and Tranching of Securities: A Model of Informed Intermediation. Review of Financial Studies 18: 1-35

DeMarzo P, Duffie D (1999) A Liquidity-Based Model of Security Design. Econometrica 67: 65-99

Dennis SA, Mullineaux DJ (2000) Syndicated Loans. Journal of Financial Intermediation 9: 404-426

Dentz M (2004) A Question of Time. Vergleich: ABS-Programme für den Mittelstand. Finance 4: 58-64

Deutsche Bundesbank (1997) Asset-Backed Securities in Deutschland: Die Veräußerung und Verbriefung von Kreditforderungen durch deutsche Kreditinstitute. In: Monatsbericht Juli, S 57-67

Deutsche Bundesbank (2001) Die neue Baseler Eigenkapitalvereinbarung (Basel II). In: Monatsbericht April, S 15-44

Deutsche Bundesbank (2003) Zunehmender Transfer von Kreditrisiken. In: Monatsbericht Dezember, S 22

Deutsche Bundesbank (2004a) Instrumente zum Kreditrisikotransfer: Einsatz bei deutschen Banken und Aspekte der Finanzstabilität. In: Monatsbericht April, S 27-45

Deutsche Bundesbank (2004b) Credit Default Swaps - Funktionen, Bedeutung und Risikogehalt. In: Monatsbericht November, S 43-58

Deutsche Bundesbank (2006) Neue rechtliche und regulatorische Rahmenbedingungen für den deutschen Verbriefungs- und Pfandbriefmarkt. In: Monatsbericht März, S 37-61

Diamond D (1984) Financial Intermediation and Delegated Monitoring. Review of Economic Studies 51: 393-414

Dietsch M, Petey J (2004) Should SME Exposures be Treated as Retail or Corporate Exposures? A Comparative Analysis of Default Probabilities and Asset Correlations in French and German SMEs. Journal of Banking and Finance 28: 773-788

Dobler M, Maul K-H (2007) Die Wertpapiere des Umlaufvermögens und die flüssigen Mittel. In: v. Wysocki K, Schulze-Osterloh J, Hennrichs J, Kuhner C (Hrsg) Handbuch des Jahresabschlusses in Einzeldarstellungen (HdJ), Loseblattkommentar, Abteilung II/7, Stand: April 2007

Dorendorf B (2005) Der Einsatz von Kreditderivaten bei der Kredit- und Forderungsverbriefung. In: Eller R et al. (Hrsg) Handbuch derivativer Instrumente - Produkte, Strategien, Risikomanagement. 3. Aufl. Stuttgart, S 61-90

Dresel T (2003) Die Allokation von Risikokapital in Banken. Value-at-Risk, asymmetrische Information und rationales Herdenverhalten. Bad Soden / Ts.

Duffee GR, Zhou C (2001) Credit Derivatives in Banking: Useful Tools for Managing Risk? Journal of Monetary Economics 48: 25-54

Duffie D (1999) Credit Swap Valuation. Financial Analysts Journal, Jan/Feb, S 73-87

Effenberger D (2003) Kreditderivate: Implikationen für die Kreditmärkte. Deutsche Bank Research Nr 272, Frankfurt a. M.

Effenberger D (2004) Kreditderivate: Wirkung auf die Stabilität der Finanzmärkte. Deutsche Bank Research Nr 293, Frankfurt a. M.

Eichhorn M, Eichhorn-Schurig M (2006) Kreditderivate: weiteres Wachstum, neue Strukturen. In: Zeitschrift für das gesamte Kreditwesen 59: 1211

Eichhorn M, Eichhorn-Schurig M (2007) Kreditderivate: Konzentration von Kontrahenten und Underlyings. In: Zeitschrift für das gesamte Kreditwesen 60: 175-177

Eichwald B, Pehle H (2000) Die Kreditarten. In: Hagen J, Stein JH (Hrsg) Obst / Hintner: Geld-, Bank- und Börsenwesen. Stuttgart, S 742-814

Elsas R (2001) Die Bedeutung der Hausbank. Eine ökonomische Analyse. Wiesbaden

Emse, Cordula (2005) Verbriefungstransaktionen deutscher Kreditinstitute: Eine Analyse alternativer Strukturvarianten und deren regulatorischer Erfassung nach Grundsatz I und Basel II. Wiesbaden

European Central Bank (2004) Credit Risk Transfer by EU Banks: Activities, Risks and Risk Management. Frankfurt a. M.

Felsenheimer J, Gisdakis P, Zaiser M (2006) Active Credit Portfolio Management. Weinheim

Fender I, Kiff J (2004) CDO Rating Methodology: Some Thoughts on Model Risk and its Implications. BIS Working Papers No. 163, Basel

Fender I, Mitchell J (2005) Strukturierte Finanzierungen: Komplexität, Risiken und die Rolle von Ratings. In: BIZ-Quartalsbericht, Juni 2005, S 77-91

Finger et al. (2002) Credit Grades Technical Document

Firla-Cuchra M, Jenkinson T (2005) Security Design in the Real World: Why Are Securitization Issues Tranched? Oxford Financial Research Center, Economic Series 2005-04

Fischer C, Rudolph B (2000) Grundformen von Finanzsystemen. In: Hagen J, Stein JH (Hrsg) Obst / Hintner: Geld-, Bank- und Börsenwesen. Stuttgart, S 371-446

Fischer KH (2000) Acquisition of Information in Loan Markets and Bank Market Power – An Empirical Investigation. Center for Financial Studies – CFS Working Paper, Frankfurt a. M.

Fitch Ratings (2004) Synthetic Structured Finance CDOs. New York

Fleckner AM (2004) Vom partiellen Ende des Unmittelbarkeitsprinzips im Recht der Treuhand. In: Wertpapiermitteilungen 58: 2051-2066

Follak P (2004) Basel II: The New Capital Accord – The Current State of the Consultation Process in February 2004. In: Österreichisches Bankarchiv 3: 159-171

Franke G (2000) Kreditgeschäft und Finanzmärkte. In: Hagen J, Stein JH (Hrsg) Obst / Hintner: Geld-, Bank- und Börsenwesen. Stuttgart, S 231-270

Franke G (2004) Transformation nicht gehandelter in handelbare Kreditrisiken. In: Franz W et al. (Hrsg) Funktionsfähigkeit und Stabilität von Finanzmärkten. Tübingen, S 175-181

Franke G (2005) Risikomanagement mit Kreditderivaten. In: Burghof HP et al. (Hrsg) Kreditderivate - Handbuch für die Bank- und Anlagepraxis. 2. Aufl. Stuttgart, S 309-329

Franke G, Krahnen JP (2005) Default Risk Sharing Between Banks and Markets: The Contribution of Collateralized Debt Obligations. Center for Financial Studies – CFS Working Paper, Frankfurt a. M.

Franke G, Weber T (2006) Wie werden Collateralized Debt Obligation-Transaktionen gestaltet? Arbeitspapier, Universität Konstanz

Froot K, Scharfstein DS, Stein JC (1993) Risk Management: Coordinating Corporate Investment and Financing Policies. Journal of Finance 48: 55-82

Froot K, Stein JC (1998) Risk Management, Capital Budgeting, and Capital Structure Policy for Financial Institutions: An Integrated Approach. Journal of Financial Economics 47: 55-82

Gaab M (2004) Die Deutsche Bank im mittelständischen Konsortialgeschäft. Zeitschrift für das gesamte Kreditwesen 57: 812-817

Gale D, Hellwig M (1985) Incentive-Compatible Debt Contracts: The One-Period Problem. Review of Economic Studies 52: 647-663

Gann P, Hofmann B (2005) Die Bedeutung des Kreditrisikohandels für spezialisierte Kreditinstitute. Österreichisches Bankarchiv 7: 473-482

Gehrig T (1998) Screening, Cross-Border Banking, and the Allocation of Credit. Working Paper, Universität Freiburg

Geilmann-Ebbert A, Heine S (2006) Kreditrisikotransfer im genossenschaftlichen Finanzverbund. Zeitschrift für das gesamte Kreditwesen 59: 1147-1150

Geske R (1977) The Valuation of Corporate Liabilities as Compound Options. Journal of Financial and Quantitative Analysis 12: 541-552

Gibson MS (2004) Understanding the Risk of Synthetic CDOs. Working Paper. Board of Governors of the Federal Reserve System, Washington

Glasserman P, Suchintabandid S (2007) Correlation Expansions for CDO Pricing. Journal of Banking and Finance 31: 1375-1398

Gordy MB (2000) Comparative Anatomy of Credit Risk Models. Journal of Banking and Finance 24: 119-149

Gordy MB (2003) A Risk-Factor Model Foundation for Ratings-Based Bank Capital Rules. Journal of Financial Intermediation 12: 199-232

Gorton GB, Pennacchi GG (1995) Banks and Loan Sales: Marketing Nonmarketable Assets. Journal of Monetary Economics 35: 389-411

Grundke P (2003) Modellgestützte Bewertung von Kreditderivaten. Ein Überblick. Bank-Archiv 51: 190-196

Grunert J, Kleff V, Norden L, Weber M (2002) Mittelstand und Basel II: Der Einfluss der neuen Eigenkapitalvereinbarung für Banken auf die Kalkulation von Kreditzinsen. Zeitschrift für Betriebswirtschaft 72: 1045-1064

Hänsel D, Krahnen JP (2006) Does Credit Securitization Reduce Bank Risk? Evidence from the European CDO Market. Center for Financial Studies – CFS Working Paper, Frankfurt a. M.

Hamberger K, Diehm A (2004) Veräußerungen von Non-Performing Loans: Motive, Auswirkungen, Lösungsansätze. Die Bank: 182-185

Hamilton DT, Gupton G, Berthault A (2001) Default and Recovery Rates of Corporate Bond Issuers: 2000. Moody's Investors Service Global Credit Research, Special Comment February 2001

Hartmann-Wendels T (2001) Finanzierung. In: Jost PJ (Hrsg) Die Prinzipal-Agenten-Theorie in der Betriebswirtschaftslehre. Stuttgart, S 117-146

Hartmann-Wendels T, Pfingsten A, Weber M (2004) Bankbetriebslehre, 3. Aufl. Berlin et al.
Hartmann-Wendels T, Pfingsten A, Weber M (2007 Bankbetriebslehre, 4. Aufl. Berlin et al.
Hattori PK (1996) The Chase Guide to Credit Derivatives in Europe. London
Heidorn T, König L (2003) Investitionen in Collateralized Debt Obligations. Working Paper Nr. 44, Hochschule für Bankwirtschaft, Frankfurt a. M.
Heinrich M (2001) Kreditportfoliosteuerung mit Kreditderivaten. In: Schierenbeck H, Rolfes B, Schüller S (Hrsg) Handbuch Bankcontrolling. 2. Aufl. Wiesbaden, S 815-832
Heinrich M (2005) Kreditderivate. In: Eller R et al. (Hrsg) Handbuch derivativer Instrumente – Produkte, Strategien, Risikomanagement. 3. Aufl. Stuttgart, S 33-60
Hellwig M (2000) Die volkswirtschaftliche Bedeutung des Finanzsystems. In: Hagen J, Stein JH (Hrsg) Obst / Hintner: Geld-, Bank- und Börsenwesen. Stuttgart, S 3-37
Henke S (2002) Anreizprobleme beim Transfer der Kreditrisiken aus Buchkrediten. Berlin
Henke S (2005) Exkurs: Währungskonvertibilitätsswap. In: Burghof HP et al. (Hrsg) Kreditderivate - Handbuch für die Bank- und Anlagepraxis. 2. Aufl. Stuttgart, S 77
Henke S, Burghof HP, Rudolph B (1998) Credit Securitization and Credit Derivatives - Financial Instruments and the Credit Risk Management of Middle Market Commercial Loan Portfolios. Center for Financial Studies – CFS Working Paper 98/07, Frankfurt a. M.
Henking A, Bluhm C, Fahrmeir C (2006) Kreditrisikomessung – Statistische Grundlagen, Methoden und Modellierung. Berlin
Herrmann M (1999) Der Markt für CLOs in Deutschland. Deutsche Bank Research, Frankfurt a. M.
Herrmann M (2005) Collateralized Loan Obligations (CLOs). In: Burghof HP et al. (Hrsg) Kreditderivate - Handbuch für die Bank- und Anlagepraxis. 2. Aufl. Stuttgart, S 87-104
Hofmann B (2005) Procyclicality: The Macroeconomic Impact of Risk-Based Capital Requirements. Financial Markets and Portfolio Management 19: 176-197
Hofmann B (2006) Die Ausgestaltung des bankinternen Ratingverfahrens als Ansatzpunkt zur Risikooptimierung. Zeitschrift für Betriebswirtschaft 76: 651-680
Hofmann B, Pluto K (2005) Zentrale Aspekte der neuen aufsichtlichen Eigenmittelempfehlungen (Basel II). ZfbF, Sonderheft 52: 241-270
Hofmann G, Morck, T, Reichardt-Petry (2007) Die Behandlung von Verbriefungen nach Basel II. In: Hofmann R (Hrsg.) Basel II und MaRisk. Frankfurt a. M., S. 235-265
Hohl S, Liebig T (1999) Kreditderivate - ein Überblick. In: Eller R et al. (Hrsg) Handbuch Kreditrisikomodelle und Kreditderivate. Stuttgart, S 499-525
Hommel U, Pritsch G (2001) Bausteine des Risikomanagement-Prozesss – Notwendigkeit des unternehmerischen Risikomanagements aus Shareholder-Value-Sicht. In: Achleitner AK, Thoma GF (Hrsg) Handbuch Corporate Finance. 2.Aufl. Köln, Abschnitt 8.1.1, Abschnitt 8.1.2
Houtman-De Smedt H, van der Wee H (1993) Die Entstehung des modernen Geld- und Finanzwesens Europas in der Neuzeit. In: Pohl H (Hrsg) Europäische Bankengeschichte. Frankfurt a. M., S 75-173
Hull J (2003) Options, Futures and Oher Derivatives. 5. Aufl. Upper Saddle River
Hüttemann P (1997) Kreditderivate im europäischen Kapitalmarkt. Wiesbaden
International Accounting Standards Board (2005) International Financial Reporting Standards. Stuttgart

International Index Company (2005) Guide to the iBoxx € Benchmark Indices, Version 4.0
International Monetary Fund (2004) Global Financial Stability Report. April 2004
International Swaps and Derivatives Association (1998) Confirmation of OTC Credit Swap Transaction. New York
Instinsky O (2006) „Gruppen-Effekt" steuert das eigene Kreditrisiko. In: SparkassenZeitung v. 28.4.2006, S 16
Jacobson T, Lindé J, Roszbach K (2004) Credit Risk versus Capital Requirements under Basel II: Are SME Loans and Retail Credit Really Different. Working paper Sveriges Riksbank, Stockholm
James C (1988) The Use of Loan Sales and Standby Letters of Credit by Commercial Banks. Journal of Monetary Economics 22: 395-422
Jarrow RA, Lando D, Turnbull SM (1997) A Markov Model for the Term Structure of Credit Spreads. Review of Financial Studies 10: 481-523
Jobst A (2002) Collateralised Loan Obligations (CLOs) – A Primer. Center for Financial Studies - CFS Working Paper 2002/13, Frankfurt a. M.
Jobst A (2003) Verbriefung und ihre Auswirkung auf die Finanzmarktstabilität. Working Paper, Universität Frankfurt a. M.
Johanning L (1998) Value-at-Risk zur Marktrisikosteuerung und Eigenkapitalallokation. Bad Soden / Ts.
Johanning L (2000) Gefahren einer VaR-basierten Eigenkapitalregulierung bei Optionen. In: Conrad C, Stahl M (Hrsg) Risikomanagement an internationalen Finanzmärkten. Stuttgart, S 257-267
Johannsen K (2006) CPDO sind der neue Hype am Credit-Markt. In: Börsen-Zeitung Nr. 242 v. 15.12.2006, S 19
Johannsen K (2007a) Eurex setzt Credit-Futures aufs Spiel. In: Börsen-Zeitung Nr. 62 v. 28.3.2007, S 17
Johannsen K (2007b) Das Credit-Future-Debakel. In: Börsen-Zeitung Nr. 68 v. 6./7.4.2007, S 8
Jost PJ (2001) Die Prinzipal-Agenten-Theorie im Unternehmenskontext. In: Jost PJ (Hrsg) Die Prinzipal-Agenten-Theorie in der Betriebswirtschaftslehre. Stuttgart, S 11-43
Karacadag C, Taylor MW (2000) The New Capital Adequacy Framework: Institutional Constraints and Incentive Structures. Working Paper, SUERF, Wien
Kern M (2003) Securitization – Alleinheilmittel für die Fußballbundesliga? Die Bank: 444-449
Kiff J, Michaud F, Mitchell J (2003) An Analytical Review of Credit Risk Transfer Instruments. In: Banque de France: Financial Stability Review, June, S 106-131
Kim T (1998) A Hundred Ways to Slice Up Credit. In: Euromoney, Nr 347, S 97-104
Klöckner M, Wolters HH (2004) Verkauf notleidender Kredite in Deutschland – ein Markt mit Zukunft. Zeitschrift für das gesamte Kreditwesen 57: 1196-1201
Kobiela P (2004) Erfahrungen und Perspektiven des Metakreditgeschäfts aus Sicht der Landesbank. Zeitschrift für das gesamte Kreditwesen 57: 809-811
Krahnen JP (2005) Der Handel von Kreditrisiken: Eine neue Dimension des Kapitalmarktes. Perspektiven der Wirtschaftspolitik 6: 499-519
Krahnen JP, Wilde C (2006) Risk Transfer with CDOs and Systemic Risk in Banking. Center for Financial Studies – CFS Working Paper 2006/04, Frankfurt a. M.
Kreditanstalt für Wiederaufbau (2001) KfW-Beiträge zur Mittelstands- und Strukturpolitik, Ausgabe 21

Kreditanstalt für Wiederaufbau (2007) Deutscher Verbriefungsmarkt. Aktuelle Entwicklungen und Hintergrundinformationen. Online-Informationen unter www.kfw.de

Kuhn S, Scharpf P (2006) Rechnungslegung von Financial Instruments nach IFRS - IAS 32, IAS 39 und IFRS 7, 3. Aufl. Stuttgart

Läger V (2002) Bewertung von Kreditrisiken und Kreditderivaten. Bad Soden / Ts.

Langer T, Weber M (2000) Banken als Finanzintermediäre. In: Hagen J, Stein JH (Hrsg): Obst / Hintner: Geld-, Bank- und Börsenwesen. Stuttgart, S 201-231

Lehar A, Welt F, Wiesmayr C, Zechner J (1998) Risikoadjustierte Performancemessung in Banken. In: Österreichisches Bank-Archiv 46, Teil 1 u. 2: 857-862 u. 949-955

Lehrbass F (2005) Bewertung von Basket-Kreditderivaten und Collateralized Loan Obligations. In: Burghof HP et al. (Hrsg) Kreditderivate - Handbuch für die Bank- und Anlagepraxis. 2. Aufl. Stuttgart, S 715-738

Longstaff FA, Mithal S, Neis E (2004) Corporate Yield Spreads: Default Risk or Liquidity? New Evidence from the Credit –Default Swap Market. UCLA Working Paper

Longstaff FA, Schwartz E (1995) Valuing Credit Derivatives. The Journal of Fixed Income 5: 6-12

Lopez JA (2002) The Empirical Relationship between Average Asset Correlation, Firm Probability of Default and Asset Size. Working Paper Federal Reserve Bank of San Francisco

Lotz U (2005a) Die Bilanzierung von ABS-Transaktionen nach HGB. In: Asset Securitisation in Deutschland. 2. Auflage: S 20-28

Lotz U (2005b) Die Bilanzierung von ABS-Transaktionen nach International Financial Reporting Standards (IFRS). In: Asset Securitisation in Deutschland. 2. Auflage: S 29-37

Loy B, Jostarndt P (2006) Capital Structure Arbitrage: Can Investors Set up Profitable Trading Strategies? Finanz Betrieb 8: 487-499

Maska K (2004) Die Bedeutung von Asset Backed Securities für österreichische Kreditinstitute. Wien

Merton R (1974) On the Pricing of Corporate Debt: The Risk Structure of Interest Rates. Journal of Finance 29: 449-470

Mitchell J (2004) Financial Intermediation Theory and the Sources of Value in Structured Finance Markets. Working Paper, National Bank of Belgium

Müller KP (2004) Wenn Kredite handelbar werden – Perspektiven für integrierte Banken und die Mittelstandsfinanzierung. Die Bank: 156-161

Neske C (2005a) Grundformen von Kreditderivaten. In: Burghof HP et al. (Hrsg) Kreditderivate - Handbuch für die Bank- und Anlagepraxis. 2. Aufl. Stuttgart, S 55-69

Neske C (2005b) Exkurs: Credit Overlay. In: Burghof HP et al. (Hrsg) Kreditderivate - Handbuch für die Bank- und Anlagepraxis. 2. Aufl. Stuttgart, S 85-86

Norden L (2005) Erkenntnisse zum Kreditrisikotransfer in der Bankpraxis: Strukturierte Interviews mit Marktteilnehmern. Arbeitsbericht 05-01, Universität Mannheim

Norden L, Weber M (2004) Informational Efficiency of Credit Default Swap and Stock Markets: The Impact of Credit Rating Announcements. CEPR Discussion Paper Series No. 4250

Nordhues HG, Benzler M (2005) Vertragsdokumentation und Standardisierung. In: Burghof HP et al. (Hrsg) Kreditderivate - Handbuch für die Bank- und Anlagepraxis. 2. Aufl. Stuttgart, S 217-236

o.V. (2004) The Coming Storm. In: The Economist v. 19.2.2004

o.V. (2006a) Notenbanker sehen Risiken am Derivatemarkt, Abwicklungssysteme gelten als veraltet. In: Handelsblatt v. 23. 5. 2006

o.V. (2006b) Verbriefung von Krediten für Mittelstand vor Rekord. In: Börsen-Zeitung Nr. 240 v. 13.12.2006, S. 6

O'Kane K et al. (2003) Guide to Exotic Credit Derivatives. Lehman Brothers, London

Ong MK (1999) Internal Credit Risk Models - Capital Allocation and Performance Measurement. Risk Books Publications, Somerset

Oriwol D, Wghorn R (2006) Kreditbasket III - erhöhte Flexibilität im Rahmen eines aktiven Kreditportfolio-Managements. Zeitschrift für das gesamte Kreditwesen 59: 1144-1146

Österreichische Nationalbank, Finanzmarktaufsicht (2004) Leitfaden zum Kreditrisiko. Best Practice im Risikomanagement von Verbriefungen. Wien

Paul S (1994) Bankenintermediation und Verbriefung. Neue Chancen und Risiken für Kreditinstitute durch Asset Backed Securities? Wiesbaden

Paul S (2001) Asset Backed Securities. In: Gerke W, Steiner M (Hrsg) Handwörterbuch des Bank- und Finanzwesens. 3. Aufl. Stuttgart, S 126-133

Paul S (2002) Basel II im Überblick. In: Hofmann G (Hsrg) Basel II und MaK - Vorgaben, bankinterne Verfahren, Bewertungen. Frankfurt a. M., S 5-44

Pfaue M (2003) Verbriefung von Forderungsportfolien – Asset-Backed-Securities. In: Wolf B, Hill M, Pfaue M (Hrsg) Strukturierte Finanzierungen. Stuttgart, S 167-197

Pfingsten A (2000) Die Kreditvergabe. In: Hagen J, Stein JH (Hrsg) Obst / Hintner: Geld-, Bank- und Börsenwesen. Stuttgart, S 665-741

Pfingsten A, Rudolph K (2002) German Banks' Loan Portfolio Composition: Market-orientation vs. Specialisation. Working Paper 02-02, Institut für Kreditwesen, Universität Münster, Februar 2002

Picone D (2002) Collateralised Debt Obligations, Working Paper, Royal Bank of Scotland

Pierides YA (1997) The Pricing of Credit Risk Derivatives. Journal of Economic Dynamics and Control 21: 1579-1611

Poppensieker T (2002) Kreditportfoliosteuerung mit Sekundärmarktinstrumenten. Wiesbaden

Posthaus A (2005) Exotische Kreditderivate. In: Burghof HP et al. (Hrsg) Kreditderivate - Handbuch für die Bank- und Anlagepraxis. 2. Aufl. Stuttgart, S 71-86

PriceWaterhouseCoopers (2004) Aktuelles zu Steuern und Recht: Sonderthema Bilanzierung von Kreditderivaten. Juni 2004, S 3-4

Rajendra G, Bernhard C, Nicolaus S (2004) DB Global Markets Research: European Securitization: 2003 Review & Outlook for 2004

Rehbein R (2005) Bilanzierung von Kreditderivaten. In: Gruber J, Gruber W, Braun H (Hrsg) Praktiker Handbuch Asset-Backed Securities und Kreditderivate. Stuttgart, S 429-452

Reichardt-Perry K (2005) Basel II: Vom Kredit über die kreditrisikomindernden Techniken bis zur Verbriefung. In: Gruber J, Gruber W, Braun H (Hrsg) Praktiker Handbuch Asset-Backed-Securitisation und Kreditderivate. Stuttgart, S 349-395

Reoch R, Masters B (1996) Credit Derivatives: Structures and Applications. Financial Derivatives and Risk Management 5: S 4-10

Rhodes T (1993) Syndicated Lending. Practice and Documentation, 3. Aufl. London

Richard SF, Roll R (1989) Prepayments on Fixed-Rate Mortgage Backed Securities. Journal of Portfoliomanagement 15: 73-82.

Riddiough T (1997) Optimal Design and Governance of Asset-Backed Securities. Journal of Financial Intermediation 6: 121-153

Rudolph B (1987) Innovationen zur Steuerung und Begrenzung bankbetrieblicher Risiken. In: Krümmel HJ, Rudolph B (Hrsg) Bankmanagement für neue Märkte. Frankfurt a. M., S 19-45

Rudolph B (1995) Ansätze zur Kalkulation von Risikokosten im Kreditgeschäft, In: Schierenbeck H, Moser H (Hrsg) Handbuch Bankcontrolling. Wiesbaden, S 887-904

Rudolph B (2001) Kalkulation von Risikokosten auf Basis des Optionspreismodells, In: Schierenbeck H, Rolfes B, Schüller S (Hrsg) Handbuch Bankcontrolling. 2. Aufl. Wiesbaden, S 331-343

Rudolph B (2003) Theorie und Empirie der Asset Allocation. In: Dichtl H, Kleeberg JM, Schlenger C (Hrsg) Handbuch Asset Allocation. Bad Soden / Ts., S 3-26

Rudolph B (2004) Ökonomische Analyse des neuen Baseler Akkords (Basel II). In: Gillenkirch RM et al. (Hrsg) Wertorientierte Unternehmenssteuerung. Berlin, S 193-231

Rudolph B (2005) Tranchierte Mezzanine-Fonds: Neues Marktsegment in der Mittelstandsfinanzierung. In: Betriebs-Berater Spezial, Jg 60, Nr 5, S 15-19

Rudolph B (2006a) Unternehmensfinanzierung und Kapitalmarkt. Tübingen

Rudolph B (2006b) Zum Problem der Kapitalallokation in Banken. In: Rolfes B (Hrsg) Herausforderung Bankmanagement - Entwicklungslinien und Steuerungsansätze. Frankfurt a. M., S 545-567

Rudolph B (2007) Kreditrisikotransfer - Abbau alter gegen den Aufbau neuer Risiken? In: Kredit und Kapital 40: 1-16

Rudolph B, Schäfer K (2005) Derivative Finanzmarktinstrumente. Berlin et al.

Rule D (2001) The Credit Derivatives Market: Its Development and Possible Implications for Financial Stability. In: Bank of England (Hrsg) Financial Stability Review, June 2001, S 117-140

Samengo-Turner F (1993) A Review of Acquisition and LBO/MBO Activity in the Late 1980s. In: Rhodes T (Hrsg) Syndicated Lending. Practice and Documentation. London, S 61-66

Scharpf P (2001) Rechnungslegung von Financial Instruments nach IAS 39. Stuttgart

Scheicher M (2003) Kreditderivate - Überblick und Auswirkungen auf Geldpolitik und Finanzmarktstabilität. In: Österreichische Nationalbank, Finanzmarktstabilitätsbericht 5, Wien, S 108-128

Schepp F (2000) Die Projektfinanzierung. In: Hagen J, Stein JH (Hrsg) Obst / Hintner: Geld-, Bank- und Börsenwesen. Stuttgart, S 986-999

Schierenbeck H (2003) Ertragsorientiertes Bankmanagement, Band 2, 8. Aufl. Wiesbaden

Schmidtchen M, Krämer-Eis H (2002) Die Rating-Ansätze der Agenturen. Analyse von CDOs. Kredit & Rating Praxis, 2002, S 1-6

Schönbucher P (1996) Valuation of Securities Subject to Credit Risk. Working Paper, University of Bonn, Department of Statistics

Schönbucher P (2003) Credit Derivatives Pricing Models. Chichester

Schönbucher P (2005) Kreditrisikomodelle zur Bewertung von Kreditderivaten. In: Burghof HP et al. (Hrsg) Kreditderivate - Handbuch für die Bank- und Anlagepraxis. 2. Aufl. Stuttgart, S 661-714

Schröck G, Steiner M (2005) Risk Management and Value Creation in Banks. In: Frenkel M, Hommel U, Rudolf M (Hrsg) Risk Management. Challenge and Opportunity. 2. Aufl. Berlin – Heidelberg, S 53-78

Schüler M (2005) Kreditindizes: die Erschließung neuer Dimensionen von Liquidität, Transparenz und Relative Value in Kredit. In: Gruber J, Gruber W, Braun H (Hrsg) Praktiker-Handbuch Asset-Backed-Securities und Kreditderivate. Stuttgart, S 77-90

Schulte-Althoff M (1992) Projektfinanzierung. Ein kooperatives Finanzierungsverfahren aus Sicht der Anreiz-Beitrags-Theorie und der Neuen Institutionenökonomie. Münster

Schumacher M, Eberhard HA (2001) Kredithandel in der Sparkassen-Finanzgruppe: Chancen, Rahmenbedingungen und erste Erfahrungen. In: Sparkassenprüfer-Tagung, Tagungsband 2001, Stuttgart, S 485-502

Seidenspinner S (2006) Treasurymanagement in Industrieunternehmen. Eine agency-theoretische Betrachtung der Koordination von Risikomanagementaktivitäten. Berlin

Senft C (2004) Basel II und die nationale Entwicklung von Kreditderivaten. Köln

Solvabilitätsverordnung - SolvV (2006) Die Verordnung über die angemessene Eigenmittelausstattung von Instituten, Institutsgruppen und Finanzholding-Gruppen. Bundesgesetzblatt, 20.12.2006, Teil I, Nr. 61, 2926-3064

Standard & Poor's (1999) Structured Finance: Global Collateralized Bond and Loan Obligation (CBO/ CLO) Criteria. New York

Stone CA, Zissu A (2000) Securitization: The Transformation of Illiquid Financial Assets into Liquid Capital Market Securities. In: Financial Markets, Institutions & Instruments 9, Boston M. A., S 133-278

Tarashev N, Zhu H (2007) Measuring Portfolio Credit Risk: Modelling Versus Calibration Errors. In: BIS Quarterly Review, March, S. 83-96

Tavakoli JM (2001) Credit Derivatives & Synthetic Structures - A Guide to Instruments and Applications. 2 Aufl. New York

Tavakoli JM (2003) Collateralized Debt Obligations and Structured Finance - New Developments in Cash and Synthetic Securitization. Hoboken, NJ

The Boston Consulting Group GmbH (2004) Optimale staatliche Rahmenbedingungen für einen Kreditrisikomarkt / Verbriefungsmarkt für Kreditforderungen und –risiken in Deutschland. Abschlussbericht, Frankfurt a. M.

Wagenknecht CR (2004) Verbriefungsmarkt muss effizienter werden. In: Börsen-Zeitung, Sonderbeilage Verbriefung v. 21. 2. 2004, S B3

Wagner W, Marsh IW (2004) Credit Risk Transfer and Financial Sector Performance. CEPR Discussion Paper No 4265

Wahrenburg M (2002) Neue Wege in der Kreditportfoliosteuerung. In: Pfingsten A (Hrsg) Strategien, Strukturen und Steuerungsansätze im Kreditwesen. Frankfurt a. M., S 49-61

Waschbusch G (1998) Asset Backes Securities - eine moderne Form der Unternehmensfinanzierung. Zeitschrift für Bankrecht und Bankwirtschaft 10: 408-419

Watzinger H (2005) Einsatz von Kreditderivaten zur Eigenmitteloptimierung. In: Burghof HP et al. (Hrsg) Kreditderivate - Handbuch für die Bank- und Anlagepraxis. 2. Aufl. Stuttgart, 331-346

Weiss E, Redak V (2004) Innovative Kreditrisikotransfer-Instrumente und Finanzmarktstabilität in Österreich. In: Österreichische Nationalbank, Finanzmarktstabilitätsbericht 7, Wien 2004, S 69-83

Wilkens M, Scholz H, Entrop O (2004) Performancemessung und Kapitalallokation im Handelsbereich einer Bank - Zur Marktphasenabhängigkeit von RORAC und RAROC. Working Paper, Universität Eichstätt-Ingolstadt, September 2004

Winton A (1999) Don't Put All Your Eggs in One Basket? Diversification and Specialization in Lending. Working Paper, University of Minnesota

Zhou C (1997) A Jump-Diffusion Approach to Modeling Credit Risk and Valuing Defaultable Securities. In: Board of Governors of the Federal Reserve System (Hrsg) Finance and Economics Discussion Paper Series 1997/15

Sachverzeichnis

Anreizproblem bei Moral Hazard 32
Arbitragegewinne bei Marktwert-CLOs 58
Asset Backed Securities (ABS) 13, 33, 37, 40
Asset Swap 94
   Modellunabhängige Bewertung 105
   Spread 105
Asset Swap Put 95
Asset Swaption 95
Aufsichtliches Kreditrisikomodell 141
Ausfallkorrelationen 126
Ausfallrisiko 102
Ausfallwahrscheinlichkeit
   im Firmenwertmodell 119
   im KMV Modell 129
   in Intensitätsmodellen 121
   PD in IRB Ansätzen 139
Ausgleichszahlung beim Eintritt des Kreditereignisses 65

Banken als Finanzintermediäre 2
Bankenaufsicht 138
Banksteuerung 169
Basel II 137
Basisinstrument 64
Basket Default Swap 67, 92, 145
Bewertung 101
   Firmenwertmodelle 113
   Intensitätsmodelle 121
   Modellunabhängig 104
   von Kreditportfolios 126
Black / Scholes Formel 113
Branchenrisiko 4

Callable Asset Swap 94
Callable Default Swap 94
Capital Requirements Directive 137
Cash Flow Hedge 154
Cashflow CLO 57
CAST 1999-1 83

CDO Squared 95
CDS-Index 96
CDX.NA.IG 96
Collateral Pool 40
Collateralized Bond Obligation (CBO) 40, 53
Collateralized Debt Obligation (CDO) 13, 40, 81
Collateralized Loan Obligation (CLO) 40, 53, 81
Constant Proportion Debt Obligation (CPDO) 98
Contingent Credit Option 94
Copula Funktionen 127
Coverage Tests 56
Credit Default Option 70
Credit Default Swap (CDS) 67, 68
   CDS Prämie 110
   Modellunabhängige Bewertung 109
Credit Default Swap-Index 96
Credit Enhancement 45
Credit Event 64
Credit Grades 131
Credit Linked Note (CLN) 80
Credit Metrics 132
Credit Overlay 95
Credit Risk Mitigation 144
Credit Risk+ 133
Credit Spread 115
Credit Spread Forward 67
Credit Spread Option 67, 70
Credit-Enhancement-Level 149
Credit Portfolio View 132

Default Correlation Risk 103
Default Swaption 94
Digital Credit Default Swap 92
Distance to Default 129
Distressed Loans 19
Diversifikation, gezielt 166
Diversifikation, naiv 166

Diversifikationsgrad 6
Dow Jones iTraxx 93

Eigenkapitalkosten der Banken 5
Eigenmittelanforderungen 137
Einzelkreditbezogene Instrumente 25
Eligibility Criteria 41
Equity Tranche 46, 55
Erstverlustposition 179
Ertrags-Risiko-Charakteristika 167
Erwarteter Verlust (Expected Loss) 171
EUREX-Kreditfuture 99
European Exchange (EUREX) 99
Exotisches Kreditderivat 89
   Asset Swap Put 95
   Asset Swaption 95
   Basket Default Swap 92
   Callable Asset Swap 94
   Callable Default Swap 94
   CDO Squared 95
   Constant Proportion Debt Obligation (CPDO) 98
   Contingent Credit Option 94
   Credit Overlay 95
   Default Swaption 94
   Digital Credit Default Swap 92
   First-to-Default Basket 92
   Forward Credit Default Swap 94
   Geared Default Swap 92
   Index-Based Default Swap 93
   Leveraged Default Swap 92
   n-th-to-Default Basket 93
   Perfect Asset Swap 95
   Recovery Credit Default Swap 92
   Währungskonvertibilitätsswap 96
Exposure (EAD) in IRB Ansätzen 139
Exposure Risiko 103

Factoring 20
Fair Value 151
Fair Value Hedge 154
Faktormodell
   Bewertung von Kreditportfolios 126
   im IRB Ansatz 141
Financial Assets at Fair Value through Profit or Loss 152
Firmenwertmodell 113
First Loss Piece 55
First-to-Default Basket 92, 145
Forfaitierung 20
Fortgeschrittener Ansatz 139

Forward Credit Default Swap 94
Funded Struktur 24

Geared Default Swap 92
Gesamtwirtschaftliche Funktionen 160
Geschäftspartnernetzwerke 4
Granularität 172
Großkredit 27
Grundsätze ordnungsmäßiger Buchführung 151

Handelsgesetzbuch (HGB) 150
Hedge Accounting 154
Hold up 30

IAS 39 151
IFRS 150
Imparitätsprinzip 155
Index-Based Default Swap 93
Inferred Rating 149
Information Memorandum 17
Informationseffizienz 161
Informationsprobleme 29
Intensität 122
Intensitätsmodelle 121
Intermediationsfunktion 1
Internal Assement Approach (IAA) 147
International Index Company (IIC) 96
International Swaps and Derivatives Association (ISDA) 99, 170
IRB-Ansätze 139
IRB-Basisansatz 139
iTraxx 96

Junior Subordinated Debt 55

Kapitalarbitrage 138
Kapitalmarktbezug des Kreditgeschäfts 2
KMV Modell 129
Kompensation beim Eintritt des Kreditereignisses 65
Konkordanzlisten 140
Konsortialkreditgeschäft 15
   Außenkonsortium 15
   Innenkonsortium 15
Korrelationsstrukturen 126

Kreditanstalt für Wiederaufbau (KfW) 60, 83, 87
PROMISE 87
PROVIDE 87
Kreditderivate 61
Kreditereignis 64
   Failure to pay 65
   Insolvenz 65
   Nichtanerkennung / Repudiation 65
   Restrukturierung 65
   Verbindlichkeitsverzug 65
   Vorzeitige Fälligkeit 65
Kreditindex 93, 96
Kreditindexfuture 99
Kreditkonversionsfaktor 148
Kreditprüfung 9
Kreditrisiko 102
   systematisch 28
   unsystematisch 28
Kreditverkäufe 18
Kreditversicherung 21

Laufzeit (MA) in IRB Ansätzen 139
Laufzeitkongruenz 155
Letter of Credit 46
Leveraged Default Swap 92
Limitsetzung 173
Liquidationskosten 163
Loan Sales 18

Marktportfolio deutscher Kredite 8
Marktwert CLO 57
Mezzanine Debt 55
Mezzanine Tranchen 52, 79
Mindesteigenmittelanforderung 139
Mittelstandsportfolios 71
Monitoring 3
Moral Hazard 31
Mortgage Backed Securities (MBS) 13, 37, 40
Multi-Seller-Transaktion 47

Non-Performing Loans 19
n-th-to-Default Basket 93, 145

Operationelle Anforderungen 144

Pass-Through-Verfahren 44, 50
Pay-Through-Verfahren 45, 50
Perfect Asset Swap 95

Performance-Anforderungen 2
Poisson-Prozess 122
Poolbildung 30
Portfolioinstrumente 25
PROMISE 87
Protection Buyer 64
Protection Seller 64
PROVIDE 87

Ratingklassenmodelle 122
Ratingmigration 123
Ratings-Based-Approach (RBA) 147
Recovery Credit Default Swap 92
Recovery Rate 99, 102
Recovery Risiko 102
Referenzinstrument 64
Regionales Risiko 4
Regulatorische Anforderungen 137
Regulatorisches Kapital 139
Relationship Lending 4
Reorganisationskosten 163
Repo-Geschäft 104
Reputationsaufbau 33
Risikobeeinflussung 164
Risikogewichtung 146, 148
Risikomanagement der Banken 2
Risikomanagement im Kreditgeschäft 9
Risikoprämien 10
Risikostruktur der Kreditportfolios 22
Risk Adjusted Performance Measure (RAPM) 174
RORAC 175

Screening 3
Second-to-Default Basket 145
Selbstbehalt 32
Senior Subordinated Debt 55
Single-Seller-Transaktion 47
Solvabilitätskoeffizient 139
Solvabilitätsverordnung 137
Sparkassen Basket-Programm 75
Special Purpose Vehicle (SPV) 44
Spread Risiko 102
Stabilität der Finanzmärkte 177
Standardansatz 139
Standardkreditverträge 34
Standardrisikokosten 171
State Contingent Control Right 34
Stiftung (Charity Trust) 44
Supervisory Formula (SF) 147
Syndizierung 14

Synthetische Collateralized Loan
  Obligation 81
Synthetische Verbriefung 77

Total Return Swap 67, 69
  Modellunabhängige Bewertung 107
  Rate 108
Tranchenbildung 51
  Deutsche Bank London Wall 2002-2
    52
  Mezzanine Tranchen 52
  Nord/LB - Multi Haus 2006 83
Transferinstrumente 25
  direkte 25
  indirekte 25
Trennung
  Kreditrisiko von Kreditposition 24
  Kreditvergabe und
    Portfolioverwaltung 24
True Sale Initiative (TSI) 59
True Sale-Verbriefung 44, 59, 77

Übergangsmatrix 123
Überlaufkonto (Spread Account) 46
Übersicherung (Overcollateralization)
  46

Unerwarteter Verlust 172
Unfunded Struktur 24

Value-at-Risk 172
VaR-Optionen 35
Verbriefung
  synthetisch 77
  True Sale 44, 59, 77
Verbriefung (Securitization) 37
Verbriefungsinitiative (True Sale
  Initiative TSI) 59
Verlustrate (LGD) in IRB Ansätzen 139
Vervollkommnung des Kapitalmarktes
  160
Vervollständigung des Kapitalmarktes
  161

Währungskonvertibilitätsswap 96
Wasserfall- oder Subordinationsprinzip
  51, 79
Wiedergewinnungsquote 102
  Modellierung 124
Winner's Curse-Effektes 7

Zweckgesellschaft (Special Purpose
  Vehicle SPV) 41, 44

Druck: Krips bv, Meppel
Verarbeitung: Stürtz, Würzburg